国家创新调查制度系列报告
Guojia Chuangxin Diaocha Zhidu Xilie Baogao

中国区域创新能力监测报告2022

科学技术部战略规划司 编

科学技术文献出版社
SCIENTIFIC AND TECHNICAL DOCUMENTATION PRESS
·北京·

图书在版编目（CIP）数据

中国区域创新能力监测报告. 2022 / 科学技术部战略规划司编. —北京：科学技术文献出版社，2022. 11
ISBN 978-7-5189-9780-0

Ⅰ. ①中…　Ⅱ. ①科…　Ⅲ. ①创造能力—研究报告—中国—2022　Ⅳ. ① G322

中国版本图书馆 CIP 数据核字（2022）第 211786 号

中国区域创新能力监测报告2022

策划编辑：李　蕊　王梦珂　　责任编辑：张　红　　责任校对：王瑞瑞　　责任出版：张志平

出 版 者　科学技术文献出版社
地　　址　北京市复兴路15号　邮编 100038
编 务 部　（010）58882938，58882087（传真）
发 行 部　（010）58882868，58882870（传真）
邮 购 部　（010）58882873
官方网址　www.stdp.com.cn
发 行 者　科学技术文献出版社发行　全国各地新华书店经销
印 刷 者　北京时尚印佳彩色印刷有限公司
版　　次　2022 年 11 月第 1 版　2022 年 11 月第 1 次印刷
开　　本　889 × 1194　1/16
字　　数　393千
印　　张　19.75
书　　号　ISBN 978-7-5189-9780-0
定　　价　106.00元

《中国区域创新能力监测报告2022》

编辑委员会及编写组

2022

国家创新调查制度系列报告

Guojia Chuangxin Diaocha Zhidu Xilie Baogao

中国区域创新能力监测报告

前言

Preface

区域创新对于创新型国家和世界科技强国建设具有重要意义。习近平总书记指出："发挥各地在创新发展中的积极性和主动性，对形成国家科技创新合力十分重要。要围绕'一带一路'建设、长江经济带发展、京津冀协同发展等重大规划，加快打造具有全球影响力的科技创新中心，建设若干具有强大带动力的创新型城市和区域创新中心。"《中华人民共和国国民经济和社会发展第十四个五年规划和2035年远景目标纲要》对坚持创新驱动发展、全面塑造发展新优势做出一系列重大部署，并对区域创新发展提出明确要求。在"十四五"开局起步、开启全面建设社会主义现代化国家新征程之际，加强区域创新活动监测对于深入实施创新驱动发展战略、服务支撑科技创新管理决策具有重要意义。

按照国家创新调查制度建设的总体部署，自2014年起，科技部有关部门持续开展了区域创新能力监测研究工作，并按年度发布《中国区域创新能力监测报告》。《中国区域创新能力监测报告2022》是国家创新调查制度实施以来的第9辑。报告基于政府统计调查，系统发布能够客观反映全国各省（自治区、直辖市）创新活动特征的数据，为各级政府部门、研究机构和社会公众打造来源可靠、分析科学、使用便捷的数据平台，为区域创新政策制定、创新工作开展和创新能力评价等提供数据支撑。

《中国区域创新能力监测报告2022》仍然沿用以往的规范，从创新环境、创新资源、企业创新、创新产出和创新绩效等5个维度设置指标体系，共计213个监测指标，以全面反映各地区科技创新活动特征。相较于上期报告，因为政府统计数据发布发生变化，部分指标有所调整：一是科学研究和技术服务业新增固定资产占比重调整为科学研究和技术服务业固定资产占比重；二是反映研究机构的创新数据有所缺失。

《中国区域创新能力监测报告2022》包括5个部分的内容：一是区域创新能力监测指标体系的构建；二是全国创新能力监测指标年度间的比较；三是各地区创新能力监测指标按5个子系统的数据发布；四是创新能力监测数据按地区发布；五是区域创新能力监测指标的简要说明，以方便研究者使用。

为与其他创新调查制度系列报告保持一致，报告标题中的“2022”是指报告发布年份，报告中监测数据为2020年数据，这是截至此报告发布时所能获取的最新数据。

在《中国区域创新能力监测报告2022》的编制过程中，得到了来自各方领导和专家的支持。在此，衷心感谢国家统计局社科文司、中国科学技术发展战略研究院技术预测与统计分析研究所、国家科技统计数据中心有关专家为监测数据的收集和整合提供的有力支持！

编写组

2022年4月

目录

Contents

一、区域创新能力监测指标体系的构建

根据《国家创新调查制度实施办法》的相关部署，创新能力监测是基于政府统计调查，科学设计监测指标体系，发布客观反映国家、区域和企业等创新活动特征的数据。区域创新能力监测的任务是基于政府统计调查，通过监测指标体系的建立，系统发布全国各省、自治区、直辖市（不包括港澳台）反映创新活动特征的数据。一方面，区域创新能力监测是区域创新能力评价的重要支撑，能够为后者提供全面、系统的统计数据，以保证评价活动的科学化、系统化和规范化；另一方面，区域创新能力监测可以更大范围地为社会各界广泛开展的各类分析研究提供与科技进步和创新有关的数据支持。

（一）创新与区域创新

创新是改革开放进程中牵引中国经济社会发展最为重要的引擎。熊彼特（Joseph A. Schumpeter）于1912年出版的代表作《经济发展理论》中，提出以创新为核心的经济发展理论，创立了创新经济学。按照熊彼特的观点，创新处于经济变革的核心地位。所谓“创新”，就是“建立一种新的生产函数”，把一种从来没有过的关于生产要素和生产条件的“新组合”引入生产体系。熊彼特所指的“创新”包括引进新产品和引用新技术，即新的生产方法、开拓新市场、获取原材料或半制成品新的供应源和实现企业的新组织。在熊彼特提出创新的概念之后，对创新的理解逐步发展，从狭义趋于广义。“创新”一词在不同情况下有着不同的含义，如产品创新、工艺创新、营销创新和组织创新，又如国家创新、区域创新、城市创新和产业创新，其实际内涵取决于所测度和分析的特定目标。

我国人口众多，幅员辽阔。从经济社会发展角度看，区域经济社会发展是整个国民经济与社会发展的基础，区域产业结构优化和经济发展质量提高是整个国民经济产业协调发展的前提。

区域创新能力监测可以帮助我们从数量的角度了解中国各地区在创新资源和条件、创新投入水平、企业创新状况、创新产业发展、创新产出水平及对经济发展质量的影响作用等各个方面的表现，为总体把握创新型国家建设进程提供数据参考。

（二）区域创新能力监测指标体系和原则

正确理解创新的概念和准确把握创新的基本特征是进行创新能力监测的重要环节。在区域创新能力监测体系的建立过程中，对涉及创新型国家、区域创新和创新城市评价的研究成果进行了深入分析，并特别参考了经济合作与发展组织（OECD）的《OECD科学技术和产业记分牌》、欧盟的《欧洲创新记分牌》，以及国内较为知名的《国家创新指数报告》《中国区域科技创新评价报告》《中国区域创新能力评价报告》等。本报告在对区域创新能力基本特征进行系统归纳的基础上，拟从创新环境、创新资源、企业创新、创新产出、创新绩效等方面对区域创新能力进行监测。

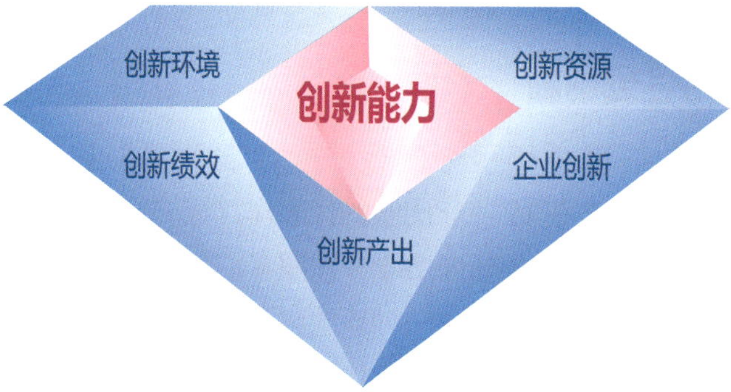

区域创新能力监测指标体系基本框架

区域创新能力监测指标体系的建立遵循以下原则。

（1）全面。尽可能地包含各个方面、各个角度反映创新能力的指标。既有反映总量规模的指标，也有反映增长速度的指标，还有反映一般水平、强度、构成和比例关系的指标；既有反映创新环境、创新资源的指标，也有反映企业创新、创新产出的指标，还有反映创新绩效的指标。

（2）规范。统计口径和计算方法力求符合统计规范。生成监测指标的基础数据均为纳入政府统计调查制度、采用国家或部门统计标准的统计指标。经与各方面专家反复论证，进一步规范了统计指标名称。

（3）公开。生成监测指标的基础数据均来源于政府统计公开出版物，以便于社会各界进行核实和索引。

区域创新能力监测指标体系（1）

一级指标	指标名称
创新环境	大专以上学历人数（万人）
	万人大专以上学历人数（人）
	高等学校数（个）
	高校在校学生数（万人）
	十万人高校在校学生数（人）
	高校（机构）硕士毕业生数（人）
	十万人硕士毕业生数（人）
	高校（机构）博士毕业生数（人）
	十万人博士毕业生数（人）
	研究机构数（个）
	科技企业孵化器管理机构从业人员数（人）
	国家级孵化器管理机构从业人员数（人）
	国家大学科技园管理机构从业人员数（人）
	火炬计划特色产业基地企业从业人员数（人）
	国家级示范生产力促进中心人员数（人）
	众创空间服务人员数（人）
	众创空间数（个）
	科技企业孵化器数（个）
	国家级科技企业孵化器数（个）
	科技企业孵化器在孵企业数（个）
	科技企业孵化器累计毕业企业数（个）
	科技企业孵化器总收入（亿元）
	企业研究开发费用加计扣除减免税额（亿元）
	高新技术企业减免税额（亿元）
	高新技术企业减免税额占全国比重（%）
	信息传输、软件和信息技术服务业固定资产投资（亿元）
	信息传输、软件和信息技术服务业固定资产投资占比重（%）
	邮政业务总量（亿元）
	电信业务总量（亿元）
	邮电业务总量与地区生产总值比值（万元/亿元）
	固定电话和移动电话用户数（万户）
	百人固定电话和移动电话用户数（户）

区域创新能力监测指标体系（2）

一级指标	指标名称
创新环境	移动互联网用户数（万户）
	万人移动互联网用户数（万户）
	有效商标注册数（万件）
	百万人有效商标注册数（件）
	地区生产总值（亿元）
	第二产业增加值（亿元）
	第二产业增加值占地区生产总值比重（%）
	工业增加值（亿元）
	工业增加值占地区生产总值比重（%）
	装备制造业营业收入（亿元）
	装备制造业营业收入占营业收入比重（%）
	人均地区生产总值（元）
	城镇登记失业人员数（万人）
	城镇登记失业率（%）
	客运量（亿人）
	旅客周转量（亿人公里）
	货运量（亿吨）
	货物周转量（亿吨公里）
创新资源	研究与试验发展（R&D）经费支出（亿元）
	R&D经费支出与地区生产总值之比（%）
	R&D经费中基础研究经费支出（亿元）
	R&D经费中应用研究经费支出（亿元）
	R&D经费中试验发展经费支出（亿元）
	R&D经费中基础研究经费支出占比重（%）
	R&D经费中应用研究经费支出占比重（%）
	R&D经费中试验发展经费支出占比重（%）
	R&D经费中政府资金经费支出（亿元）
	R&D经费中企业资金经费支出（亿元）
	R&D经费中政府资金经费支出占比重（%）
	R&D经费中企业资金经费支出占比重（%）
	高校R&D经费支出（亿元）

区域创新能力监测指标体系（3）

一级指标	指标名称
创新资源	研究机构R&D经费支出（亿元）
	高校R&D经费支出占全社会R&D经费比重（%）
	研究机构R&D经费支出占全社会R&D经费比重（%）
	高新技术企业R&D经费支出（亿元）
	高新技术企业R&D经费支出占全社会R&D经费比重（%）
	财政性教育经费支出（亿元）
	财政性教育经费支出与地区生产总值比值（万元/亿元）
	地方财政科技支出（亿元）
	地方财政科技支出占地方财政支出比重（%）
	地方财政科技支出与地区生产总值比值（万元/亿元）
	R&D人员全时当量（人年）
	万人R&D人员全时当量（人年）
	R&D人员中基础研究人员数（人年）
	R&D人员中应用研究人员数（人年）
	R&D人员中试验发展人员数（人年）
	R&D人员中基础研究人员占比重（%）
	R&D人员中应用研究人员占比重（%）
	R&D人员中试验发展人员占比重（%）
	R&D研究人员全时当量（人年）
	R&D研究人员占全社会R&D人员比重（%）
	高校R&D人员全时当量（人年）
	研究机构R&D人员全时当量（人年）
	高校R&D人员占全社会R&D人员比重（%）
	研究机构R&D人员占全社会R&D人员比重（%）
	高技术产业R&D经费支出（亿元）
	高技术产业R&D经费支出占全社会R&D经费比重（%）
	高技术产业R&D经费支出占营业收入比重（%）
	高技术产业引进技术经费支出（万元）
	高技术产业消化吸收经费支出（万元）
	高技术产业购买境内技术经费支出（万元）
	高技术产业技术改造经费支出（万元）

区域创新能力监测指标体系（4）

一级指标	指标名称
创新资源	高技术产业技术获取和技术改造经费支出占营业收入比重（%）
	高技术产业新产品研发经费支出（亿元）
	高技术产业新产品研发经费支出占新产品销售收入比重（%）
	高技术产业R&D人员全时当量（人年）
	高技术产业R&D人员占全社会R&D人员比重（%）
	高新技术企业R&D人员全时当量（人年）
	高新技术企业R&D人员占全社会R&D人员比重（%）
	科学研究和技术服务业固定资产（亿元）
	科学研究和技术服务业固定资产占比重（%）
企业创新	开展创新活动的企业数（个）
	开展创新活动的企业占比重（%）
	实现创新的企业数（个）
	实现创新企业占比重（%）
	企业创新费用支出（亿元）
	企业R&D经费支出（亿元）
	企业R&D经费支出占创新费用支出比重（%）
	企业R&D经费支出占全社会R&D经费比重（%）
	企业R&D经费支出占营业收入比重（%）
	企业引进技术经费支出（亿元）
	企业消化吸收经费支出（亿元）
	企业购买境内技术经费支出（亿元）
	企业技术改造经费支出（亿元）
	企业技术获取和技术改造经费支出（亿元）
	企业技术获取和技术改造经费支出占营业收入比重（%）
	企业科学研究经费支出占企业R&D经费支出比重（%）
	研究机构来源于企业的R&D经费支出（亿元）
	高校来源于企业的R&D经费支出（亿元）
	研究机构和高校R&D经费支出中企业资金占比重（%）
	企业平均吸纳技术成交额（万元）
	企业R&D人员全时当量（人年）

区域创新能力监测指标体系（5）

一级指标	指标名称
企业创新	企业R&D研究人员全时当量（人年）
	企业R&D研究人员占全社会R&D研究人员比重（%）
	万名企业就业人员中R&D人员数（人年）
	有R&D活动的企业数（个）
	有R&D活动的企业占工业企业比重（%）
	有研究机构的企业数（个）
	有研究机构的企业占工业企业比重（%）
	企业专利申请数（件）
	企业发明专利申请数（件）
	企业发明专利拥有量（件）
	万名企业就业人员发明专利拥有量（件）
创新产出	发明专利申请数（件）
	实用新型专利申请数（件）
	外观设计专利申请数（件）
	研究机构专利申请数（件）
	研究机构发明专利申请数（件）
	高校专利申请数（件）
	高校发明专利申请数（件）
	万人发明专利申请数（件）
	亿元R&D经费支出发明专利申请数（件）
	发明专利授权数（件）
	实用新型专利授权数（件）
	外观设计专利授权数（件）
	万人发明专利授权数（件）
	亿元R&D经费支出发明专利授权数（件）
	发明专利拥有量（件）
	实用新型专利拥有量（件）
	外观设计专利拥有量（件）
	研究机构发明专利拥有量（件）
	高校发明专利拥有量（件）

区域创新能力监测指标体系（6）

一级指标	指标名称
创新产出	万人发明专利拥有量（件）
	国内科技论文数（篇）
	万人国内科技论文数（篇）
	SCI 收录科技论文数（篇）
	EI 收录科技论文数（篇）
	CPCI-S 收录科技论文数（篇）
	万人国际科技论文数（篇）
	技术市场成交合同数（项）
	技术市场输出技术成交额（亿元）
	万人输出技术成交额（万元）
	国外技术引进合同数（项）
	国外技术引进合同成交额（亿美元）
	万人国外技术引进合同成交额（万美元）
	国外技术引进合同成交额中技术经费（亿美元）
	国外技术引进合同成交额中技术经费占比重（%）
	百万人技术国际收入（万美元）
	高技术产业有效发明专利数（件）
	万名高技术产业就业人员有效发明专利数（件）
	高技术产业营业收入（亿元）
	高技术产业营业收入占工业营业收入比重（%）
	高技术产业新产品销售收入（亿元）
	高技术产业新产品销售收入占营业收入比重（%）
	万元地区生产总值高技术产业营业收入（万元）
	新产品销售收入（亿元）
	新产品销售收入占营业收入比重（%）
创新绩效	商品出口额（亿美元）
	商品出口额与地区生产总值比值（万美元/亿元）
	高技术产品出口额（亿美元）
	高技术产品出口额占商品出口额比重（%）

区域创新能力监测指标体系（7）

一级指标	指标名称
创新绩效	第三产业增加值（亿元）
	第三产业增加值占地区生产总值比重（%）
	高新技术企业数（个）
	高新技术企业年末从业人员数（万人）
	高新技术企业营业收入（亿元）
	高新技术企业技术收入（亿元）
	高新技术企业技术收入占营业收入比重（%）
	高新技术企业净利润（亿元）
	高新技术企业利润率（%）
	高新技术企业出口总额（亿元）
	劳动生产率（万元/人）
	固定资本形成总额（亿元）
	资本生产率（万元/万元）
	综合能耗产出率（元/千克标准煤）
	空气达到二级以上天数（天）
	空气达到二级以上天数占比重（%）
	废水中化学需氧量排放量（万吨）
	废水中化学需氧量排放降低率（%）
	二氧化硫排放量（万吨）
	二氧化硫排放降低率（%）
	万元地区生产总值用水量（立方米）
	万元地区生产总值用水量降低率（%）
	废水中氨氮排放量（万吨）
	废水中氨氮排放降低率（%）
	固体废物产生量（万吨）
	固体废物综合利用量（万吨）
	固体废物综合治理率（%）
	生活垃圾无害化处理率（%）
	污水处理率（%）
	建成区绿化覆盖率（%）

二、全国创新能力监测指标

全国创新能力监测指标（1）

指标名称	2016	2017	2018	2019	2020
大专以上学历人数（万人）	15964.49	17911.77	18183.41	18996.15	21722.47
万人大专以上学历人数（人）	1293.67	1387.47	1401.10	1457.77	1651.46
高等学校数（个）	2596	2631	2663	2688	2738
高校在校学生数（万人）	3523.12	3606.68	3735.58	4028.45	4414.28
十万人高校在校学生数（人）	2530.40	2576.00	2658.00	2856.90	3125.99
高校（机构）硕士毕业生数（人）	508927	520013	543644	577088	662451
十万人硕士毕业生数（人）	36.55	37.14	38.68	40.93	46.91
高校（机构）博士毕业生数（人）	55011	58032	60724	62578	66176
十万人博士毕业生数（人）	3.95	4.14	4.32	4.44	4.69
研究机构数（个）	3611	3547	3306	3217	3109
科技企业孵化器管理机构从业人员数（人）	53858	63205	72955	73432	76540
国家级孵化器管理机构从业人员数（人）	16869	19644	20938	22956	24029
国家大学科技园管理机构从业人员数（人）	2775	2787	2768	2608	2603
火炬计划特色产业基地企业从业人员数（人）	11161212	11540900	11655604	11576387	12222703
国家级示范生产力促进中心人员数（人）	8670	8742	7665	6570	6236
众创空间服务人员数（人）	128241	105218	145412	94999	95020
众创空间数（个）	4298	5739	6959	8000	8507
科技企业孵化器数（个）	3255	4063	4849	5206	5843
国家级科技企业孵化器数（个）	859	976	967	1155	1285
科技企业孵化器在孵企业数（个）	133286	177542	206024	216828	233351
科技企业孵化器累计毕业企业数（个）	89694	110701	139396	160850	188707
科技企业孵化器总收入（亿元）	308.15	366.76	450.71	449.87	497.69
企业研究开发费用加计扣除减免税额（亿元）	489.09	569.90	881.46	1399.69	1713.41
高新技术企业减免税额（亿元）	842.78	1062.27	1225.02	1423.80	1639.82
信息传输、软件和信息技术服务业固定资产投资（亿元）	6318.66	6987.43	7270.14	7895.48	9371.93
信息传输、软件和信息技术服务业固定资产投资占比重（%）	1.06	1.11	1.09	1.12	1.29
邮政业务总量（亿元）	7397.24	9763.71	12345.19	16229.63	21053.16
电信业务总量（亿元）	15616.95	27596.74	65633.91	106810.67	136763.33
邮电业务总量与地区生产总值比值（万元/亿元）	308.34	449.02	848.26	1247.22	1557.04
固定电话和移动电话用户数（万户）	15.29	16.11	17.58	17.92	17.76

全国创新能力监测指标（2）

指标名称	2016	2017	2018	2019	2020
百人固定电话和移动电话用户数（户）	109.79	115.08	125.10	127.11	125.77
移动互联网用户数（万户）	10.94	12.72	12.75	13.19	13.49
万人移动互联网用户数（万户）	0.79	0.91	0.91	0.94	0.95
有效商标注册数（万件）	1114.35	1359.41	1804.88	2354.35	2839.32
百万人有效商标注册数（件）	8003.53	9709.32	12842.38	16696.58	20106.78
地区生产总值（亿元）	746395.10	832035.90	919281.10	986515.20	1013567.00
第二产业增加值（亿元）	295427.80	331580.50	364835.20	380670.60	383562.40
第二产业增加值占地区生产总值比重（%）	39.58	39.85	39.69	38.59	37.84
工业增加值（亿元）	245406.40	275119.30	301089.30	311858.70	312902.90
工业增加值占地区生产总值比重（%）	32.88	33.07	32.75	31.61	30.87
装备制造业营业收入（亿元）①	370278.94	371986.80	336133.90	350775.91	374994.80
装备制造业营业收入占营业收入比重（%）②	31.95	32.83	32.88	32.86	34.60
人均地区生产总值（元）	53783	59592	65534	70078	71828
城镇登记失业人员数（万人）	982.00	972.00	974.00	945.00	1160.00
城镇登记失业率（%）	4.02	3.90	3.80	3.62	4.24
客运量（亿人）	190.02	184.86	179.38	176.04	96.65
旅客周转量（亿人公里）	31258.46	32812.80	34218.15	35349.24	19251.46
货运量（亿吨）	438.68	480.49	515.27	471.36	472.96
货物周转量（亿吨公里）	186629.48	197372.65	204686.24	199394.33	202211.34
研究与试验发展（R&D）经费支出（亿元）	15676.70	17606.10	19677.93	22143.58	24393.11
R&D经费支出与地区生产总值之比（%）	2.10	2.12	2.14	2.24	2.41
R&D经费中基础研究经费支出（亿元）	822.89	975.49	1090.37	1335.57	1467.00
R&D经费中应用研究经费支出（亿元）	1610.49	1849.21	2190.87	2498.46	2757.24
R&D经费中试验发展经费支出（亿元）	13243.36	14781.43	16396.69	18309.55	20168.88
R&D经费中基础研究经费支出占比重（%）	5.25	5.54	5.54	6.03	6.01
R&D经费中应用研究经费支出占比重（%）	10.27	10.50	11.13	11.28	11.30
R&D经费中试验发展经费支出占比重（%）	84.48	83.96	83.33	82.69	82.68
R&D经费中政府资金经费支出（亿元）	3140.81	3487.45	3978.64	4537.31	4825.56
R&D经费中企业资金经费支出（亿元）	11923.54	13464.94	15079.30	16887.15	18895.03
R&D经费中政府资金经费支出占比重（%）	20.03	19.81	20.22	20.49	19.78
R&D经费中企业资金经费支出占比重（%）	76.06	76.48	76.63	76.26	77.46
高校R&D经费支出（亿元）	1072.24	1265.96	1457.88	1796.62	1882.48

① 2016—2018年为装备制造业主营业务收入数据。
② 2016—2018年为装备制造业主营业务收入占主营业务收入比重数据。

全国创新能力监测指标（3）

指标名称	2016	2017	2018	2019	2020
研究机构R&D经费支出（亿元）	2260.18	2435.70	2698.35	3080.83	3408.82
高校R&D经费支出占全社会R&D经费比重（%）	6.84	7.19	7.41	8.11	7.72
研究机构R&D经费支出占全社会R&D经费比重（%）	14.42	13.83	13.71	13.91	13.97
高新技术企业R&D经费支出（亿元）	7806.05	9279.49	10846.67	11850.07	13309.59
高新技术企业R&D经费支出占全社会R&D经费比重（%）	49.79	52.71	55.12	53.51	54.56
财政性教育经费支出（亿元）	28072.78	30153.18	32169.47	32961.06	34686.30
财政性教育经费支出与地区生产总值比值（万元/亿元）	376.11	362.40	349.94	334.12	342.22
地方财政科技支出（亿元）	3877.86	4440.02	5206.38	5954.61	5801.86
地方财政科技支出占地方财政支出比重（%）	2.42	2.56	2.77	2.92	2.76
地方财政科技支出与地区生产总值比值（万元/亿元）	51.95	53.36	56.64	60.36	57.24
R&D人员全时当量（人年）	3878057	4033597	4381444	4800768	5234508
万人R&D人员全时当量（人年）	27.85	28.81	31.18	34.05	37.07
R&D人员中基础研究人员数（人年）	274748	290090	304989	391972	426772
R&D人员中应用研究人员数（人年）	438877	489635	538817	615395	643130
R&D人员中试验发展人员数（人年）	3164434	3253907	3537720	3793700	4164620
R&D人员中基础研究人员占比重（%）	7.08	7.19	6.96	8.16	8.15
R&D人员中应用研究人员占比重（%）	11.32	12.14	12.30	12.82	12.29
R&D人员中试验发展人员占比重（%）	81.60	80.67	80.74	79.02	79.56
R&D研究人员全时当量（人年）	1692176	1740442	1866109	2109460	2281134
R&D研究人员占全社会R&D人员比重（%）	44	43	43	44	44
高校R&D人员全时当量（人年）	360049.10	382159.90	410893.30	565478.00	614763.10
研究机构R&D人员全时当量（人年）	390110.00	405711.00	412998.00	424640.00	453739.00
高校R&D人员占全社会R&D人员比重（%）	9.28	9.47	9.38	11.78	11.74
研究机构R&D人员占全社会R&D人员比重（%）	10.06	10.06	9.43	8.85	8.67
高技术产业R&D经费支出（亿元）	2915.75	3182.57	3559.12	3803.96	4649.09
高技术产业R&D经费支出占全社会R&D经费比重（%）	18.60	18.08	18.09	17.18	19.06
高技术产业R&D经费支出占营业收入比重（%）①	1.90	2.00	2.27	2.39	2.66
高技术产业引进技术经费支出（亿元）	103.21	64.62	139.61	109.40	180.73
高技术产业消化吸收经费支出（亿元）	9.32	5.53	11.85	9.57	12.08
高技术产业购买境内技术经费支出（亿元）	81.12	77.36	239.43	286.57	251.92
高技术产业技术改造经费支出（亿元）	451.65	476.02	556.60	562.01	629.87

① 2016—2017年为高技术产业主营业务收入数据。

全国创新能力监测指标（4）

指标名称	2016	2017	2018	2019	2020
高技术产业技术获取和技术改造经费支出占营业收入比重（%）①	0.42	0.39	0.60	0.61	0.62
高技术产业新产品研发经费支出（亿元）	3558.93	4097.34	4638.93	5407.48	6152.37
高技术产业新产品研发经费支出占新产品销售收入比重（%）	7.43	7.65	8.15	9.14	8.98
高技术产业R&D人员全时当量（人年）	730681	747310	852467	860961	990314
高技术产业R&D人员占全社会R&D人员比重（%）	18.84	18.53	19.46	17.93	18.92
高新技术企业R&D人员全时当量（人年）	2126529	2633467	2857665	2860041	3192980
高新技术企业R&D人员占全社会R&D人员比重（%）	54.83	65.29	65.22	59.57	61.00
科学研究和技术服务业固定资产（亿元）	5567.78	5932.48	6737.10	7939.87	8209.99
科学研究和技术服务业固定资产占比重（%）	0.93	0.94	1.01	1.13	1.13
开展创新活动的企业数（个）	183619	188542	196236	223737	238085
开展创新活动的企业占比重（%）	48.50	50.60	52.36	59.20	59.63
实现创新的企业数（个）	166462	170713	179974	201431	223781
实现创新企业占比重（%）	44.00	45.82	48.02	53.30	56.05
企业创新费用支出（亿元）	17479.20	19146.00	20861.60	23184.60	24671.50
企业R&D经费支出（亿元）	12143.96	13660.23	15233.72	16921.79	18357.22
企业R&D经费支出占创新费用支出比重（%）	62.62	62.74	62.10	60.26	61.90
企业R&D经费支出占全社会R&D经费比重（%）	77.47	77.59	77.42	76.42	75.26
企业R&D经费支出占营业收入比重（%）②	0.94	1.06	1.23	1.31	1.41
企业引进技术经费支出（亿元）	475.42	399.32	465.27	476.69	459.95
企业消化吸收经费支出（亿元）	109.25	118.54	91.01	96.77	75.59
企业购买境内技术经费支出（亿元）	208.00	200.87	440.17	537.41	839.14
企业技术改造经费支出（亿元）	3016.61	3103.38	3233.41	3740.15	3516.68
企业技术获取和技术改造经费支出（亿元）	3809.27	3822.10	4229.86	4851.02	4891.36
企业技术获取和技术改造经费支出占营业收入比重（%）③	0.33	0.34	0.40	0.45	0.45
企业科学研究经费支出占企业R&D经费支出比重（%）	2.71	2.79	3.32	2.90	3.02
研究机构来源于企业的R&D经费支出（亿元）	90.44	91.85	102.64	118.66	135.13
高校来源于企业的R&D经费支出（亿元）	310.49	360.36	387.16	470.97	666.01
研究机构和高校R&D经费支出中企业资金占比重（%）	12.03	12.22	11.78	12.09	15.14
企业平均吸纳技术成交额（万元）	301.31	360.16	467.64	592.84	707.39
企业R&D人员全时当量（人年）	3012081	3119809	3424780	3668433	4052285

① 2016—2017年为高技术产业主营业务收入数据。
②③ 2016—2017年为企业主营业务收入数据。

全国创新能力监测指标（5）

指标名称	2016	2017	2018	2019	2020
企业R&D研究人员全时当量（人年）	1048147	1055746	1143157	1216670	1834041
企业R&D研究人员占全社会R&D研究人员比重（%）	61.94	60.66	61.26	57.68	80.40
万名企业就业人员中R&D人员数（人年）	282.77	305.46	375.36	397.50	406.37
有R&D活动的企业数（个）	86891	102218	104820	129198	146691
有R&D活动的企业占工业企业比重（%）	22.95	27.42	27.70	34.20	36.73
有研究机构的企业数（个）	61765	70636	72607	85274	94072
有研究机构的企业占工业企业比重（%）	16.31	18.95	19.19	22.57	23.55
企业专利申请数（件）	715397	817037	957298	1059808	1243927
企业发明专利申请数（件）	286987	320626	371569	398802	446069
企业发明专利拥有量（件）	769847	933990	1094200	1218074	1447950
万名企业就业人员发明专利拥有量（件）	80.55	104.26	137.77	153.62	186.69
发明专利申请数（件）	1193382	1233592	1380668	1231093	1332854
实用新型专利申请数（件）	1459752	1671928	2055495	2252811	2912744
外观设计专利申请数（件）	628084	607754	685312	688583	749687
研究机构专利申请数（件）	52331	56267	61404	67302	74601
研究机构发明专利申请数（件）	39854	43426	47740	52185	57477
高校专利申请数（件）	236665	277524	320790	340685	340360
高校发明专利申请数（件）	137755	157131	191964	210885	194612
万人发明专利申请数（件）	8.63	8.87	9.89	8.79	9.44
亿元R&D经费支出发明专利申请数（件）	76.12	70.07	70.16	55.60	54.64
发明专利授权数（件）	294817	320242	339615	354111	433771
实用新型专利授权数（件）	890515	961521	1464979	1567242	2361929
外观设计专利授权数（件）	426579	423348	514615	536288	708374
万人发明专利授权数（件）	2.13	2.30	2.43	2.53	3.07
亿元R&D经费支出发明专利授权数（件）	18.81	18.19	17.26	15.99	17.78
发明专利拥有量（件）	1103226	1355846	1601903	1862381	2212722
实用新型专利拥有量（件）	3068716	3517603	4317274	5173261	6856279
外观设计专利拥有量（件）	1234542	1330558	1479570	1655877	2046034
研究机构发明专利拥有量（件）	107718	124518	151327	162097	—
高校发明专利拥有量（件）	245289	303283	357010	414032	492903

全国创新能力监测指标（6）

指标名称	2016	2017	2018	2019	2020
万人发明专利拥有量（件）	7.92	9.68	11.40	13.21	15.67
国内科技论文数（篇）	600987	563624	508408	501088	500765
万人国内科技论文数（篇）	4.32	4.03	3.62	3.55	3.55
SCI 收录科技论文数（篇）	324189	361257	376354	450215	479277
EI 收录科技论文数（篇）	226495	228060	250767	271240	340715
CPCI-S 收录科技论文数（篇）	78236	73625	61462	51207	33892
万人国际科技论文数（篇）	4.52	4.73	4.90	5.48	6.05
技术市场成交合同数（项）	320437	367586	411985	484077	549353
技术市场输出技术成交额（亿元）	11406.98	13424.22	17697.42	22398.39	28251.51
万人输出技术成交额（万元）	819.28	958.80	1259.24	1588.45	2000.65
国外技术引进合同数（项）	6806	7361	7147	7360	6172
国外技术引进合同成交额（亿美元）	307.28	328.27	331.34	352.01	318.38
万人国外技术引进合同成交额（万美元）	22.07	23.45	23.58	24.96	22.55
国外技术引进合同成交额中技术经费（亿美元）	301.57	318.98	322.71	314.34	315.14
国外技术引进合同成交额中技术经费占比重（%）	98.14	97.17	97.39	89.30	98.98
百万人技术国际收入（万美元）	3059.07	3234.13	3659.90	4151.35	4576.56
高技术产业有效发明专利数（件）	316694	379615	425137	471949	570905
万名高技术产业就业人员有效发明专利数（件）	236.02	275.29	322.64	366.41	411.71
高技术产业营业收入（亿元）①	153796.33	159375.81	157000.97	158848.97	174613.10
高技术产业营业收入占工业营业收入比重（%）②	13.27	14.06	14.96	14.88	16.11
高技术产业新产品销售收入（亿元）	47924.24	53547.11	56894.15	59164.22	68549.14
高技术产业新产品销售收入占营业收入比重（%）③	31.16	33.60	36.24	37.25	39.26
万元地区生产总值高技术产业营业收入（万元）④	0.21	0.19	0.17	0.16	0.17
新产品销售收入（亿元）	174604.15	191568.69	197094.07	212060.26	238073.66
新产品销售收入占营业收入比重（%）⑤	15.07	16.91	18.78	19.87	21.97
商品出口额（亿美元）	20976.31	22633.71	24866.82	24994.82	25899.52
商品出口额与地区生产总值比值（万美元/亿元）	281.03	272.03	270.50	253.36	255.53
高技术产品出口额（亿美元）	6041.74	6708.15	7430.44	7307.14	7762.55
高技术产品出口额占商品出口额比重（%）	28.80	29.64	29.88	29.23	29.97

①③④ 2016—2017年为高技术产业主营业务收入数据。
② 2016—2017年为高技术产业主营业务收入占工业主营业务收入比重数据。
⑤ 2016—2017年为新产品销售收入占主营业务收入比重数据。

全国创新能力监测指标（7）

指标名称	2016	2017	2018	2019	2020
第三产业增加值（亿元）	390828.10	438355.90	489700.80	535371.00	551973.70
第三产业增加值占地区生产总值比重（%）	52.36	52.68	53.27	54.27	54.46
高新技术企业数（个）	100012	130632	172262	218544	269896
高新技术企业年末从业人员数（万人）	2360.67	2735.48	3131.56	3436.99	3858.80
高新技术企业营业收入（亿元）	261093.94	318374.09	389203.73	450957.74	520844.97
高新技术企业技术收入（亿元）	25583.64	34249.51	44877.22	56956.29	73037.92
高新技术企业技术收入占营业收入比重（%）	9.80	10.76	11.53	12.63	14.02
高新技术企业净利润（亿元）	18859.69	23217.15	26140.30	27340.65	35149.54
高新技术企业利润率（%）	7.22	7.29	6.72	6.06	6.75
高新技术企业出口总额（亿元）	31174.25	37830.98	45007.62	49076.34	54623.59
劳动生产率（万元/人）	8.12	8.68	9.36	9.97	10.26
固定资本形成总额（亿元）	318911.53	346441.00	380771.75	422018.80	435236.52
资本生产率（万元/万元）	0.34	0.30	0.30	0.30	0.30
综合能耗产出率（元/千克标准煤）	15.86	16.47	17.00	17.45	18.20
空气达到二级以上天数（天）	280	280	276	282	310
空气达到二级以上天数占比重（%）	76.84	76.62	75.58	77.28	85.01
废水中化学需氧量排放量（万吨）	658.10	608.90	584.22	567.14	2564.76
废水中化学需氧量排放降低率（%）①	70.40	7.48	4.05	2.92	-352.22
二氧化硫排放量（万吨）	854.90	610.80	516.10	457.29	318.22
二氧化硫排放降低率（%）	54.02	28.55	15.50	11.40	30.41
万元生产总值用水量（立方米）	81.62	73.63	66.82	60.77	57.21
万元生产总值用水量降低率（%）	8.26	9.78	9.26	9.05	5.85
废水中氨氮排放量（万吨）	56.80	50.90	49.44	46.25	98.40
废水中氨氮排放降低率（%）①	75.30	10.39	2.88	6.44	-112.74
固体废物产生量（亿吨）	40.78	38.67	37.12	44.08	36.75
固体废物综合利用量（亿吨）	21.69	20.61	21.10	23.21	20.38
固体废物综合治理率（%）	78.51	77.69	79.79	77.68	80.41
生活垃圾无害化处理率（%）	96.62	97.74	98.96	99.20	99.75
污水处理率（%）	93.44	94.54	95.49	94.81	97.53
建成区绿化覆盖率（%）	40.30	40.91	41.11	41.51	42.06

① 2020年生态环境部调整了统计调查范围。

三、全国各子系统创新能力监测指标

创新环境监测指标（1）

地 区	大专以上学历人数（万人）	万人大专以上学历人数（人）	高等学校数（个）	高校在校学生数（万人）	十万人高校在校学生数（人）
北 京	919.08	4439.24	92	118.06	5393.48
天 津	373.55	2841.24	56	61.44	4430.30
河 北	926.49	1331.67	125	201.49	2699.53
山 西	606.05	1846.83	85	93.84	2688.38
内蒙古	449.43	1971.65	54	51.10	2126.57
辽 宁	775.83	1897.89	114	148.37	3486.54
吉 林	402.95	1740.64	64	88.94	3706.87
黑龙江	471.14	1526.86	80	85.46	2695.24
上 海	842.42	3534.89	63	92.60	3721.66
江 苏	1581.68	1975.95	167	309.66	3652.85
浙 江	1097.03	1797.54	109	174.90	2704.01
安 徽	810.46	1431.44	120	164.96	2702.15
福 建	587.71	1531.26	89	119.28	2866.26
江 西	537.59	1284.21	105	154.75	3424.19
山 东	1460.35	1557.34	152	320.54	3153.57
河 南	1166.99	1273.14	151	320.43	3223.26
湖 北	895.25	1654.02	129	206.70	3598.03
湖 南	813.22	1314.10	128	209.23	3148.58
广 东	1978.29	1699.86	154	400.82	3175.13
广 西	541.66	1184.52	82	155.94	3107.26
海 南	140.32	1506.19	21	27.96	2764.23
重 庆	494.02	1635.96	68	110.34	3438.46
四 川	1110.08	1409.89	132	230.55	2754.24
贵 州	422.33	1207.43	75	102.41	2654.50
云 南	547.67	1256.51	82	125.07	2648.46
西 藏	40.20	1226.92	7	5.96	1629.09
陕 西	727.20	1975.10	96	163.42	4132.22
甘 肃	362.93	1570.84	50	65.68	2626.85
青 海	88.15	1617.38	12	8.89	1499.41
宁 夏	124.89	1886.05	20	19.40	2691.38
新 疆	427.48	1779.56	56	60.38	2330.92

创新环境监测指标（2）

地 区	高校（机构）硕士毕业生数（人）	十万人硕士毕业生数（人）	高校（机构）博士毕业生数（人）	十万人博士毕业生数（人）	研究机构数（个）①
北 京	87020	397.53	20064	91.66	383
天 津	19776	142.60	1965	14.17	57
河 北	15401	20.63	515	0.69	74
山 西	11296	32.36	554	1.59	143
内蒙古	6950	28.92	263	1.09	87
辽 宁	34529	81.14	2396	5.63	33
吉 林	20596	85.84	2051	8.55	103
黑龙江	21215	66.91	1884	5.94	112
上 海	46141	185.44	6061	24.36	131
江 苏	51948	61.28	5028	5.93	128
浙 江	21792	33.69	1951	3.02	95
安 徽	16875	27.64	1473	2.41	91
福 建	14379	34.55	1076	2.59	97
江 西	12893	28.53	368	0.81	115
山 东	31079	30.58	1716	1.69	184
河 南	15694	15.79	495	0.50	115
湖 北	40553	70.59	4381	7.63	101
湖 南	22843	34.37	1972	2.97	105
广 东	32618	25.84	3393	2.69	187
广 西	10839	21.60	298	0.59	108
海 南	2063	20.39	69	0.68	28
重 庆	18165	56.61	1144	3.57	31
四 川	31068	37.12	2506	2.99	160
贵 州	6809	17.65	133	0.34	76
云 南	12453	26.37	419	0.89	112
西 藏	672	18.38	22	0.60	18
陕 西	34446	87.10	2942	7.44	103
甘 肃	11128	44.50	733	2.93	98
青 海	1640	27.67	16	0.27	22
宁 夏	2171	30.11	47	0.65	18
新 疆	7399	28.56	241	0.93	102

① 本指标为2019年数据。

创新环境监测指标（3）

地区	科技企业孵化器管理机构从业人员数（人）	国家级孵化器管理机构从业人员数（人）	国家大学科技园管理机构从业人员数（人）	火炬计划特色产业基地企业从业人员数（人）	国家级示范生产力促进中心人员数（人）
北京	4765	1455	447	52132	175
天津	1223	508	6	138663	113
河北	3553	737	67	294770	351
山西	1006	274	12	68638	100
内蒙古	1499	965	34	41785	103
辽宁	1371	696	126	170192	261
吉林	1685	564	24	51723	128
黑龙江	2233	457	158	132907	190
上海	2218	1106	320	211085	18
江苏	11365	3583	291	3178534	614
浙江	4843	1495	97	1293196	232
安徽	2097	542	56	492884	126
福建	1762	366	26	297832	265
江西	1653	593	43	205054	353
山东	4069	1558	126	1564928	127
河南	2484	952	61	354708	255
湖北	3143	1066	66	321084	92
湖南	1805	651	69	261269	121
广东	11422	2658	59	2429237	907
广西	1212	340	22	10344	238
海南	163	105	33	0	0
重庆	1263	294	29	205461	152
四川	2546	647	146	68048	267
贵州	1045	290	28	86667	103
云南	659	270	55	28232	44
西藏	61	18	0	0	14
陕西	2778	1049	95	175294	313
甘肃	1320	255	47	22567	151
青海	272	162	23	0	73
宁夏	404	115	14	11410	54
新疆	443	195	14	47671	282

创新环境监测指标（4）

地区	众创空间服务人员数（人）	众创空间数（个）	科技企业孵化器数（个）	国家级科技企业孵化器数（个）	科技企业孵化器在孵企业数（个）	科技企业孵化器累计毕业企业数（个）
北京	5187	232	246	65	13008	21414
天津	2291	209	104	35	5037	2626
河北	6334	645	274	40	8640	5642
山西	4667	343	68	16	2844	2414
内蒙古	2300	144	50	13	1954	1707
辽宁	2762	250	93	31	4419	4305
吉林	1537	121	94	23	3406	2255
黑龙江	442	47	198	21	6886	3452
上海	1335	144	165	61	7427	4064
江苏	8132	898	928	219	36955	30626
浙江	7569	735	437	94	18523	16393
安徽	2635	252	208	38	6948	4196
福建	2908	336	134	18	3745	3929
江西	3507	183	79	22	3798	3174
山东	6372	525	318	97	14617	12942
河南	3343	286	181	50	9308	7517
湖北	3906	346	250	62	12440	9251
湖南	2946	282	107	25	6435	4948
广东	8439	993	1079	171	34504	23314
广西	1218	121	116	19	4281	2410
海南	218	19	8	3	603	237
重庆	2666	258	116	22	3650	2912
四川	2593	255	192	40	8977	6533
贵州	1087	78	47	9	1300	996
云南	2063	133	44	15	2397	1699
西藏	328	22	4	2	123	100
陕西	3812	298	151	36	5171	5503
甘肃	3075	217	77	12	2513	1588
青海	309	36	15	7	528	662
宁夏	64	6	23	5	767	644
新疆	678	62	29	10	1608	946

创新环境监测指标（5）

地 区	科技企业孵化器总收入（亿元）	企业研究开发费用加计扣除减免税额（亿元）	高新技术企业减免税额（亿元）	高新技术企业减免税额占全国比重（%）	信息传输、软件和信息技术服务业固定资产投资（亿元）	信息传输、软件和信息技术服务业固定资产投资占比重（%）
北 京	60.73	29.68	58.46	3.57	323.16	4.13
天 津	5.76	17.79	25.31	1.54	187.72	1.51
河 北	14.41	37.54	64.88	3.96	561.26	1.46
山 西	7.75	16.58	10.53	0.64	71.78	0.98
内蒙古	3.48	9.63	13.62	0.83	173.08	1.66
辽 宁	4.68	30.72	39.20	2.39	97.21	1.41
吉 林	5.87	12.03	16.94	1.03	476.36	3.93
黑龙江	5.15	10.58	7.24	0.44	212.44	1.83
上 海	20.12	114.57	78.10	4.76	158.51	1.80
江 苏	78.13	212.45	263.00	16.04	736.99	1.25
浙 江	34.20	215.55	202.50	12.35	426.01	1.10
安 徽	6.68	83.08	66.94	4.08	404.54	1.09
福 建	9.08	36.85	46.74	2.85	461.57	1.50
江 西	6.16	47.18	45.60	2.78	452.80	1.58
山 东	18.32	129.99	127.11	7.75	642.99	1.20
河 南	11.10	46.67	40.39	2.46	791.94	1.48
湖 北	16.31	62.51	44.81	2.73	244.69	0.77
湖 南	8.20	75.01	71.22	4.34	586.09	1.44
广 东	114.04	383.23	339.77	20.72	618.32	1.25
广 西	4.71	19.11	10.57	0.64	450.14	1.79
海 南	0.90	2.57	3.11	0.19	88.25	2.49
重 庆	6.28	24.79	6.50	0.40	192.70	0.94
四 川	17.12	33.66	20.10	1.23	552.58	1.44
贵 州	9.76	6.11	4.92	0.30	206.20	1.12
云 南	1.58	8.57	6.63	0.40	137.53	0.57
西 藏	0.07	0.12	0	0	15.10	0.68
陕 西	17.96	27.26	14.28	0.87	240.42	0.87
甘 肃	4.30	6.30	3.28	0.20	65.28	1.04
青 海	1.00	1.78	0.64	0.04	38.82	1.03
宁 夏	0.88	5.50	1.57	0.10	38.32	1.38
新 疆	2.02	5.97	5.88	0.36	123.94	1.18

创新环境监测指标（6）

地区	邮政业务总量（亿元）	电信业务总量（亿元）	邮电业务总量与地区生产总值比值（万元/亿元）	固定电话和移动电话用户数（万户）	百人固定电话和移动电话用户数（户）	移动互联网用户数（万户）
北京	480.24	3247.63	1037.15	4386.96	200.41	3272.85
天津	194.60	1584.54	1270.09	2036.82	146.87	1488.82
河北	853.70	5971.71	1895.22	8988.15	120.42	7103.97
山西	150.72	3091.70	1817.95	4267.25	122.26	3266.29
内蒙古	63.68	2584.73	1534.60	3160.97	131.55	2574.26
辽宁	278.34	3388.94	1466.24	5414.37	127.23	3921.80
吉林	122.19	2119.90	1829.38	3287.85	137.04	2445.03
黑龙江	143.34	2092.50	1639.97	4143.21	130.66	2980.34
上海	848.14	2824.19	942.51	4914.10	197.49	3365.70
江苏	1699.51	9188.72	1059.09	11162.39	131.67	8428.67
浙江	4310.94	8309.99	1951.01	9849.90	152.28	7041.06
安徽	608.43	5053.59	1487.60	6585.10	107.87	5010.47
福建	856.48	3908.46	1092.66	5472.35	131.50	3979.60
江西	311.34	3537.88	1492.99	4731.76	104.70	3599.26
山东	993.72	7198.80	1125.37	12032.29	118.38	8761.31
河南	829.65	8156.78	1656.20	10718.60	107.82	8748.71
湖北	471.77	4205.17	1087.55	6162.68	107.27	4789.67
湖南	429.22	5671.25	1468.48	7311.83	110.03	5771.21
广东	5807.81	15025.30	1874.30	17668.79	139.97	14251.39
广西	215.30	4826.86	2279.36	5666.54	112.91	4799.26
海南	31.25	1146.73	2116.31	1301.59	128.66	963.97
重庆	202.10	3190.23	1354.69	4240.17	132.14	3117.18
四川	537.70	7526.73	1662.71	11009.54	131.52	7521.36
贵州	85.48	5077.83	2890.92	4316.65	111.89	3597.39
云南	158.10	5647.84	2364.39	5227.94	110.71	3945.40
西藏	4.99	429.09	2281.40	397.65	108.77	279.11
陕西	236.78	4148.73	1685.82	5226.74	132.17	3876.23
甘肃	47.13	2557.64	2900.73	2983.62	119.32	2298.62
青海	9.59	827.54	2781.34	791.46	133.52	581.12
宁夏	24.98	924.34	2399.52	890.63	123.54	712.71
新疆	45.97	3092.05	2273.81	3249.88	125.45	2359.17

创新环境监测指标（7）

地区	万人移动互联网用户数（万户）	有效商标注册数（万件）	百万人有效商标注册数（件）	地区生产总值（亿元）	第二产业增加值数（亿元）
北京	1.50	222.31	101555.78	35943.30	5739.10
天津	1.07	28.89	20835.05	14008.00	4911.80
河北	0.95	83.79	11226.09	36013.80	13765.10
山西	0.94	22.34	6400.71	17835.60	7703.20
内蒙古	1.07	24.06	10011.86	17258.00	6908.20
辽宁	0.92	46.29	10876.60	25011.40	9357.50
吉林	1.02	25.37	10573.85	12256.00	4319.90
黑龙江	0.94	32.12	10129.27	13633.40	3449.90
上海	1.35	173.74	69823.02	38963.30	10258.60
江苏	0.99	186.25	21969.99	102807.70	44631.30
浙江	1.09	297.50	45993.56	64689.10	26361.50
安徽	0.82	76.87	12592.29	38061.50	15216.50
福建	0.96	157.19	37772.89	43608.60	20168.40
江西	0.80	51.26	11342.47	25782.00	11107.90
山东	0.86	161.01	15840.27	72798.20	28456.70
河南	0.88	112.11	11277.22	54259.40	22220.90
湖北	0.83	66.51	11578.12	43004.50	15933.80
湖南	0.87	71.09	10697.98	41542.60	15949.20
广东	1.13	543.00	43014.65	111151.60	43868.10
广西	0.96	29.58	5893.06	22120.90	7046.80
海南	0.95	12.07	11932.81	5566.20	1072.20
重庆	0.97	57.70	17980.34	25041.40	9969.60
四川	0.90	101.41	12114.95	48501.60	17505.60
贵州	0.93	26.69	6917.41	17860.40	6263.00
云南	0.84	43.51	9212.93	24555.70	8387.50
西藏	0.76	3.72	10169.63	1902.70	714.90
陕西	0.98	49.03	12396.93	26014.10	11222.00
甘肃	0.92	12.38	4951.91	8979.70	2824.80
青海	0.98	4.85	8184.39	3009.80	1143.20
宁夏	0.99	6.72	9321.41	3956.30	1629.30
新疆	0.91	22.20	8569.62	13800.70	4786.70

创新环境监测指标（8）

地 区	第二产业增加值占地区生产总值比重（%）	工业增加值（亿元）	工业增加值占地区生产总值比重（%）	装备制造业营业收入（亿元）
北 京	15.97	4255.10	11.84	11836.11
天 津	35.06	4296.40	30.67	7445.42
河 北	38.22	11664.10	32.39	7220.91
山 西	43.19	6768.50	37.95	2438.59
内蒙古	40.03	5597.60	32.43	624.87
辽 宁	37.41	7906.00	31.61	7735.16
吉 林	35.25	3501.20	28.57	7550.56
黑龙江	25.30	3121.80	22.90	1470.10
上 海	26.33	9625.50	24.70	22572.65
江 苏	43.41	38198.10	37.15	58066.64
浙 江	40.75	22627.80	34.98	30407.96
安 徽	39.98	11235.50	29.52	13129.72
福 建	46.25	15615.50	35.81	10957.59
江 西	43.08	8991.60	34.88	10828.85
山 东	39.09	22986.50	31.58	18731.04
河 南	40.95	17147.20	31.60	12992.88
湖 北	37.05	13174.70	30.64	14226.98
湖 南	38.39	12401.40	29.85	12081.09
广 东	39.47	39353.90	35.41	80991.60
广 西	31.86	5172.80	23.38	4011.64
海 南	19.26	557.40	10.01	78.69
重 庆	39.81	6990.80	27.92	13222.60
四 川	36.09	13401.00	27.63	14822.87
贵 州	35.07	4666.20	26.13	1168.78
云 南	34.16	5579.40	22.72	1350.84
西 藏	37.57	158.60	8.34	0.75
陕 西	43.14	8740.20	33.60	7023.59
甘 肃	31.46	2265.40	25.23	477.64
青 海	37.98	792.20	26.32	157.78
宁 夏	41.18	1306.50	33.02	422.03
新 疆	34.68	3683.00	26.69	948.76

创新环境监测指标（9）

地 区	装备制造业营业收入占营业收入比重（%）	人均地区生产总值（元）	城镇登记失业人员数（万人）	城镇登记失业率（%）
北 京	49.63	164158	29.02	2.56
天 津	39.17	101068	27.01	3.62
河 北	16.71	48302	38.48	3.46
山 西	11.07	51051	27.65	3.11
内蒙古	3.57	71640	30.03	3.80
辽 宁	25.22	58629	50.72	4.61
吉 林	57.09	50561	20.61	3.42
黑龙江	14.85	42432	31.02	3.37
上 海	57.11	156803	19.67	3.67
江 苏	46.33	121333	36.67	3.20
浙 江	38.67	100738	42.14	2.79
安 徽	34.06	62411	30.00	2.83
福 建	19.82	105106	35.74	3.82
江 西	29.71	57065	29.93	3.15
山 东	21.49	71825	46.66	3.10
河 南	26.73	54691	62.15	3.24
湖 北	34.76	73687	55.29	3.35
湖 南	31.05	62537	31.36	2.74
广 东	54.02	88521	73.87	2.53
广 西	22.73	44237	22.89	2.77
海 南	3.63	55438	7.92	2.78
重 庆	57.36	78294	29.59	4.49
四 川	31.83	58009	54.44	3.63
贵 州	12.51	46355	19.50	3.75
云 南	9.04	52047	31.86	3.92
西 藏	0.23	52280	2.09	2.90
陕 西	28.76	65867	24.51	3.63
甘 肃	6.29	35848	12.20	3.27
青 海	6.46	50845	3.06	2.13
宁 夏	8.79	55021	5.60	3.92
新 疆	8.12	53606	9.37	2.39

创新环境监测指标（10）

地 区	客运量（亿人）	旅客周转量（亿人公里）	货运量（亿吨）	货物周转量（亿吨公里）
北 京	3.09	114.36	2.22	1032.78
天 津	1.06	143.52	5.25	2600.37
河 北	1.77	603.57	24.73	13729.95
山 西	1.25	226.27	19.02	5711.76
内蒙古	0.65	164.90	17.81	4567.36
辽 宁	3.35	431.82	16.73	5421.47
吉 林	1.53	198.86	4.48	1865.06
黑龙江	1.23	177.54	4.87	1584.76
上 海	0.92	114.56	13.88	32795.00
江 苏	8.53	943.15	27.66	10895.72
浙 江	5.81	674.09	30.03	12324.24
安 徽	3.24	697.29	37.45	10241.67
福 建	2.32	314.56	14.07	9014.32
江 西	4.19	631.35	15.71	4010.78
山 东	3.08	596.24	31.70	10377.40
河 南	5.79	927.12	21.99	8833.22
湖 北	3.01	522.92	16.04	5294.95
湖 南	5.64	834.61	20.09	2602.20
广 东	7.94	1190.91	34.46	27211.12
广 西	3.49	553.96	18.74	4159.61
海 南	0.79	74.65	2.07	3683.00
重 庆	3.72	271.11	12.17	3527.39
四 川	5.75	560.29	17.19	2861.32
贵 州	4.01	524.47	8.64	1265.11
云 南	2.42	263.72	12.11	1579.74
西 藏	0.08	26.96	0.41	156.53
陕 西	3.68	452.58	16.53	3697.35
甘 肃	2.67	378.72	6.72	2516.71
青 海	0.41	88.62	1.45	415.74
宁 夏	0.36	52.51	4.28	698.29
新 疆	0.70	184.97	5.78	1708.03

创新资源监测指标（1）

地 区	研究与试验发展（R&D）经费支出（亿元）	R&D经费支出与地区生产总值之比（%）	R&D经费中基础研究经费支出（亿元）	R&D经费中应用研究经费支出（亿元）	R&D经费中试验发展经费支出（亿元）
北 京	2326.58	6.47	373.10	571.06	1382.42
天 津	485.01	3.46	34.36	52.51	398.14
河 北	634.37	1.76	15.55	56.19	562.63
山 西	211.05	1.18	11.42	24.30	175.34
内蒙古	161.07	0.93	3.43	17.13	140.51
辽 宁	549.01	2.20	35.25	105.12	408.63
吉 林	159.51	1.30	26.87	28.16	104.47
黑龙江	173.16	1.27	23.03	55.06	95.07
上 海	1615.69	4.15	128.28	190.90	1296.51
江 苏	3005.93	2.92	84.02	190.17	2731.75
浙 江	1859.90	2.88	60.31	107.10	1692.49
安 徽	883.18	2.32	60.89	78.46	743.83
福 建	842.41	1.93	23.78	59.01	759.61
江 西	430.72	1.67	16.58	38.08	376.05
山 东	1681.89	2.31	50.36	111.52	1520.01
河 南	901.27	1.66	20.99	79.89	800.39
湖 北	1005.28	2.34	45.54	122.17	837.57
湖 南	898.70	2.16	34.48	111.14	753.08
广 东	3479.88	3.13	204.10	319.89	2955.90
广 西	173.23	0.78	11.77	17.54	143.92
海 南	36.63	0.66	7.21	6.96	22.45
重 庆	526.79	2.10	23.25	66.75	436.79
四 川	1055.28	2.18	59.58	144.04	851.66
贵 州	161.71	0.91	14.72	20.86	126.13
云 南	245.99	1.00	27.26	29.51	189.22
西 藏	4.37	0.23	0.85	1.11	2.41
陕 西	632.33	2.43	40.15	111.16	481.02
甘 肃	109.64	1.22	16.10	23.96	69.59
青 海	21.32	0.71	2.12	3.65	15.55
宁 夏	59.64	1.51	3.29	5.74	50.62
新 疆	61.57	0.45	8.36	8.10	45.10

创新资源监测指标（2）

地区	R&D经费中基础研究经费支出占比重（%）	R&D经费中应用研究经费支出占比重（%）	R&D经费中试验发展经费支出占比重（%）	R&D经费中政府资金经费支出（亿元）	R&D经费中企业资金经费支出（亿元）
北京	16.04	24.55	59.42	1084.33	1074.22
天津	7.09	10.83	82.09	80.43	383.09
河北	2.45	8.86	88.69	71.57	553.49
山西	5.41	11.51	83.08	27.04	179.94
内蒙古	2.13	10.64	87.24	23.28	132.78
辽宁	6.42	19.15	74.43	144.07	399.52
吉林	16.85	17.66	65.50	65.88	91.10
黑龙江	13.30	31.80	54.90	72.49	96.45
上海	7.94	11.82	80.24	526.54	1026.75
江苏	2.79	6.33	90.88	280.87	2668.67
浙江	3.24	5.76	91.00	164.95	1676.28
安徽	6.89	8.88	84.22	134.83	720.22
福建	2.82	7.01	90.17	81.49	750.85
江西	3.85	8.84	87.31	59.19	368.71
山东	2.99	6.63	90.38	145.30	1518.88
河南	2.33	8.86	88.81	79.48	787.73
湖北	4.53	12.15	83.32	213.65	769.29
湖南	3.84	12.37	83.80	118.58	769.50
广东	5.87	9.19	84.94	440.57	2988.29
广西	6.79	10.13	83.08	38.79	129.28
海南	19.70	18.99	61.31	21.22	14.25
重庆	4.41	12.67	82.92	77.24	427.82
四川	5.65	13.65	80.70	420.20	570.72
贵州	9.10	12.90	78.00	43.46	115.00
云南	11.08	11.99	76.92	56.75	177.70
西藏	19.52	25.39	55.09	3.23	1.02
陕西	6.35	17.58	76.07	271.72	336.95
甘肃	14.68	21.85	63.47	39.82	64.55
青海	9.93	17.10	72.97	7.49	13.68
宁夏	5.51	9.62	84.87	13.17	45.77
新疆	13.59	13.15	73.26	17.95	42.54

创新资源监测指标（3）

地 区	R&D经费中政府资金经费支出占比重(%)	R&D经费中企业资金经费支出占比重(%)	高校R&D经费支出(亿元)	研究机构R&D经费支出(亿元)①	高校R&D经费支出占全社会R&D经费比重(%)
北 京	46.61	46.17	262.37	994.24	11.28
天 津	16.58	78.99	57.09	52.69	11.77
河 北	11.28	87.25	29.81	48.78	4.70
山 西	12.81	85.26	17.68	16.54	8.38
内蒙古	14.45	82.43	7.04	16.01	4.37
辽 宁	26.24	72.77	69.78	97.20	12.71
吉 林	41.30	57.11	29.00	46.16	18.18
黑龙江	41.86	55.70	55.95	18.78	32.31
上 海	32.59	63.55	144.34	378.84	8.93
江 苏	9.34	88.78	153.96	187.26	5.12
浙 江	8.87	90.13	103.60	55.22	5.57
安 徽	15.27	81.55	80.09	61.80	9.07
福 建	9.67	89.13	60.62	34.09	7.20
江 西	13.74	85.60	24.86	25.13	5.77
山 东	8.64	90.31	76.66	60.04	4.56
河 南	8.82	87.40	46.54	52.60	5.16
湖 北	21.25	76.53	94.01	108.10	9.35
湖 南	13.19	85.62	81.74	39.02	9.09
广 东	12.66	85.87	202.94	112.16	5.83
广 西	22.39	74.63	19.10	19.49	11.02
海 南	57.94	38.92	4.60	12.30	12.56
重 庆	14.66	81.21	48.60	35.11	9.22
四 川	39.82	54.08	85.19	285.92	8.07
贵 州	26.87	71.11	17.96	14.49	11.11
云 南	23.07	72.24	20.80	35.84	8.46
西 藏	73.94	23.30	0.71	2.02	16.33
陕 西	42.97	53.29	61.64	216.71	9.75
甘 肃	36.32	58.88	12.81	36.15	11.68
青 海	35.15	64.19	1.66	4.02	7.78
宁 夏	22.08	76.74	6.24	3.14	10.47
新 疆	29.16	69.10	5.07	10.98	8.23

① 本指标为2019年数据。

创新资源监测指标（4）

地 区	研究机构R&D经费支出占全社会R&D经费比重（%）①	高新技术企业R&D经费支出（亿元）	高新技术企业R&D经费支出占全社会R&D经费比重（%）	财政性教育经费支出（亿元）	财政性教育经费支出与地区生产总值比值（万元/亿元）
北 京	44.51	1194.54	51.34	1138.29	316.69
天 津	11.38	263.10	54.25	442.91	316.19
河 北	8.61	410.02	64.63	1596.26	443.23
山 西	8.65	100.03	47.40	733.36	411.18
内蒙古	10.83	103.45	64.23	642.17	372.10
辽 宁	19.12	186.90	34.04	741.15	296.33
吉 林	31.11	56.00	35.11	526.69	429.74
黑龙江	12.81	71.03	41.02	562.42	412.53
上 海	24.85	722.23	44.70	1000.59	256.80
江 苏	6.74	1651.52	54.94	2406.53	234.08
浙 江	3.31	1206.39	64.86	1881.09	290.79
安 徽	8.20	385.72	43.67	1261.86	331.53
福 建	4.52	297.50	35.32	1031.57	236.55
江 西	6.54	354.32	82.26	1223.59	474.59
山 东	4.02	718.06	42.69	2283.84	313.72
河 南	6.63	219.28	24.33	1882.56	346.96
湖 北	11.29	552.29	54.94	1192.02	277.19
湖 南	4.96	407.37	45.33	1325.25	319.01
广 东	3.62	3179.36	91.36	3510.56	315.84
广 西	11.66	116.02	66.98	1061.10	479.68
海 南	41.11	12.21	33.34	295.84	531.49
重 庆	7.48	225.28	42.77	754.97	301.49
四 川	32.83	354.17	33.56	1686.16	347.65
贵 州	10.02	58.71	36.31	1073.34	600.96
云 南	16.29	105.40	42.85	1162.02	473.22
西 藏	46.55	3.68	84.31	273.89	1439.49
陕 西	37.07	291.66	46.12	998.58	383.86
甘 肃	32.79	15.10	13.77	662.99	738.32
青 海	19.55	4.73	22.20	218.14	724.76
宁 夏	5.76	17.40	29.17	208.42	526.81
新 疆	17.13	26.12	42.42	908.11	658.02

① 本指标为2019年数据。

创新资源监测指标（5）

地 区	地方财政科技支出（亿元）	地方财政科技支出占地方财政支出比重（%）	地方财政科技支出与地区生产总值比值（万元/亿元）	R&D人员全时当量（人年）	万人R&D人员全时当量（人年）
北 京	410.96	5.78	114.34	336280	153.62
天 津	118.17	3.75	84.36	90640	65.36
河 北	101.76	1.13	28.26	125058	16.76
山 西	66.09	1.29	37.05	52394	15.01
内蒙古	32.38	0.61	18.76	27914	11.62
辽 宁	72.71	1.21	29.07	111931	26.30
吉 林	39.94	0.97	32.59	44472	18.54
黑龙江	42.98	0.79	31.53	44205	13.94
上 海	406.20	5.01	104.25	228621	91.88
江 苏	584.39	4.27	56.84	669084	78.93
浙 江	472.13	4.68	72.98	582981	90.13
安 徽	369.98	4.95	97.21	194688	31.89
福 建	149.44	2.86	34.27	185622	44.61
江 西	195.74	2.93	75.92	124326	27.51
山 东	298.62	2.66	41.02	341159	33.56
河 南	254.28	2.45	46.86	203080	20.43
湖 北	287.85	3.41	66.94	192168	33.45
湖 南	220.66	2.63	53.12	177561	26.72
广 东	955.73	5.48	85.98	872238	69.10
广 西	66.26	1.07	29.96	45821	9.13
海 南	35.67	1.81	64.07	8961	8.86
重 庆	82.87	1.69	33.09	105712	32.94
四 川	181.70	1.62	37.46	189829	22.68
贵 州	113.19	1.97	63.38	41496	10.76
云 南	64.94	0.93	26.44	60369	12.78
西 藏	8.99	0.41	47.24	1579	4.32
陕 西	56.45	0.95	21.70	118807	30.04
甘 肃	32.07	0.77	35.71	26814	10.72
青 海	10.56	0.55	35.10	4423	7.46
宁 夏	27.91	1.89	70.54	12169	16.88
新 疆	41.25	0.75	29.89	14109	5.45

创新资源监测指标（6）

地区	R&D人员中基础研究人员数（人年）	R&D人员中应用研究人员数（人年）	R&D人员中试验发展人员数（人年）	R&D人员中基础研究人员占比重（%）	R&D人员中应用研究人员占比重（%）
北京	75082	95186	166014	22.33	28.31
天津	9196	13676	67768	10.15	15.09
河北	8293	19083	97682	6.63	15.26
山西	7667	10019	34709	14.63	19.12
内蒙古	2062	5143	20708	7.39	18.43
辽宁	14898	21097	75937	13.31	18.85
吉林	15879	13945	14649	35.71	31.36
黑龙江	12279	13843	18082	27.78	31.32
上海	32966	34943	160715	14.42	15.28
江苏	25979	42112	600994	3.88	6.29
浙江	15839	29465	537679	2.72	5.05
安徽	16411	23578	154698	8.43	12.11
福建	6613	19183	159826	3.56	10.33
江西	6229	8716	109381	5.01	7.01
山东	23105	34857	283197	6.77	10.22
河南	7488	21681	173914	3.69	10.68
湖北	13265	27170	151732	6.90	14.14
湖南	13127	24777	139660	7.39	13.95
广东	38655	69225	764360	4.43	7.94
广西	8404	9385	28031	18.34	20.48
海南	2077	1774	5110	23.18	19.80
重庆	7525	17411	80777	7.12	16.47
四川	16372	32414	141044	8.62	17.08
贵州	6068	7234	28194	14.62	17.43
云南	10895	9712	39762	18.05	16.09
西藏	481	501	597	30.49	31.70
陕西	17664	23573	77571	14.87	19.84
甘肃	6652	7178	12983	24.81	26.77
青海	721	1069	2634	16.31	24.17
宁夏	1311	1450	9409	10.77	11.91
新疆	3573	3730	6806	25.32	26.44

创新资源监测指标（7）

地 区	R&D人员中试验发展人员占比重（%）	R&D研究人员全时当量（人年）	R&D研究人员占全社会R&D人员比重（%）	高校R&D人员全时当量（人年）	研究机构R&D人员全时当量（人年）①
北 京	49.37	226005	67.21	68308	108309
天 津	74.77	48371	53.37	17167	9120
河 北	78.11	55320	44.24	15654	10916
山 西	66.25	23880	45.58	11973	4749
内蒙古	74.19	13789	49.40	4487	3221
辽 宁	67.84	61459	54.91	25234	13082
吉 林	32.94	30712	69.06	22560	7755
黑龙江	40.91	31834	72.01	21290	5942
上 海	70.30	128355	56.14	45288	31311
江 苏	89.82	262406	39.22	44771	27310
浙 江	92.23	172119	29.52	28851	8761
安 徽	79.46	84818	43.57	23928	11001
福 建	86.10	72535	39.08	18997	5464
江 西	87.98	43360	34.88	8461	5585
山 东	83.01	141786	41.56	34462	12569
河 南	85.64	80815	39.79	14863	11175
湖 北	78.96	89997	46.83	26555	12055
湖 南	78.65	80254	45.20	24103	7186
广 东	87.63	295901	33.92	39633	18240
广 西	61.18	25981	56.70	14561	4462
海 南	57.02	4927	54.98	2007	2266
重 庆	76.41	47445	44.88	12644	10183
四 川	74.30	99173	52.24	29463	39091
贵 州	67.94	19198	46.26	6509	4037
云 南	65.87	29204	48.38	10772	7369
西 藏	37.82	1175	74.39	435	664
陕 西	65.29	74459	62.67	27730	31413
甘 肃	48.42	18533	69.12	7642	6500
青 海	59.54	2399	54.24	731	956
宁 夏	77.32	5483	45.06	1824	648
新 疆	48.24	9443	66.93	3862	3300

① 本指标为2019年数据。

创新资源监测指标（8）

地 区	高校R&D人员占全社会R&D人员比重（%）	研究机构R&D人员占全社会R&D人员比重（%）[①]	高技术产业R&D经费支出（亿元）	高技术产业R&D经费支出占全社会R&D经费比重（%）	高技术产业R&D经费支出占营业收入比重（%）
北 京	20.31	34.49	157.97	6.79	2.40
天 津	18.94	9.86	66.16	13.64	2.25
河 北	12.52	9.76	58.53	9.23	3.42
山 西	22.85	10.14	16.13	7.64	1.16
内蒙古	16.07	12.94	7.50	4.66	1.79
辽 宁	22.54	13.10	50.64	9.22	2.64
吉 林	50.73	18.32	12.41	7.78	2.08
黑龙江	48.16	13.38	10.45	6.04	3.68
上 海	19.81	15.76	213.53	13.22	2.70
江 苏	6.69	4.30	742.93	24.72	2.73
浙 江	4.95	1.64	368.34	19.80	3.63
安 徽	12.29	6.27	153.24	17.35	3.09
福 建	10.23	3.19	200.63	23.82	3.21
江 西	6.81	5.29	113.05	26.25	1.82
山 东	10.10	4.51	230.73	13.72	3.42
河 南	7.32	5.83	108.50	12.04	1.68
湖 北	13.82	6.76	191.30	19.03	4.22
湖 南	13.57	4.57	121.24	13.49	2.89
广 东	4.54	2.27	1388.19	39.89	2.77
广 西	31.78	9.41	8.30	4.79	0.58
海 南	22.39	25.45	4.58	12.50	1.88
重 庆	11.96	10.43	86.36	16.39	1.33
四 川	15.52	22.89	163.35	15.48	1.73
贵 州	15.68	10.69	32.98	20.39	3.38
云 南	17.84	12.89	16.66	6.77	1.40
西 藏	27.53	37.92	0.46	10.59	2.69
陕 西	23.34	27.24	102.38	16.19	2.98
甘 肃	28.50	25.04	10.00	9.12	3.48
青 海	16.52	17.46	1.37	6.43	1.08
宁 夏	14.99	5.39	8.55	14.33	3.80
新 疆	27.37	23.88	2.62	4.26	1.51

① 本指标为2019年数据。

创新资源监测指标（9）

地区	高技术产业引进技术经费支出（万元）	高技术产业消化吸收经费支出（万元）	高技术产业购买境内技术经费支出（万元）	高技术产业技术改造经费支出（万元）	高技术产业技术获取和技术改造经费支出占营业收入比重（%）
北京	41349.60	1000.00	198938.70	8989.30	0.38
天津	69.90	0	1822.20	26838.40	0.10
河北	513.70	0	46323.90	21851.80	0.40
山西	38.00	0	1373.00	7736.30	0.07
内蒙古	0	0	32.60	2425.50	0.06
辽宁	686.00	0	16173.30	90795.60	0.56
吉林	74.00	165.30	4767.20	7545.60	0.21
黑龙江	88.00	88.00	1266.20	91358.80	3.27
上海	3891.60	21296.30	16190.90	86004.10	0.16
江苏	60143.20	79781.30	61069.30	789566.10	0.36
浙江	45532.10	928.50	41858.70	430621.70	0.51
安徽	8659.30	0	17195.90	330408.20	0.72
福建	19435.30	14093.10	95520.60	308334.50	0.70
江西	0	0	3879.40	180280.20	0.30
山东	18089.70	1109.80	49271.30	343222.80	0.61
河南	0	0	11352.70	44766.20	0.09
湖北	6987.10	1013.40	17094.90	105098.40	0.29
湖南	289.20	9.80	4893.30	125885.10	0.31
广东	1540640.10	44.10	1880785.70	2608647.70	1.20
广西	457.90	0	244.40	9429.40	0.07
海南	0	0	1485.00	2987.00	0.18
重庆	21139.90	0	6056.80	41181.10	0.11
四川	36288.20	1252.10	32518.30	363594.00	0.46
贵州	669.00	0	2304.40	104601.60	1.10
云南	748.70	0	0	6310.70	0.06
西藏	0	0	0	0	0
陕西	607.50	12.00	5146.30	154126.30	0.47
甘肃	899.60	0	68.00	544.20	0.05
青海	0	0	1054.70	1054.70	0.17
宁夏	0	0	0	4317.50	0.19
新疆	0	0	486.50	217.20	0.04

创新资源监测指标（10）

地区	高技术产业新产品研发经费支出（亿元）	高技术产业新产品研发经费支出占新产品销售收入比重（%）	高技术产业R&D人员全时当量（人年）	高技术产业R&D人员占全社会R&D人员比重（%）
北京	246.72	9.92	23546	7.00
天津	78.35	8.30	12365	13.64
河北	67.42	9.42	10919	8.73
山西	19.78	6.15	6502	12.41
内蒙古	8.03	16.35	1527	5.47
辽宁	58.27	15.09	13636	12.18
吉林	19.82	12.74	2928	6.58
黑龙江	22.22	13.07	3411	7.72
上海	262.83	16.37	26917	11.77
江苏	828.30	7.08	147662	22.07
浙江	442.88	7.79	97364	16.70
安徽	176.89	7.29	32266	16.57
福建	208.67	9.24	35219	18.97
江西	143.38	6.13	32247	25.94
山东	224.58	9.25	44598	13.07
河南	97.19	3.33	31951	15.73
湖北	232.00	12.00	30942	16.10
湖南	135.56	9.09	27314	15.38
广东	2348.06	10.05	320479	36.74
广西	12.09	7.27	2626	5.73
海南	7.71	54.23	692	7.72
重庆	94.09	5.48	17339	16.40
四川	199.40	11.04	30781	16.22
贵州	37.26	15.27	7483	18.03
云南	16.31	4.09	5157	8.54
西藏	0.43	0	62	3.94
陕西	142.21	25.92	21005	17.68
甘肃	9.91	12.13	1446	5.39
青海	1.74	3.34	293	6.63
宁夏	8.70	6.61	1227	10.08
新疆	1.57	16.10	414	2.93

创新资源监测指标（11）

地 区	高新技术企业R&D人员全时当量（人年）	高新技术企业R&D人员占全社会R&D人员比重（%）	科学研究和技术服务业固定资产（亿元）	科学研究和技术服务业固定资产占比重（%）
北 京	206137	61.30	178.68	2.28
天 津	68916	76.03	221.47	1.79
河 北	81911	65.50	511.94	1.33
山 西	27801	53.06	50.66	0.69
内蒙古	17023	60.98	28.17	0.27
辽 宁	57678	51.53	29.37	0.43
吉 林	15209	34.20	211.24	1.74
黑龙江	20708	46.85	708.41	6.09
上 海	136413	59.67	69.01	0.78
江 苏	462609	69.14	980.25	1.66
浙 江	307715	52.78	415.95	1.08
安 徽	100969	51.86	388.37	1.05
福 建	92626	49.90	83.53	0.27
江 西	85237	68.56	226.44	0.79
山 东	182378	53.46	1172.26	2.18
河 南	74011	36.44	393.02	0.73
湖 北	152685	79.45	252.67	0.79
湖 南	98129	55.26	1233.99	3.02
广 东	694675	79.64	231.78	0.47
广 西	26629	58.12	165.85	0.66
海 南	2915	32.53	28.61	0.81
重 庆	53071	50.20	87.71	0.43
四 川	99946	52.65	187.24	0.49
贵 州	15784	38.04	83.68	0.45
云 南	20573	34.08	36.30	0.15
西 藏	398	25.21	12.35	0.55
陕 西	72323	60.87	220.12	0.80
甘 肃	7745	28.88	31.24	0.50
青 海	2157	48.76	27.00	0.71
宁 夏	4065	33.41	20.60	0.74
新 疆	4542	32.19	38.01	0.36

企业创新监测指标（1）

地 区	开展创新活动的企业数（个）	开展创新活动的企业占比重（%）	实现创新的企业数（个）	实现创新企业占比重（%）	企业创新费用支出（亿元）
北 京	2163	71.43	1960	64.73	550.40
天 津	2881	56.29	2716	53.07	327.60
河 北	6886	48.39	6616	46.49	740.70
山 西	2343	42.78	2204	40.24	317.00
内蒙古	1064	35.63	1035	34.66	205.60
辽 宁	3765	48.59	3498	45.14	542.40
吉 林	1247	40.99	1185	38.96	227.10
黑龙江	1545	40.27	1471	38.34	149.40
上 海	5164	58.66	4897	55.63	1217.00
江 苏	35071	69.94	33385	66.58	3308.00
浙 江	34627	72.21	32479	67.73	2042.80
安 徽	11741	63.67	10782	58.47	1080.80
福 建	10139	53.80	9735	51.66	863.90
江 西	7794	54.26	7696	53.58	580.20
山 东	17862	60.29	17134	57.83	1891.60
河 南	9202	46.48	8897	44.94	839.80
湖 北	9176	58.44	8432	53.70	964.60
湖 南	12229	67.05	10057	55.14	982.80
广 东	37093	63.43	34671	59.29	5033.90
广 西	2474	34.89	2301	32.45	382.90
海 南	230	46.65	208	42.19	25.40
重 庆	4419	63.72	4142	59.73	528.20
四 川	7889	51.63	7546	49.39	689.50
贵 州	2337	52.14	2281	50.89	171.40
云 南	2242	50.94	2180	49.53	243.70
西 藏	73	43.71	67	40.12	2.30
陕 西	3492	48.56	3372	46.89	423.00
甘 肃	944	48.56	895	46.04	116.30
青 海	228	39.38	227	39.21	24.80
宁 夏	697	56.16	693	55.84	92.90
新 疆	1068	29.63	1019	28.27	106.30

企业创新监测指标（2）

地 区	企业R&D经费支出（亿元）	企业R&D经费支出占创新费用支出比重（%）	企业R&D经费支出占全社会R&D经费比重（%）	企业R&D 经费支出占营业收入比重（%）	企业引进技术经费支出（亿元）
北 京	297.42	54.04	12.78	1.25	16.71
天 津	228.77	69.83	47.17	1.20	5.32
河 北	485.45	65.54	76.53	1.12	1.48
山 西	156.18	49.27	74.00	0.71	1.72
内蒙古	129.37	62.92	80.32	0.74	3.50
辽 宁	335.32	61.82	61.08	1.09	5.93
吉 林	77.64	34.19	48.68	0.59	25.55
黑龙江	77.46	51.85	44.74	0.78	0.10
上 海	635.01	52.18	39.30	1.61	97.15
江 苏	2381.69	72.00	79.23	1.90	20.82
浙 江	1395.90	68.33	75.05	1.78	14.69
安 徽	639.42	59.16	72.40	1.66	2.91
福 建	666.91	77.20	79.17	1.21	3.97
江 西	346.02	59.64	80.34	0.95	1.81
山 东	1365.62	72.19	81.20	1.57	10.31
河 南	685.58	81.64	76.07	1.41	1.48
湖 北	610.96	63.34	60.77	1.49	3.48
湖 南	664.53	67.62	73.94	1.71	5.34
广 东	2499.95	49.66	71.84	1.67	211.15
广 西	113.33	29.60	65.42	0.64	0.71
海 南	11.70	46.07	31.95	0.54	0
重 庆	372.56	70.53	70.72	1.62	18.04
四 川	427.64	62.02	40.52	0.92	4.72
贵 州	105.36	61.47	65.15	1.13	0.07
云 南	145.15	59.56	59.01	0.97	0.79
西 藏	0.89	38.89	20.47	0.27	0
陕 西	268.40	63.45	42.45	1.10	0.87
甘 肃	52.13	44.83	47.55	0.69	0.09
青 海	10.37	41.81	48.65	0.42	0.00
宁 夏	45.35	48.81	76.04	0.94	0
新 疆	39.19	36.87	63.66	0.34	1.24

企业创新监测指标（3）

地　区	企业消化吸收经费支出（亿元）	企业购买境内技术经费支出（亿元）	企业技术改造经费支出（亿元）	企业技术获取和技术改造经费支出（亿元）	企业技术获取和技术改造经费支出占营业收入比重（%）
北　京	0.19	22.24	49.48	88.63	0.37
天　津	0	3.56	36.41	45.29	0.24
河　北	0.36	7.10	80.22	89.16	0.21
山　西	0.32	0.96	85.79	88.79	0.40
内蒙古	1.04	1.83	32.43	38.80	0.22
辽　宁	0.00	21.60	97.13	124.66	0.41
吉　林	0.02	15.62	15.53	56.72	0.43
黑龙江	0.06	1.85	31.60	33.60	0.34
上　海	56.03	30.42	194.25	377.85	0.96
江　苏	8.90	16.38	358.47	404.57	0.32
浙　江	0.51	16.88	236.03	268.11	0.34
安　徽	0.58	10.97	229.87	244.33	0.63
福　建	1.69	12.39	114.96	133.01	0.24
江　西	0.21	6.31	87.74	96.06	0.26
山　东	1.12	13.86	221.60	246.89	0.28
河　南	0.01	6.80	91.56	99.85	0.21
湖　北	0.11	4.19	129.85	137.64	0.34
湖　南	0.51	2.45	126.24	134.53	0.35
广　东	2.99	233.89	668.89	1116.91	0.74
广　西	0	2.09	179.22	182.02	1.03
海　南	0	0.20	2.35	2.56	0.12
重　庆	0.59	1.14	70.24	90.02	0.39
四　川	0.26	5.83	110.86	121.67	0.26
贵　州	0	1.40	39.25	40.71	0.44
云　南	0.02	7.56	65.01	73.38	0.49
西　藏	0	0	0	0	0
陕　西	0.04	384.40	46.58	431.89	1.77
甘　肃	0	0.07	52.94	53.10	0.70
青　海	0	0.20	6.10	6.31	0.26
宁　夏	0.06	1.77	34.26	36.09	0.75
新　疆	0	5.17	21.81	28.21	0.24

企业创新监测指标（4）

地区	企业科学研究经费支出占企业R&D经费支出比重（%）	研究机构来源于企业的R&D经费支出（亿元）①	高校来源于企业的R&D经费支出（亿元）	研究机构和高校R&D经费支出中企业资金占比重（%）②	企业平均吸纳技术成交额（万元）
北京	7.29	34.10	81.96	8.76	10332.07
天津	2.27	5.04	28.04	21.99	1205.02
河北	4.90	1.16	11.98	9.85	496.30
山西	4.72	0.61	5.94	13.03	606.45
内蒙古	3.85	0.80	1.17	7.33	841.32
辽宁	3.40	10.64	35.80	23.01	524.28
吉林	5.86	1.09	8.37	9.10	1740.36
黑龙江	5.54	0.05	19.45	23.93	495.61
上海	1.27	9.77	47.08	8.91	1320.81
江苏	1.26	5.20	70.32	17.34	441.92
浙江	0.80	6.90	39.46	21.49	327.09
安徽	2.83	3.89	24.40	10.64	400.02
福建	0.37	1.22	20.16	12.41	272.60
江西	2.16	0.09	9.40	12.04	240.26
山东	2.39	2.55	27.18	12.85	691.41
河南	3.91	0.56	16.26	11.72	271.00
湖北	2.53	3.93	32.63	15.94	893.47
湖南	5.63	4.02	28.38	19.09	287.10
广东	5.36	5.57	54.40	13.04	736.33
广西	0.67	0.20	3.04	3.93	667.67
海南	0.31	0.14	0.84	2.80	1619.28
重庆	2.13	1.32	22.01	16.28	325.03
四川	4.78	9.40	40.13	10.04	573.02
贵州	7.41	0.09	3.55	7.82	1240.78
云南	3.23	1.25	2.24	5.85	755.18
西藏	7.39	0	0.07	3.54	4859.97
陕西	2.59	6.56	24.23	9.99	1306.17
甘肃	3.91	2.19	5.42	11.01	1206.86
青海	1.56	0.20	0.28	6.87	1452.22
宁夏	0.31	0.01	1.05	8.20	914.38
新疆	6.62	0.10	0.73	4.68	752.81

①② 指标为2019年数据。

企业创新监测指标（5）

地区	企业R&D人员全时当量（人年）	企业R&D 研究人员全时当量（人年）	企业R&D研究人员占全社会R&D研究人员比重（%）	万名企业就业人员中R&D人员数（人年）
北京	46172	29979	13.26	555.42
天津	45227	24508	50.67	420.25
河北	86337	35623	64.40	317.19
山西	32547	14642	61.31	169.46
内蒙古	18393	10994	79.73	209.68
辽宁	59978	32953	53.62	307.11
吉林	11806	8605	28.02	154.85
黑龙江	14272	9184	28.85	170.66
上海	87957	49232	38.36	478.78
江苏	538781	223820	85.30	629.18
浙江	480493	135770	78.88	702.73
安徽	139988	60642	71.50	494.99
福建	140850	58810	81.08	339.95
江西	100473	37954	87.53	421.55
山东	255281	116802	82.38	463.47
河南	145464	63744	78.88	312.61
湖北	125066	60383	67.09	455.60
湖南	121470	60565	75.47	388.02
广东	700017	246889	83.44	534.97
广西	20407	10937	42.10	162.19
海南	2050	1147	23.28	184.85
重庆	69843	32153	67.77	431.77
四川	90128	50129	50.55	298.28
贵州	26261	12200	63.55	340.87
云南	28894	11954	40.93	359.38
西藏	190	127	10.81	82.25
陕西	48809	30082	40.40	299.44
甘肃	8614	5490	29.62	184.93
青海	1557	1105	46.06	106.64
宁夏	8333	4252	77.55	280.10
新疆	4752	3409	36.10	65.82

企业创新监测指标（6）

地　区	有R&D活动的企业数（个）	有R&D活动的企业占工业企业比重（%）	有研究机构的企业数（个）	有研究机构的企业占工业企业比重（%）
北　京	1202	39.70	453	14.96
天　津	1444	28.20	479	9.36
河　北	3137	22.03	2197	15.43
山　西	855	15.60	1070	19.53
内蒙古	391	13.10	112	3.75
辽　宁	1874	24.17	515	6.64
吉　林	354	11.63	150	4.93
黑龙江	486	12.68	171	4.46
上　海	2498	28.37	743	8.44
江　苏	26161	52.15	17624	35.13
浙　江	23846	49.72	17344	36.17
安　徽	6918	37.50	5601	30.36
福　建	5979	31.73	1972	10.46
江　西	5081	35.43	4090	28.52
山　东	11604	39.17	3966	13.39
河　南	4887	24.68	1714	8.66
湖　北	5649	35.96	2693	17.14
湖　南	7969	43.69	1701	9.33
广　东	23081	39.47	25602	43.78
广　西	857	12.07	389	5.48
海　南	88	17.85	43	8.72
重　庆	2878	41.48	1907	27.49
四　川	4385	28.70	1485	9.72
贵　州	1267	28.27	603	13.45
云　南	1206	27.40	437	9.93
西　藏	12	7.19	3	1.80
陕　西	1480	20.54	546	7.58
甘　肃	421	21.57	133	6.81
青　海	74	12.76	33	5.69
宁　夏	422	34.00	217	17.49
新　疆	185	5.09	79	2.17

企业创新监测指标（7）

地 区	企业专利申请数（件）	企业发明专利申请数（件）	企业发明专利拥有量（件）	万名企业就业人员发明专利拥有量（件）
北 京	25147	13078	55261	664.75
天 津	19033	6060	24945	231.79
河 北	24815	7543	28135	103.37
山 西	8444	3059	10218	53.20
内蒙古	5755	2331	5799	66.11
辽 宁	17790	6252	28788	147.40
吉 林	6476	2764	6696	87.83
黑龙江	5963	2650	8260	98.77
上 海	40630	17544	62147	338.29
江 苏	196799	62892	224512	262.18
浙 江	138589	35319	93159	136.25
安 徽	66677	27083	70467	249.17
福 建	45774	12934	44702	107.89
江 西	30838	6949	18715	78.52
山 东	78928	27413	78926	143.29
河 南	38206	9899	36500	78.44
湖 北	44035	18798	49197	179.22
湖 南	36209	15169	39805	127.15
广 东	305665	127497	435509	332.83
广 西	7546	2803	8667	68.88
海 南	926	411	1875	169.07
重 庆	19736	6300	20650	127.66
四 川	34536	13439	42114	139.38
贵 州	7227	3475	8487	110.16
云 南	9451	3131	9515	118.35
西 藏	92	29	185	80.09
陕 西	15187	6445	21932	134.55
甘 肃	3829	1229	4017	86.24
青 海	1423	494	1061	72.67
宁 夏	3774	1408	3126	105.08
新 疆	4427	1671	4580	63.43

创新产出监测指标（1）

地 区	发明专利申请数（件）	实用新型专利申请数（件）	外观设计专利申请数（件）	研究机构专利申请数（件）①	研究机构发明专利申请数（件）②
北 京	145035	84579	24551	17625	14491
天 津	22057	83825	5632	1586	1192
河 北	22131	85163	18314	1228	874
山 西	9472	28030	2800	808	558
内蒙古	5381	18747	2096	199	70
辽 宁	21830	58230	6467	3229	2636
吉 林	11113	20552	2773	1337	1230
黑龙江	13163	26058	4031	721	347
上 海	81042	104791	24460	5175	4379
江 苏	177995	489165	52292	4417	3372
浙 江	129708	267768	109574	2110	1592
安 徽	69663	117727	14908	1504	1055
福 建	32929	105867	36071	930	695
江 西	20285	64034	25419	683	502
山 东	74420	233626	29234	2807	2126
河 南	32609	126789	19187	1888	1445
湖 北	47767	102936	12910	2514	1868
湖 南	48530	60879	19164	614	470
广 东	215926	470055	281223	4351	2995
广 西	12854	30786	8072	1059	571
海 南	2618	10704	1038	350	225
重 庆	22273	53616	7937	938	668
四 川	41417	97251	21368	3625	2904
贵 州	10693	33180	5327	407	292
云 南	9753	31684	3716	775	524
西 藏	477	1366	453	42	11
陕 西	38262	54902	6072	4475	3824
甘 肃	5684	22490	2558	1041	829
青 海	1417	4970	349	133	120
宁 夏	2574	9006	592	185	55
新 疆	3776	13968	1099	546	265

①② 指标为2019年数据。

创新产出监测指标（2）

地区	高校专利申请数（件）	高校发明专利申请数（件）	万人发明专利申请数（件）	亿元R&D经费支出发明专利申请数（件）	发明专利授权数（件）
北京	19575	16578	66.26	62.34	63266
天津	6875	5293	15.90	45.48	5262
河北	7378	3114	2.97	34.89	6365
山西	3792	1939	2.71	44.88	2987
内蒙古	1638	549	2.24	33.41	1162
辽宁	12675	5830	5.13	39.76	7936
吉林	6804	3504	4.63	69.67	3969
黑龙江	6619	5096	4.15	76.02	4598
上海	15671	12099	32.57	50.16	24208
江苏	49749	30303	21.00	59.21	45975
浙江	22591	14456	20.05	69.74	49888
安徽	14536	7538	11.41	78.88	21432
福建	7782	4162	7.91	39.09	10250
江西	8178	2552	4.49	47.10	4407
山东	17130	10092	7.32	44.25	26745
河南	15765	5830	3.28	36.18	9183
湖北	15616	10475	8.31	47.52	17555
湖南	15069	7116	7.30	54.00	11537
广东	23378	14980	17.10	62.05	70695
广西	7973	3693	2.56	74.20	3521
海南	2097	428	2.59	71.48	721
重庆	10513	6113	6.94	42.28	7637
四川	13550	6132	4.95	39.25	14187
贵州	4183	1033	2.77	66.12	2268
云南	4634	1585	2.07	39.65	2458
西藏	75	21	1.30	109.17	96
陕西	20001	12083	9.68	60.51	12122
甘肃	3386	900	2.27	51.84	1446
青海	597	150	2.39	66.48	333
宁夏	708	247	3.57	43.16	703
新疆	1822	721	1.46	61.33	859

创新产出监测指标（3）

地 区	实用新型专利授权数（件）	外观设计专利授权数（件）	万人发明专利授权数（件）	亿元R&D经费支出发明专利授权数（件）	发明专利拥有量（件）
北 京	75336	24222	28.90	27.19	335575
天 津	64221	5951	3.79	10.85	38152
河 北	68466	17365	0.85	10.03	34147
山 西	21933	2376	0.86	14.15	16471
内蒙古	14423	2373	0.48	7.21	6943
辽 宁	46681	5568	1.86	14.46	47788
吉 林	17363	2619	1.65	24.88	17260
黑龙江	20211	3666	1.45	26.55	27336
上 海	92249	23323	9.73	14.98	145604
江 苏	405885	47307	5.42	15.29	291648
浙 江	231693	110119	7.71	26.82	199572
安 徽	84609	13655	3.51	24.27	98186
福 建	99956	35722	2.46	12.17	50756
江 西	51326	24506	0.98	10.23	16989
山 东	184564	27469	2.63	15.90	124512
河 南	95894	17732	0.92	10.19	43547
湖 北	80229	12318	3.06	17.46	73548
湖 南	49052	18134	1.74	12.84	56285
广 东	380882	258148	5.60	20.32	350501
广 西	23061	7888	0.70	20.33	24776
海 南	7027	830	0.71	19.69	4274
重 庆	40021	7719	2.38	14.50	35353
四 川	73927	20272	1.69	13.44	70421
贵 州	27714	4989	0.59	14.03	12558
云 南	23095	3390	0.52	9.99	15575
西 藏	1049	557	0.26	21.97	766
陕 西	42227	6175	3.07	19.17	54646
甘 肃	17503	2042	0.58	13.19	8310
青 海	4050	310	0.56	15.62	1848
宁 夏	6477	530	0.98	11.79	3691
新 疆	10805	1099	0.33	13.95	5684

创新产出监测指标（4）

地区	实用新型专利拥有量（件）	外观设计专利拥有量（件）	研究机构发明专利拥有量（件）①	高校发明专利拥有量（件）	万人发明专利拥有量（件）
北京	340086	92429	56429	66823	153.30
天津	189936	17452	2625	12069	27.51
河北	183267	48611	2351	7866	4.57
山西	57553	6973	1690	5913	4.72
内蒙古	36714	6245	230	1369	2.89
辽宁	131833	16604	6910	17735	11.23
吉林	45570	7552	3294	7850	7.19
黑龙江	53491	9483	1336	19278	8.62
上海	320272	76650	13463	31493	58.52
江苏	1053773	138360	8929	64877	34.40
浙江	735073	341778	4581	39636	30.85
安徽	246346	40679	3490	12296	16.08
福建	265172	101817	2028	11584	12.20
江西	128457	53810	902	5063	3.76
山东	455859	81840	6305	31485	12.25
河南	246313	47109	3935	11493	4.38
湖北	212957	35938	6286	25533	12.80
湖南	145696	47740	2012	16449	8.47
广东	1235185	710575	8316	27405	27.77
广西	59510	18581	1468	7262	4.94
海南	14332	2669	879	525	4.22
重庆	124806	27181	1826	9498	11.02
四川	227165	61244	7938	18232	8.41
贵州	69322	12280	762	2100	3.26
云南	67215	10584	1835	5253	3.30
西藏	2109	1215	39	22	2.10
陕西	111940	17470	8418	30057	13.82
甘肃	40094	5370	2205	2079	3.32
青海	9478	1094	534	154	3.12
宁夏	16817	1381	97	400	5.12
新疆	29938	5320	984	1104	2.19

① 本指标为2019年数据。

创新产出监测指标（5）

地　区	国内科技论文数（篇）	万人国内科技论文数（篇）	SCI 收录科技论文数（篇）	EI 收录科技论文数（篇）	CPCI-S 收录科技论文数（篇）
北　京	73722	33.68	67153	54936	7246
天　津	13556	9.77	14016	11806	1120
河　北	15952	2.14	6504	4813	394
山　西	9306	2.67	5498	3977	225
内蒙古	4838	2.01	2079	1373	159
辽　宁	18007	4.23	17193	14231	1350
吉　林	8579	3.58	11040	8377	417
黑龙江	10021	3.16	11927	10803	903
上　海	32333	12.99	36370	23585	2982
江　苏	43015	5.07	49432	35168	3107
浙　江	19484	3.01	25071	16275	1506
安　徽	13428	2.20	12716	9387	946
福　建	9236	2.22	10509	7251	572
江　西	7140	1.58	6472	4288	244
山　东	22429	2.21	27674	17040	1598
河　南	19318	1.94	12363	7813	457
湖　北	25815	4.49	26108	18076	1805
湖　南	14136	2.13	17544	13043	849
广　东	28530	2.26	36204	19493	2295
广　西	8790	1.75	4788	2660	280
海　南	3715	3.67	1450	477	63
重　庆	12306	3.83	10853	7623	698
四　川	23763	2.84	22077	15592	1739
贵　州	6723	1.74	3056	1431	97
云　南	8723	1.85	5018	2642	288
西　藏	421	1.15	87	9	4
陕　西	27452	6.94	25767	21740	2104
甘　肃	8859	3.54	6292	4313	267
青　海	1930	3.26	608	593	35
宁　夏	2146	2.98	848	530	62
新　疆	7092	2.74	2560	1370	80

创新产出监测指标（6）

地 区	万人国际科技论文数（篇）	技术市场成交合同数（项）	技术市场输出技术成交额（亿元）	万人输出技术成交额（万元）	国外技术引进合同数（项）
北 京	59.08	84451	6316.16	28854.10	520
天 津	19.43	9685	1089.56	7856.41	107
河 北	1.57	7468	554.96	743.54	90
山 西	2.78	1059	44.98	128.87	4
内蒙古	1.50	1494	35.95	149.63	7
辽 宁	7.70	17301	632.81	1487.05	143
吉 林	8.27	5361	462.15	1926.26	81
黑龙江	7.45	5126	265.20	836.36	11
上 海	25.29	26356	1583.22	6362.87	1553
江 苏	10.35	56916	2087.85	2462.88	774
浙 江	6.62	25725	1403.32	2169.54	688
安 徽	3.78	16667	659.57	1080.42	277
福 建	4.41	10753	163.54	392.98	118
江 西	2.43	4084	233.41	516.46	143
山 东	4.56	73639	1903.89	1873.08	417
河 南	2.08	11717	379.78	382.03	49
湖 北	8.01	39420	1665.81	2899.67	191
湖 南	4.73	11741	735.95	1107.47	56
广 东	4.59	39485	3267.21	2588.18	476
广 西	1.54	3404	91.67	182.65	26
海 南	1.97	529	20.19	199.57	3
重 庆	5.98	3515	117.79	367.06	125
四 川	4.71	20415	1244.59	1486.84	177
贵 州	1.19	3437	249.11	645.73	6
云 南	1.68	3325	49.95	105.78	50
西 藏	0.27	67	0.78	21.29	0
陕 西	12.54	52035	1758.72	4447.18	20
甘 肃	4.35	7403	233.16	932.43	1
青 海	2.09	1073	10.56	178.19	0
宁 夏	2.00	1864	16.81	233.11	10
新 疆	1.55	189	15.11	58.34	49

创新产出监测指标（7）

地区	国外技术引进合同成交额（亿美元）	万人国外技术引进合同成交额（万美元）	国外技术引进合同成交额中技术经费（亿美元）	国外技术引进合同成交额中技术经费占比重（%）	百万人技术国际收入（万美元）
北京	37.43	171.00	35.93	95.99	51850.01
天津	8.55	61.67	8.55	100.00	8296.81
河北	1.85	2.49	1.45	78.44	142.30
山西	0.18	0.51	0.18	99.72	48.73
内蒙古	1.81	7.52	1.81	100.00	70.63
辽宁	6.45	15.15	6.43	99.67	3134.78
吉林	2.92	12.15	2.91	99.95	413.19
黑龙江	3.42	10.78	3.42	100.00	412.19
上海	48.64	195.49	48.05	98.77	82145.82
江苏	34.01	40.12	33.98	99.92	5121.24
浙江	19.96	30.86	19.93	99.83	5021.17
安徽	5.59	9.16	5.56	99.45	486.46
福建	4.59	11.03	4.56	99.34	1873.94
江西	1.84	4.08	1.28	69.32	284.19
山东	11.56	11.37	11.55	99.92	841.70
河南	0.94	0.94	0.94	100.00	106.44
湖北	8.58	14.93	8.57	99.99	1018.36
湖南	0.93	1.41	0.96	103.17	198.82
广东	90.41	71.62	90.37	99.96	12126.56
广西	0.17	0.33	0.34	203.68	56.53
海南	0.05	0.46	0.05	100.00	699.98
重庆	18.59	57.95	18.55	99.76	2264.29
四川	8.23	9.84	8.22	99.86	2970.37
贵州	0.07	0.19	0.07	100.00	174.04
云南	0.13	0.28	0.13	100.00	218.75
西藏	0	0	0	0	1.52
陕西	0.52	1.31	0.50	97.12	1291.19
甘肃	0	0	0	0	123.93
青海	0	0	0	0	120.30
宁夏	0.75	10.40	0.75	100.00	104.27
新疆	0.20	0.76	0.08	43.34	483.13

创新产出监测指标（8）

地区	高技术产业有效发明专利数（件）	万名高技术产业就业人员有效发明专利数（件）	高技术产业营业收入（亿元）	高技术产业营业收入占工业营业收入比重（%）	高技术产业新产品销售收入（亿元）
北京	31243	1218.17	6572.79	27.56	2487.54
天津	6731	362.08	2936.57	15.45	944.12
河北	4464	222.33	1711.93	3.96	715.85
山西	1365	78.93	1388.59	6.31	321.84
内蒙古	671	193.16	419.75	2.40	49.09
辽宁	6432	389.56	1915.80	6.25	386.23
吉林	1489	210.29	596.60	4.51	155.53
黑龙江	1629	378.63	284.17	2.87	169.94
上海	23884	533.01	7912.61	20.02	1605.80
江苏	62111	287.06	27192.85	21.69	11702.84
浙江	30818	345.90	10137.63	12.89	5687.94
安徽	13735	359.15	4958.20	12.86	2425.01
福建	15120	318.33	6243.15	11.29	2257.55
江西	8169	148.13	6205.82	17.03	2340.54
山东	17307	304.47	6740.73	7.73	2427.56
河南	7842	117.70	6472.09	13.32	2915.67
湖北	18752	466.44	4527.96	11.06	1933.93
湖南	8586	192.93	4196.00	10.78	1492.10
广东	271200	675.41	50184.50	33.47	23358.38
广西	1268	95.78	1437.84	8.15	166.22
海南	737	352.04	243.07	11.23	14.22
重庆	5236	124.36	6472.11	28.08	1717.86
四川	17326	277.40	9433.53	20.26	1806.81
贵州	3078	275.17	975.46	10.44	243.98
云南	1426	215.85	1192.75	7.98	398.55
西藏	85	453.58	17.22	5.19	0
陕西	8662	317.11	3429.74	14.04	548.68
甘肃	674	225.52	287.40	3.79	81.69
青海	262	240.83	126.93	5.19	52.20
宁夏	284	144.47	225.19	4.69	131.69
新疆	319	202.48	174.10	1.49	9.75

创新产出监测指标（9）

地区	高技术产业新产品销售收入占营业收入比重（%）	万元地区生产总值高技术产业营业收入（万元）	新产品销售收入（亿元）	新产品销售收入占营业收入比重（%）
北京	37.85	0.18	5344.94	22.41
天津	32.15	0.21	3891.99	20.48
河北	41.82	0.05	7190.98	16.64
山西	23.18	0.08	2311.12	10.50
内蒙古	11.70	0.02	1242.46	7.10
辽宁	20.16	0.08	4440.94	14.48
吉林	26.07	0.05	2240.03	16.94
黑龙江	59.80	0.02	820.75	8.29
上海	20.29	0.20	10159.22	25.70
江苏	43.04	0.26	39442.84	31.47
浙江	56.11	0.16	28302.50	36.00
安徽	48.91	0.13	12054.38	31.27
福建	36.16	0.14	6097.55	11.03
江西	37.72	0.24	7221.34	19.82
山东	36.01	0.09	17081.08	19.60
河南	45.05	0.12	7907.50	16.27
湖北	42.71	0.11	9596.88	23.45
湖南	35.56	0.10	8387.90	21.55
广东	46.55	0.45	44313.05	29.56
广西	11.56	0.06	2571.30	14.57
海南	5.85	0.04	134.73	6.22
重庆	26.54	0.26	5880.67	25.51
四川	19.15	0.19	4969.91	10.67
贵州	25.01	0.05	876.09	9.38
云南	33.41	0.05	1216.10	8.14
西藏	0	0.01	3.45	1.04
陕西	16.00	0.13	2494.19	10.21
甘肃	28.42	0.03	578.03	7.62
青海	41.13	0.04	209.46	8.57
宁夏	58.48	0.06	459.20	9.56
新疆	5.60	0.01	633.09	5.42

创新绩效监测指标（1）

地　区	商品出口额（亿美元）	商品出口额与地区生产总值比值（万美元/亿元）	高技术产品出口额（亿美元）	高技术产品出口额占商品出口额比重（%）	第三产业增加值（亿元）
北　京	295.02	82.08	197.63	66.99	30095.90
天　津	405.74	289.65	125.90	31.03	8885.90
河　北	500.31	138.92	30.66	6.13	18368.40
山　西	142.22	79.74	87.91	61.82	8965.80
内蒙古	65.18	37.77	6.98	10.72	8321.10
辽　宁	459.88	183.87	69.08	15.02	13369.10
吉　林	46.61	38.03	3.43	7.37	6383.10
黑龙江	54.10	39.68	7.59	14.03	6738.50
上　海	1672.62	429.28	835.38	49.94	28597.10
江　苏	3973.90	386.54	1477.00	37.17	53638.90
浙　江	3517.76	543.80	292.86	8.33	36161.30
安　徽	477.80	125.53	128.08	26.81	19660.10
福　建	1109.09	254.33	147.05	13.26	20709.30
江　西	350.23	135.84	140.08	40.00	12430.20
山　东	1794.67	246.53	153.60	8.56	38977.20
河　南	659.53	121.55	359.24	54.47	26684.50
湖　北	381.32	88.67	113.10	29.66	22937.60
湖　南	306.68	73.82	67.37	21.97	21352.70
广　东	7561.02	680.24	2173.02	28.74	62550.80
广　西	212.28	95.96	95.11	44.80	11428.10
海　南	40.07	71.98	3.11	7.76	3358.00
重　庆	550.27	219.74	454.77	82.64	13268.30
四　川	658.18	135.70	516.48	78.47	25439.20
贵　州	59.02	33.05	24.70	41.85	9057.50
云　南	170.42	69.40	23.30	13.67	12556.50
西　藏	2.52	13.25	0.06	2.49	1037.50
陕　西	267.37	102.78	218.28	81.64	12524.40
甘　肃	18.09	20.15	3.69	20.42	4966.70
青　海	1.82	6.06	0.06	3.18	1528.60
宁　夏	22.39	56.60	1.39	6.22	1989.00
新　疆	123.40	89.42	5.63	4.56	7032.80

创新绩效监测指标（2）

地 区	第三产业增加值占地区生产总值比重（%）	高新技术企业数（个）	高新技术企业年末从业人员数（万人）	高新技术企业营业收入（亿元）	高新技术企业技术收入（亿元）
北 京	83.73	23991	273.26	45664.64	18280.89
天 津	63.43	7350	69.37	11483.62	1800.63
河 北	51.00	9230	141.78	22427.32	1103.47
山 西	50.27	3162	45.60	6289.04	219.13
内蒙古	48.22	1049	32.02	6248.04	152.07
辽 宁	53.45	6906	81.83	10584.71	697.11
吉 林	52.08	2491	29.20	4033.20	276.23
黑龙江	49.43	1898	25.95	3040.53	229.59
上 海	73.39	16614	195.26	34286.36	8837.45
江 苏	52.17	32734	423.95	54509.20	2439.66
浙 江	55.90	21943	391.67	43482.51	6438.94
安 徽	51.65	8444	127.61	15303.33	977.24
福 建	47.49	6433	94.71	8676.71	606.67
江 西	48.21	7043	112.33	15260.46	523.94
山 东	53.54	14560	229.00	32313.42	1394.52
河 南	49.18	6270	106.51	11999.98	726.72
湖 北	53.34	10266	149.27	23199.65	4250.16
湖 南	51.40	8525	135.55	17920.64	2437.93
广 东	56.28	52797	764.86	93069.59	11688.05
广 西	51.66	2739	46.05	8306.12	1144.90
海 南	60.33	1003	8.07	866.70	108.44
重 庆	52.99	4183	82.64	11347.85	1095.61
四 川	52.45	8061	114.30	14560.90	3416.73
贵 州	50.71	1838	21.72	2586.03	329.35
云 南	51.13	1671	26.46	5357.51	510.48
西 藏	54.53	87	1.92	247.16	41.03
陕 西	48.14	6126	80.59	10989.23	2402.98
甘 肃	55.31	1215	17.05	1983.22	183.83
青 海	50.79	211	4.63	762.30	251.73
宁 夏	50.27	288	6.67	836.88	14.18
新 疆	50.96	768	18.97	3208.11	458.26

创新绩效监测指标（3）

地区	高新技术企业技术收入占营业收入比重（%）	高新技术企业净利润（亿元）	高新技术企业利润率（%）	高新技术企业出口额（亿元）
北京	40.03	3560.69	7.80	1534.54
天津	15.68	511.91	4.46	828.66
河北	4.92	1075.35	4.79	968.77
山西	3.48	226.66	3.60	257.83
内蒙古	2.43	303.56	4.86	226.96
辽宁	6.59	523.68	4.95	648.14
吉林	6.85	254.32	6.31	99.66
黑龙江	7.55	99.51	3.27	142.41
上海	25.78	2190.14	6.39	2882.22
江苏	4.48	3776.58	6.93	8636.42
浙江	14.81	5265.59	12.11	6815.72
安徽	6.39	961.28	6.28	1601.42
福建	6.99	797.77	9.19	1522.79
江西	3.43	699.65	4.58	1358.56
山东	4.32	2005.82	6.21	3498.69
河南	6.06	595.65	4.96	741.02
湖北	18.32	1276.93	5.50	1221.38
湖南	13.60	1001.19	5.59	964.33
广东	12.56	6936.90	7.45	17205.40
广西	13.78	329.78	3.97	352.33
海南	12.51	52.32	6.04	39.57
重庆	9.65	521.75	4.60	900.34
四川	23.47	685.20	4.71	1487.19
贵州	12.74	117.86	4.56	70.48
云南	9.53	358.32	6.69	57.85
西藏	16.60	47.41	19.18	2.85
陕西	21.87	632.01	5.75	399.90
甘肃	9.27	117.90	5.94	49.16
青海	33.02	34.53	4.53	1.40
宁夏	1.69	63.59	7.60	43.42
新疆	14.28	125.66	3.92	64.17

创新绩效监测指标（4）

地 区	劳动生产率（万元/人）	固定资本形成总额（亿元）	资本生产率（万元/万元）	综合能耗产出率（元/千克标准煤）
北 京	22.76	13480.40	0.35	35.45
天 津	31.86	7566.85	0.25	21.63
河 北	11.23	19672.48	0.27	12.21
山 西	10.20	7517.09	0.25	7.94
内蒙古	18.75	11006.59	0.19	7.30
辽 宁	13.73	10007.22	0.32	10.64
吉 林	13.32	7997.39	0.21	18.17
黑龙江	13.03	8102.69	0.27	13.26
上 海	23.51	13995.44	0.36	26.93
江 苏	18.15	42500.33	0.37	25.79
浙 江	14.61	26326.98	0.40	21.95
安 徽	9.04	19147.78	0.30	19.11
福 建	15.68	23225.13	0.30	22.51
江 西	9.92	12374.26	0.33	22.54
山 东	14.95	34505.37	0.31	17.59
河 南	10.18	36989.75	0.21	17.89
湖 北	10.45	24420.60	0.27	16.61
湖 南	11.27	19566.82	0.29	18.02
广 东	13.17	43766.51	0.50	25.25
广 西	8.15	10510.04	0.20	17.97
海 南	7.99	3330.92	0.24	18.25
重 庆	12.24	12050.12	0.33	16.23
四 川	8.48	22554.53	0.42	14.92
贵 州	6.59	11510.22	0.22	9.54
云 南	6.35	21376.93	0.18	12.24
西 藏	7.03	1916.22	0.16	0
陕 西	11.07	16292.26	0.21	16.04
甘 肃	6.68	4235.42	0.27	10.61
青 海	10.82	2350.38	0.12	7.29
宁 夏	10.85	3840.76	0.12	4.53
新 疆	9.01	13113.25	0.16	6.76

创新绩效监测指标（5）

地　区	空气达到二级以上天数（天）	空气达到二级以上天数占比重（%）	废水中化学需氧量排放量（万吨）	废水中化学需氧量排放降低率（%）
北　京	276	75.41	5.36	-26.01
天　津	245	66.94	15.63	-314.05
河　北	243	66.47	127.42	-469.34
山　西	259	70.79	61.98	-467.72
内蒙古	326	88.99	70.88	-1104.16
辽　宁	306	83.55	124.75	-851.74
吉　林	314	85.91	56.25	-634.85
黑龙江	326	89.03	149.17	-839.65
上　海	319	87.16	7.29	-31.00
江　苏	295	80.63	120.78	-154.75
浙　江	339	92.59	53.22	-158.09
安　徽	295	80.70	118.60	-246.89
福　建	361	98.67	62.30	-147.65
江　西	346	94.53	101.48	-215.00
山　东	274	74.92	153.48	-456.76
河　南	263	71.73	144.57	-474.02
湖　北	314	85.87	153.03	-471.82
湖　南	332	90.83	147.64	-372.92
广　东	347	94.69	161.31	-154.11
广　西	357	97.67	103.04	-214.84
海　南	362	98.97	17.28	-284.98
重　庆	331	90.44	32.06	-522.42
四　川	315	85.94	130.46	-296.03
贵　州	363	99.07	116.78	-840.03
云　南	364	99.49	68.60	-520.10
西　藏	365	99.76	53.05	-2809.45
陕　西	278	75.99	48.88	-396.66
甘　肃	339	92.66	59.54	-900.27
青　海	332	90.72	8.57	-335.75
宁　夏	310	84.82	22.03	-144.55
新　疆	287	78.36	69.34	-319.29

创新绩效监测指标（6）

地 区	二氧化硫排放量（万吨）	二氧化硫排放降低率（%）	万元地区生产总值用水量（立方米）	万元地区生产总值用水量降低率（%）
北 京	0.18	8.25	11.25	4.61
天 津	1.02	42.82	19.74	1.97
河 北	16.17	43.63	50.49	2.78
山 西	16.05	29.78	41.24	7.60
内蒙古	27.39	22.26	111.98	-0.97
辽 宁	20.64	21.55	51.48	1.58
吉 林	6.84	30.47	95.60	2.85
黑龙江	14.32	-6.14	229.30	-0.56
上 海	0.54	27.62	25.19	4.73
江 苏	11.26	60.42	55.69	10.38
浙 江	5.15	33.85	25.37	4.61
安 徽	10.86	28.11	69.36	7.30
福 建	7.88	37.13	41.68	0.44
江 西	10.25	54.85	95.01	7.14
山 东	19.33	31.34	30.43	4.03
河 南	6.68	36.05	43.11	1.63
湖 北	9.72	16.75	64.20	2.96
湖 南	10.24	46.48	73.02	12.83
广 东	11.69	2.96	36.57	4.49
广 西	8.78	7.67	117.84	11.69
海 南	0.59	14.31	79.53	9.00
重 庆	6.75	9.90	28.04	13.49
四 川	16.31	13.29	48.75	9.97
贵 州	17.74	24.09	50.54	21.59
云 南	17.66	25.09	63.62	4.62
西 藏	0.57	-68.08	169.23	10.21
陕 西	9.37	34.60	34.60	3.61
甘 肃	8.58	24.05	121.88	3.40
青 海	4.01	7.19	80.84	8.49
宁 夏	7.16	42.75	179.06	3.98
新 疆	14.48	39.30	413.41	4.35

创新绩效监测指标（7）

地 区	废水中氨氮排放量（万吨）	废水中氨氮排放降低率（%）	固体废物产生量（万吨）	固体废物综合利用量（万吨）
北 京	0.28	-1.34	415	193
天 津	0.26	-53.61	1739	1731
河 北	3.22	-76.56	34081	18880
山 西	1.64	-47.19	42635	17150
内蒙古	1.39	-313.48	35117	12377
辽 宁	1.85	-93.63	25526	11478
吉 林	0.96	-79.77	4676	2407
黑龙江	2.42	-76.26	6769	3166
上 海	0.30	58.90	1809	1702
江 苏	5.19	-55.08	11870	10866
浙 江	3.84	-185.85	4591	4546
安 徽	4.43	-124.97	14012	12026
福 建	4.55	-191.12	6043	4016
江 西	4.59	-64.19	12083	5498
山 东	5.31	-127.44	24989	19612
河 南	4.63	-125.06	15355	11468
湖 北	5.82	-158.71	8987	6178
湖 南	7.14	-140.67	4360	3270
广 东	9.64	-115.01	6944	5631
广 西	7.25	-193.15	9030	4389
海 南	0.81	-70.71	714	484
重 庆	2.01	-314.28	2272	1909
四 川	8.02	-136.19	14903	5656
贵 州	2.89	-85.22	9516	6610
云 南	2.79	-115.10	17473	9060
西 藏	0.51	-126.01	1940	185
陕 西	2.53	-173.41	12430	6443
甘 肃	0.65	-31.14	5450	2804
青 海	0.54	-92.61	15724	6892
宁 夏	0.34	-3.58	6738	3117
新 疆	2.58	-37.03	9354	4053

创新绩效监测指标（8）

地　区	固体废物综合治理率（%）	生活垃圾无害化处理率（%）	污水处理率（%）	建成区绿化覆盖率（%）
北　京	100.00	100.00	96.56	48.96
天　津	99.91	100.00	96.42	37.59
河　北	88.85	100.00	98.46	42.92
山　西	86.07	100.00	99.60	43.88
内蒙古	74.29	99.92	97.80	40.45
辽　宁	76.08	99.53	98.23	41.73
吉　林	83.81	100.00	97.69	40.40
黑龙江	66.39	99.87	95.98	36.88
上　海	100.00	100.00	96.68	37.32
江　苏	99.71	100.00	96.82	43.47
浙　江	100.00	100.00	97.69	42.22
安　徽	98.76	100.00	97.43	42.01
福　建	100.00	100.00	97.15	44.63
江　西	52.25	100.00	97.48	46.35
山　东	84.83	100.00	98.26	41.65
河　南	88.35	99.94	98.32	41.92
湖　北	91.17	100.00	96.97	41.07
湖　南	87.35	100.00	97.79	41.51
广　东	94.87	99.95	97.66	43.49
广　西	64.06	100.00	98.99	41.30
海　南	99.80	100.00	98.68	40.62
重　庆	100.00	93.84	98.17	43.05
四　川	55.15	99.99	96.86	42.48
贵　州	85.15	97.85	97.44	40.94
云　南	78.30	99.99	97.63	40.46
西　藏	9.59	99.63	96.28	38.06
陕　西	91.28	99.93	96.79	40.80
甘　肃	83.15	100.00	97.18	36.28
青　海	45.12	99.29	95.31	35.90
宁　夏	95.76	99.96	96.74	41.95
新　疆	66.43	99.07	98.11	40.86

四、各地区创新能力监测指标

北京创新能力监测指标（1）

指标名称	2019	2020
大专以上学历人数（万人）	1018.97	919.08
万人大专以上学历人数（人）	5048.59	4439.24
高等学校数（个）	93	92
高校在校学生数（万人）	116.51	118.06
十万人高校在校学生数（人）	5320.00	5393.48
高校（机构）硕士毕业生数（人）	79242	87020
十万人硕士毕业生数（人）	361.84	397.53
高校（机构）博士毕业生数（人）	18653	20064
十万人博士毕业生数（人）	85.17	91.66
研究机构数（个）	383	—
科技企业孵化器管理机构从业人员数（人）	2797	4765
国家级孵化器管理机构从业人员数（人）	1399	1455
国家大学科技园管理机构从业人员数（人）	484	447
火炬计划特色产业基地企业从业人员数（人）	53359	52132
国家级示范生产力促进中心人员数（人）	256	175
众创空间服务人员数（人）	5294	5187
众创空间数（个）	245	232
科技企业孵化器数（个）	130	246
国家级科技企业孵化器数（个）	61	65
科技企业孵化器在孵企业数（个）	9444	13008
科技企业孵化器累计毕业企业数（个）	15091	21414
科技企业孵化器总收入（亿元）	45.33	60.73
企业研究开发费用加计扣除减免税额（亿元）	27.32	29.68
高新技术企业减免税额（亿元）	52.19	58.46
高新技术企业减免税额占全国比重（%）	3.67	3.57
信息传输、软件和信息技术服务业固定资产投资（亿元）	322.60	323.16
信息传输、软件和信息技术服务业固定资产投资占比重（%）	4.21	4.13
邮政业务总量（亿元）	460.11	480.24
电信业务总量（亿元）	2681.99	3247.63
邮电业务总量与地区生产总值比值（万元/亿元）	886.47	1037.15
固定电话和移动电话用户数（万户）	4562.92	4386.96

北京创新能力监测指标（2）

指标名称	2019	2020
百人固定电话和移动电话用户数（户）	208.35	200.41
移动互联网用户数（万户）	3289.20	3272.85
万人移动互联网用户数（万户）	1.50	1.50
有效商标注册数（万件）	192.20	222.31
百万人有效商标注册数（件）	87761.55	101555.78
地区生产总值（亿元）	35445.10	35943.30
第二产业增加值（亿元）	5667.40	5739.10
第二产业增加值占地区生产总值比重（%）	15.99	15.97
工业增加值（亿元）	4243.30	4255.10
工业增加值占地区生产总值比重（%）	11.97	11.84
装备制造业营业收入（亿元）	11284.92	11836.11
装备制造业营业收入占营业收入比重（%）	48.19	49.63
人均地区生产总值（元）	164563	164158
城镇登记失业人员数（万人）	7.37	29.02
城镇登记失业率（%）	1.30	2.56
客运量（亿人）	6.30	3.09
旅客周转量（亿人公里）	263.68	114.36
货运量（亿吨）	2.28	2.22
货物周转量（亿吨公里）	1089.40	1032.78
研究与试验发展（R&D）经费支出（亿元）	2233.59	2326.58
R&D经费支出与地区生产总值之比（%）	6.30	6.47
R&D经费中基础研究经费支出（亿元）	355.45	373.10
R&D经费中应用研究经费支出（亿元）	563.90	571.06
R&D经费中试验发展经费支出（亿元）	1314.24	1382.42
R&D经费中基础研究经费支出占比重（%）	15.91	16.04
R&D经费中应用研究经费支出占比重（%）	25.25	24.55
R&D经费中试验发展经费支出占比重（%）	58.84	59.42
R&D经费中政府资金经费支出（亿元）	1069.22	1084.33
R&D经费中企业资金经费支出（亿元）	986.76	1074.22
R&D经费中政府资金经费支出占比重（%）	47.87	46.61
R&D经费中企业资金经费支出占比重（%）	44.18	46.17
高校R&D经费支出（亿元）	280.81	262.37

北京创新能力监测指标（3）

指标名称	2019	2020
研究机构R&D经费支出（亿元）	994.24	—
高校R&D经费支出占全社会R&D经费比重（%）	12.57	11.28
研究机构R&D经费支出占全社会R&D经费比重（%）	44.51	—
高新技术企业R&D经费支出（亿元）	1032.02	1194.54
高新技术企业R&D经费支出占全社会R&D经费比重（%）	46.20	51.34
财政性教育经费支出（亿元）	1137.18	1138.29
财政性教育经费支出与地区生产总值比值（万元/亿元）	320.83	316.69
地方财政科技支出（亿元）	433.42	410.96
地方财政科技支出占地方财政支出比重（%）	5.85	5.78
地方财政科技支出与地区生产总值比值（万元/亿元）	122.28	114.34
R&D人员全时当量（人年）	313986	336280
万人R&D人员全时当量（人年）	143.37	153.62
R&D人员中基础研究人员数（人年）	63478	75082
R&D人员中应用研究人员数（人年）	92521	95186
R&D人员中试验发展人员数（人年）	158059	166014
R&D人员中基础研究人员占比重（%）	20.22	22.33
R&D人员中应用研究人员占比重（%）	29.47	28.31
R&D人员中试验发展人员占比重（%）	50.34	49.37
R&D研究人员全时当量（人年）	207995	226005
R&D研究人员占全社会R&D人员比重（%）	66.24	67.21
高校R&D人员全时当量（人年）	63119	68308
研究机构R&D人员全时当量（人年）	108309	—
高校R&D人员占全社会R&D人员比重（%）	20.10	20.31
研究机构R&D人员占全社会R&D人员比重（%）	34.49	—
高技术产业R&D经费支出（亿元）	147.31	157.97
高技术产业R&D经费支出占全社会R&D经费比重（%）	6.60	6.79
高技术产业R&D经费支出占营业收入比重（%）	2.52	2.40
高技术产业引进技术经费支出（万元）	38880.10	41349.60
高技术产业消化吸收经费支出（万元）	0	1000.00
高技术产业购买境内技术经费支出（万元）	79664.90	198938.70
高技术产业技术改造经费支出（万元）	15392.60	8989.30

北京创新能力监测指标（4）

指标名称	2019	2020
高技术产业技术获取和技术改造经费支出占营业收入比重（%）	0.23	0.38
高技术产业新产品研发经费支出（亿元）	216.77	246.72
高技术产业新产品研发经费支出占新产品销售收入比重（%）	9.90	9.92
高技术产业R&D人员全时当量（人年）	20692	23546
高技术产业R&D人员占全社会R&D人员比重（%）	6.59	7.00
高新技术企业R&D人员全时当量（人年）	177438	206137
高新技术企业R&D人员占全社会R&D人员比重（%）	56.51	61.30
科学研究和技术服务业固定资产（亿元）	113.81	178.68
科学研究和技术服务业固定资产占比重（%）	1.49	2.28
开展创新活动的企业数（个）	2203	2163
开展创新活动的企业占比重（%）	70.63	71.43
实现创新的企业数（个）	2038	1960
实现创新企业占比重（%）	65.34	64.73
企业创新费用支出（亿元）	494.10	550.40
企业R&D经费支出（亿元）	285.19	297.42
企业R&D经费支出占创新费用支出比重（%）	57.72	54.04
企业R&D经费支出占全社会R&D经费比重（%）	12.77	12.78
企业R&D经费支出占营业收入比重（%）	1.22	1.25
企业引进技术经费支出（亿元）	19.04	16.71
企业消化吸收经费支出（亿元）	0.14	0.19
企业购买境内技术经费支出（亿元）	11.68	22.24
企业技术改造经费支出（亿元）	32.67	49.48
企业技术获取和技术改造经费支出（亿元）	63.53	88.63
企业技术获取和技术改造经费支出占营业收入比重（%）	0.27	0.37
企业科学研究经费支出占企业R&D经费支出比重（%）	6.67	7.29
研究机构来源于企业的R&D经费支出（亿元）	34.10	—
高校来源于企业的R&D经费支出（亿元）	77.57	81.96
研究机构和高校R&D经费支出中企业资金占比重（%）	8.76	—
企业平均吸纳技术成交额（万元）	10329.33	10332.07
企业R&D人员全时当量（人年）	44241	46172

北京创新能力监测指标（5）

指标名称	2019	2020
企业R&D研究人员全时当量（人年）	20667	29979
企业R&D研究人员占全社会R&D研究人员比重（%）	9.94	13.26
万名企业就业人员中R&D人员数（人年）	509.63	555.42
有R&D活动的企业数（个）	1127	1202
有R&D活动的企业占工业企业比重（%）	36.11	39.70
有研究机构的企业数（个）	447	453
有研究机构的企业占工业企业比重（%）	14.32	14.96
企业专利申请数（件）	22552	25147
企业发明专利申请数（件）	11543	13078
企业发明专利拥有量（件）	48656	55261
万名企业就业人员发明专利拥有量（件）	560.49	664.75
发明专利申请数（件）	129930	145035
实用新型专利申请数（件）	73021	84579
外观设计专利申请数（件）	23162	24551
研究机构专利申请数（件）	17625	—
研究机构发明专利申请数（件）	14491	—
高校专利申请数（件）	19848	19575
高校发明专利申请数（件）	16799	16578
万人发明专利申请数（件）	59.33	66.26
亿元R&D经费支出发明专利申请数（件）	58.17	62.34
发明专利授权数（件）	53127	63266
实用新型专利授权数（件）	58393	75336
外观设计专利授权数（件）	20196	24222
万人发明专利授权数（件）	24.26	28.90
亿元R&D经费支出发明专利授权数（件）	23.79	27.19
发明专利拥有量（件）	284288	335575
实用新型专利拥有量（件）	291646	340086
外观设计专利拥有量（件）	77119	92429
研究机构发明专利拥有量（件）	56429	—
高校发明专利拥有量（件）	59498	66823

北京创新能力监测指标（6）

指标名称	2019	2020
万人发明专利拥有量（件）	129.81	153.30
国内科技论文数（篇）	73028	73722
万人国内科技论文数（篇）	33.35	33.68
SCI 收录科技论文数（篇）	66310	67153
EI 收录科技论文数（篇）	46622	54936
CPCI-S 收录科技论文数（篇）	12009	7246
万人国际科技论文数（篇）	57.05	59.08
技术市场成交合同数（项）	83171	84451
技术市场输出技术成交额（亿元）	5695.28	6316.16
万人输出技术成交额（万元）	26005.86	28854.10
国外技术引进合同数（项）	479	520
国外技术引进合同成交额（亿美元）	68.81	37.43
万人国外技术引进合同成交额（万美元）	314.22	171.00
国外技术引进合同成交额中技术经费（亿美元）	39.40	35.93
国外技术引进合同成交额中技术经费占比重（%）	57.25	95.99
百万人技术国际收入（万美元）	48378.36	51850.01
高技术产业有效发明专利数（件）	27149	31243
万名高技术产业就业人员有效发明专利数（件）	1054.77	1218.17
高技术产业营业收入（亿元）	5850.12	6572.79
高技术产业营业收入占工业营业收入比重（%）	24.98	27.56
高技术产业新产品销售收入（亿元）	2189.31	2487.54
高技术产业新产品销售收入占营业收入比重（%）	37.42	37.85
万元地区生产总值高技术产业营业收入（万元）	0.17	0.18
新产品销售收入（亿元）	5220.20	5344.94
新产品销售收入占营业收入比重（%）	22.29	22.41
商品出口额（亿美元）	265.07	295.02
商品出口额与地区生产总值比值（万美元/亿元）	74.78	82.08
高技术产品出口额（亿美元）	157.48	197.63
高技术产品出口额占商品出口额比重（%）	59.41	66.99

北京创新能力监测指标（7）

指标名称	2019	2020
第三产业增加值（亿元）	29663.40	30095.90
第三产业增加值占地区生产总值比重（%）	83.69	83.73
高新技术企业数（个）	23190	23991
高新技术企业年末从业人员数（万人）	256.54	273.26
高新技术企业营业收入（亿元）	38024.65	45664.64
高新技术企业技术收入（亿元）	14143.68	18280.89
高新技术企业技术收入占营业收入比重（%）	37.20	40.03
高新技术企业净利润（亿元）	1919.73	3560.69
高新技术企业利润率（%）	5.05	7.80
高新技术企业出口总额（亿元）	1273.10	1534.54
劳动生产率（万元/人）	20.56	22.76
固定资本形成总额（亿元）	12633.92	13480.40
资本生产率（万元/万元）	0.35	0.35
综合能耗产出率（元/千克标准煤）	32.20	35.45
空气达到二级以上天数（天）	240	276
空气达到二级以上天数占比重（%）	65.75	75.41
废水中化学需氧量排放量（万吨）	4.25	5.36
废水中化学需氧量排放降低率（%）	7.10	-26.01
二氧化硫排放量（万吨）	0.19	0.18
二氧化硫排放降低率（%）	28.03	8.25
万元地区生产总值用水量（立方米）	11.79	11.25
万元地区生产总值用水量降低率（%）	9.05	4.61
废水中氨氮排放量（万吨）	0.28	0.28
废水中氨氮排放降低率（%）	6.41	-1.34
固体废物产生量（万吨）	690	415
固体废物综合利用量（万吨）	427	193
固体废物综合治理率（%）	99.57	100.00
生活垃圾无害化处理率（%）	99.98	100.00
污水处理率（%）	99.31	96.56
建成区绿化覆盖率（%）	48.46	48.96

天津创新能力监测指标（1）

指标名称	2019	2020
大专以上学历人数（万人）	427.95	373.55
万人大专以上学历人数（人）	2886.79	2841.24
高等学校数（个）	56	56
高校在校学生数（万人）	58.36	61.44
十万人高校在校学生数（人）	4214.00	4430.30
高校（机构）硕士毕业生数（人）	16786	19776
十万人硕士毕业生数（人）	121.20	142.60
高校（机构）博士毕业生数（人）	1734	1965
十万人博士毕业生数（人）	12.52	14.17
研究机构数（个）	57	—
科技企业孵化器管理机构从业人员数（人）	1078	1223
国家级孵化器管理机构从业人员数（人）	463	508
国家大学科技园管理机构从业人员数（人）	6	6
火炬计划特色产业基地企业从业人员数（人）	139434	138663
国家级示范生产力促进中心人员数（人）	119	113
众创空间服务人员数（人）	1965	2291
众创空间数（个）	191	209
科技企业孵化器数（个）	81	104
国家级科技企业孵化器数（个）	33	35
科技企业孵化器在孵企业数（个）	4309	5037
科技企业孵化器累计毕业企业数（个）	2479	2626
科技企业孵化器总收入（亿元）	4.09	5.76
企业研究开发费用加计扣除减免税额（亿元）	17.28	17.79
高新技术企业减免税额（亿元）	23.09	25.31
高新技术企业减免税额占全国比重（%）	1.62	1.54
信息传输、软件和信息技术服务业固定资产投资（亿元）	115.70	187.72
信息传输、软件和信息技术服务业固定资产投资占比重（%）	0.96	1.51
邮政业务总量（亿元）	148.80	194.60
电信业务总量（亿元）	1194.60	1584.54
邮电业务总量与地区生产总值比值（万元/亿元）	955.78	1270.09
固定电话和移动电话用户数（万户）	2053.84	2036.82

天津创新能力监测指标（2）

指标名称	2019	2020
百人固定电话和移动电话用户数（户）	148.29	146.87
移动互联网用户数（万户）	1450.71	1488.82
万人移动互联网用户数（万户）	1.05	1.07
有效商标注册数（万件）	24.58	28.89
百万人有效商标注册数（件）	17749.31	20835.05
地区生产总值（亿元）	14055.50	14008.00
第二产业增加值（亿元）	4947.20	4911.80
第二产业增加值占地区生产总值比重（%）	35.20	35.06
工业增加值（亿元）	4372.30	4296.40
工业增加值占地区生产总值比重（%）	31.11	30.67
装备制造业营业收入（亿元）	6905.34	7445.42
装备制造业营业收入占营业收入比重（%）	36.40	39.17
人均地区生产总值（元）	90058	101068
城镇登记失业人员数（万人）	26.09	27.01
城镇登记失业率（%）	3.53	3.62
客运量（亿人）	1.77	1.06
旅客周转量（亿人公里）	287.40	143.52
货运量（亿吨）	5.01	5.25
货物周转量（亿吨公里）	2662.45	2600.37
研究与试验发展（R&D）经费支出（亿元）	462.97	485.01
R&D经费支出与地区生产总值之比（%）	3.29	3.46
R&D经费中基础研究经费支出（亿元）	24.67	34.36
R&D经费中应用研究经费支出（亿元）	49.16	52.51
R&D经费中试验发展经费支出（亿元）	389.14	398.14
R&D经费中基础研究经费支出占比重（%）	5.33	7.09
R&D经费中应用研究经费支出占比重（%）	10.62	10.83
R&D经费中试验发展经费支出占比重（%）	84.05	82.09
R&D经费中政府资金经费支出（亿元）	76.55	80.43
R&D经费中企业资金经费支出（亿元）	362.27	383.09
R&D经费中政府资金经费支出占比重（%）	16.53	16.58
R&D经费中企业资金经费支出占比重（%）	78.25	78.99
高校R&D经费支出（亿元）	52.47	57.09

天津创新能力监测指标（3）

指标名称	2019	2020
研究机构R&D经费支出（亿元）	52.69	—
高校R&D经费支出占全社会R&D经费比重（%）	11.33	11.77
研究机构R&D经费支出占全社会R&D经费比重（%）	11.38	—
高新技术企业R&D经费支出（亿元）	246.18	263.10
高新技术企业R&D经费支出占全社会R&D经费比重（%）	53.17	54.25
财政性教育经费支出（亿元）	467.63	442.91
财政性教育经费支出与地区生产总值比值（万元/亿元）	332.70	316.19
地方财政科技支出（亿元）	109.93	118.17
地方财政科技支出占地方财政支出比重（%）	3.09	3.75
地方财政科技支出与地区生产总值比值（万元/亿元）	78.21	84.36
R&D人员全时当量（人年）	92502	90640
万人R&D人员全时当量（人年）	66.79	65.36
R&D人员中基础研究人员数（人年）	9518	9196
R&D人员中应用研究人员数（人年）	14509	13676
R&D人员中试验发展人员数（人年）	68481	67768
R&D人员中基础研究人员占比重（%）	10.29	10.15
R&D人员中应用研究人员占比重（%）	15.68	15.09
R&D人员中试验发展人员占比重（%）	74.03	74.77
R&D研究人员全时当量（人年）	48280	48371
R&D研究人员占全社会R&D人员比重（%）	52.19	53.37
高校R&D人员全时当量（人年）	17267	17167
研究机构R&D人员全时当量（人年）	9120	—
高校R&D人员占全社会R&D人员比重（%）	18.67	18.94
研究机构R&D人员占全社会R&D人员比重（%）	9.86	—
高技术产业R&D经费支出（亿元）	52.50	66.16
高技术产业R&D经费支出占全社会R&D经费比重（%）	11.34	13.64
高技术产业R&D经费支出占营业收入比重（%）	1.93	2.25
高技术产业引进技术经费支出（万元）	2709.50	69.90
高技术产业消化吸收经费支出（万元）	14.20	0
高技术产业购买境内技术经费支出（万元）	6231.10	1822.20
高技术产业技术改造经费支出（万元）	49442.30	26838.40

天津创新能力监测指标（4）

指标名称	2019	2020
高技术产业技术获取和技术改造经费支出占营业收入比重（%）	0.21	0.10
高技术产业新产品研发经费支出（亿元）	62.51	78.35
高技术产业新产品研发经费支出占新产品销售收入比重（%）	7.59	8.30
高技术产业R&D人员全时当量（人年）	11493	12365
高技术产业R&D人员占全社会R&D人员比重（%）	12.42	13.64
高新技术企业R&D人员全时当量（人年）	61172	68916
高新技术企业R&D人员占全社会R&D人员比重（%）	66.13	76.03
科学研究和技术服务业固定资产（亿元）	226.97	221.47
科学研究和技术服务业固定资产占比重（%）	1.89	1.79
开展创新活动的企业数（个）	2824	2881
开展创新活动的企业占比重（%）	58.70	56.29
实现创新的企业数（个）	2705	2716
实现创新企业占比重（%）	56.23	53.07
企业创新费用支出（亿元）	304.70	327.60
企业R&D经费支出（亿元）	213.43	228.77
企业R&D经费支出占创新费用支出比重（%）	70.05	69.83
企业R&D经费支出占全社会R&D经费比重（%）	46.10	47.17
企业R&D经费支出占营业收入比重（%）	1.13	1.20
企业引进技术经费支出（亿元）	3.91	5.32
企业消化吸收经费支出（亿元）	0.09	0
企业购买境内技术经费支出（亿元）	1.46	3.56
企业技术改造经费支出（亿元）	32.66	36.41
企业技术获取和技术改造经费支出（亿元）	38.11	45.29
企业技术获取和技术改造经费支出占营业收入比重（%）	0.20	0.24
企业科学研究经费支出占企业R&D经费支出比重（%）	2.26	2.27
研究机构来源于企业的R&D经费支出（亿元）	5.04	—
高校来源于企业的R&D经费支出（亿元）	18.09	28.04
研究机构和高校R&D经费支出中企业资金占比重（%）	21.99	—
企业平均吸纳技术成交额（万元）	958.90	1205.02
企业R&D人员全时当量（人年）	45685	45227

天津创新能力监测指标（5）

指标名称	2019	2020
企业R&D研究人员全时当量（人年）	16286	24508
企业R&D研究人员占全社会R&D研究人员比重（%）	33.73	50.67
万名企业就业人员中R&D人员数（人年）	464.28	420.25
有R&D活动的企业数（个）	1298	1444
有R&D活动的企业占工业企业比重（%）	26.97	28.20
有研究机构的企业数（个）	433	479
有研究机构的企业占工业企业比重（%）	9.00	9.36
企业专利申请数（件）	15634	19033
企业发明专利申请数（件）	4676	6060
企业发明专利拥有量（件）	20856	24945
万名企业就业人员发明专利拥有量（件）	211.95	231.79
发明专利申请数（件）	24574	22057
实用新型专利申请数（件）	64871	83825
外观设计专利申请数（件）	6600	5632
研究机构专利申请数（件）	1586	—
研究机构发明专利申请数（件）	1192	—
高校专利申请数（件）	9666	6875
高校发明专利申请数（件）	7258	5293
万人发明专利申请数（件）	17.74	15.90
亿元R&D经费支出发明专利申请数（件）	53.08	45.48
发明专利授权数（件）	5025	5262
实用新型专利授权数（件）	48252	64221
外观设计专利授权数（件）	4522	5951
万人发明专利授权数（件）	3.63	3.79
亿元R&D经费支出发明专利授权数（件）	10.85	10.85
发明专利拥有量（件）	34726	38152
实用新型专利拥有量（件）	149930	189936
外观设计专利拥有量（件）	14290	17452
研究机构发明专利拥有量（件）	2625	—
高校发明专利拥有量（件）	12388	12069

天津创新能力监测指标（6）

指标名称	2019	2020
万人发明专利拥有量（件）	25.07	27.51
国内科技论文数（篇）	14205	13556
万人国内科技论文数（篇）	10.26	9.77
SCI 收录科技论文数（篇）	13127	14016
EI 收录科技论文数（篇）	8020	11806
CPCI-S 收录科技论文数（篇）	1599	1120
万人国际科技论文数（篇）	16.42	19.43
技术市场成交合同数（项）	13885	9685
技术市场输出技术成交额（亿元）	909.25	1089.56
万人输出技术成交额（万元）	6565.02	7856.41
国外技术引进合同数（项）	119	107
国外技术引进合同成交额（亿美元）	7.51	8.55
万人国外技术引进合同成交额（万美元）	54.24	61.67
国外技术引进合同成交额中技术经费（亿美元）	7.51	8.55
国外技术引进合同成交额中技术经费占比重（%）	99.96	100.00
百万人技术国际收入（万美元）	7296.38	8296.81
高技术产业有效发明专利数（件）	5540	6731
万名高技术产业就业人员有效发明专利数（件）	309.88	362.08
高技术产业营业收入（亿元）	2720.16	2936.57
高技术产业营业收入占工业营业收入比重（%）	14.34	15.45
高技术产业新产品销售收入（亿元）	823.82	944.12
高技术产业新产品销售收入占营业收入比重（%）	30.29	32.15
万元地区生产总值高技术产业营业收入（万元）	0.19	0.21
新产品销售收入（亿元）	3846.62	3891.99
新产品销售收入占营业收入比重（%）	20.28	20.48
商品出口额（亿美元）	412.52	405.74
商品出口额与地区生产总值比值（万美元/亿元）	293.49	289.65
高技术产品出口额（亿美元）	133.08	125.90
高技术产品出口额占商品出口额比重（%）	32.26	31.03

天津创新能力监测指标（7）

指标名称	2019	2020
第三产业增加值（亿元）	8922.90	8885.90
第三产业增加值占地区生产总值比重（%）	63.48	63.43
高新技术企业数（个）	6013	7350
高新技术企业年末从业人员数（万人）	64.50	69.37
高新技术企业营业收入（亿元）	10042.51	11483.62
高新技术企业技术收入（亿元）	1728.28	1800.63
高新技术企业技术收入占营业收入比重（%）	17.21	15.68
高新技术企业净利润（亿元）	456.05	511.91
高新技术企业利润率（%）	4.54	4.46
高新技术企业出口总额（亿元）	878.74	828.66
劳动生产率（万元/人）	22.65	31.86
固定资本形成总额（亿元）	7578.51	7566.85
资本生产率（万元/万元）	0.25	0.25
综合能耗产出率（元/千克标准煤）	20.96	21.63
空气达到二级以上天数（天）	219	245
空气达到二级以上天数占比重（%）	60.00	66.94
废水中化学需氧量排放量（万吨）	3.78	15.63
废水中化学需氧量排放降低率（%）	9.51	-314.05
二氧化硫排放量（万吨）	1.78	1.02
二氧化硫排放降低率（%）	6.29	42.82
万元地区生产总值用水量（立方米）	20.14	19.74
万元地区生产总值用水量降低率（%）	-33.36	1.97
废水中氨氮排放量（万吨）	0.17	0.26
废水中氨氮排放降低率（%）	4.95	-53.61
固体废物产生量（万吨）	1968	1739
固体废物综合利用量（万吨）	1939	1731
固体废物综合治理率（%）	99.80	99.91
生活垃圾无害化处理率（%）	100.00	100.00
污水处理率（%）	95.97	96.42
建成区绿化覆盖率（%）	37.48	37.59

河北创新能力监测指标（1）

指标名称	2019	2020
大专以上学历人数（万人）	795.64	926.49
万人大专以上学历人数（人）	1131.53	1331.67
高等学校数（个）	122	125
高校在校学生数（万人）	193.32	201.49
十万人高校在校学生数（人）	2596.00	2699.53
高校（机构）硕士毕业生数（人）	13413	15401
十万人硕士毕业生数（人）	18.01	20.63
高校（机构）博士毕业生数（人）	461	515
十万人博士毕业生数（人）	0.62	0.69
研究机构数（个）	74	—
科技企业孵化器管理机构从业人员数（人）	3439	3553
国家级孵化器管理机构从业人员数（人）	665	737
国家大学科技园管理机构从业人员数（人）	71	67
火炬计划特色产业基地企业从业人员数（人）	291398	294770
国家级示范生产力促进中心人员数（人）	449	351
众创空间服务人员数（人）	5819	6334
众创空间数（个）	513	645
科技企业孵化器数（个）	251	274
国家级科技企业孵化器数（个）	33	40
科技企业孵化器在孵企业数（个）	7725	8640
科技企业孵化器累计毕业企业数（个）	4401	5642
科技企业孵化器总收入（亿元）	13.82	14.41
企业研究开发费用加计扣除减免税额（亿元）	23.79	37.54
高新技术企业减免税额（亿元）	49.38	64.88
高新技术企业减免税额占全国比重（%）	3.47	3.96
信息传输、软件和信息技术服务业固定资产投资（亿元）	509.88	561.26
信息传输、软件和信息技术服务业固定资产投资占比重（%）	1.37	1.46
邮政业务总量（亿元）	557.38	853.70
电信业务总量（亿元）	4741.94	5971.71
邮电业务总量与地区生产总值比值（万元/亿元）	1515.02	1895.22
固定电话和移动电话用户数（万户）	9020.80	8988.15

河北创新能力监测指标（2）

指标名称	2019	2020
百人固定电话和移动电话用户数（户）	121.13	120.42
移动互联网用户数（万户）	6915.15	7103.97
万人移动互联网用户数（万户）	0.93	0.95
有效商标注册数（万件）	67.97	83.79
百万人有效商标注册数（件）	9127.73	11226.09
地区生产总值（亿元）	34978.60	36013.80
第二产业增加值（亿元）	13393.70	13765.10
第二产业增加值占地区生产总值比重（%）	38.29	38.22
工业增加值（亿元）	11310.40	11664.10
工业增加值占地区生产总值比重（%）	32.34	32.39
装备制造业营业收入（亿元）	6753.86	7220.91
装备制造业营业收入占营业收入比重（%）	16.43	16.71
人均地区生产总值（元）	46182	48302
城镇登记失业人员数（万人）	35.98	38.48
城镇登记失业率（%）	3.12	3.46
客运量（亿人）	4.47	1.77
旅客周转量（亿人公里）	1311.11	603.57
货运量（亿吨）	24.24	24.73
货物周转量（亿吨公里）	13563.38	13729.95
研究与试验发展（R&D）经费支出（亿元）	566.73	634.37
R&D经费支出与地区生产总值之比（%）	1.62	1.76
R&D经费中基础研究经费支出（亿元）	14.88	15.55
R&D经费中应用研究经费支出（亿元）	58.01	56.19
R&D经费中试验发展经费支出（亿元）	493.83	562.63
R&D经费中基础研究经费支出占比重（%）	2.63	2.45
R&D经费中应用研究经费支出占比重（%）	10.24	8.86
R&D经费中试验发展经费支出占比重（%）	87.14	88.69
R&D经费中政府资金经费支出（亿元）	67.97	71.57
R&D经费中企业资金经费支出（亿元）	487.41	553.49
R&D经费中政府资金经费支出占比重（%）	11.99	11.28
R&D经费中企业资金经费支出占比重（%）	86.00	87.25
高校R&D经费支出（亿元）	25.38	29.81

河北创新能力监测指标（3）

指标名称	2019	2020
研究机构R&D经费支出（亿元）	48.78	—
高校R&D经费支出占全社会R&D经费比重（%）	4.48	4.70
研究机构R&D经费支出占全社会R&D经费比重（%）	8.61	—
高新技术企业R&D经费支出（亿元）	359.93	410.02
高新技术企业R&D经费支出占全社会R&D经费比重（%）	63.51	64.63
财政性教育经费支出（亿元）	1537.09	1596.26
财政性教育经费支出与地区生产总值比值（万元/亿元）	439.44	443.23
地方财政科技支出（亿元）	90.70	101.76
地方财政科技支出占地方财政支出比重（%）	1.09	1.13
地方财政科技支出与地区生产总值比值（万元/亿元）	25.93	28.26
R&D人员全时当量（人年）	111799	125058
万人R&D人员全时当量（人年）	15.01	16.76
R&D人员中基础研究人员数（人年）	7061	8293
R&D人员中应用研究人员数（人年）	22415	19083
R&D人员中试验发展人员数（人年）	82327	97682
R&D人员中基础研究人员占比重（%）	6.32	6.63
R&D人员中应用研究人员占比重（%）	20.05	15.26
R&D人员中试验发展人员占比重（%）	73.64	78.11
R&D研究人员全时当量（人年）	50456	55320
R&D研究人员占全社会R&D人员比重（%）	45.13	44.24
高校R&D人员全时当量（人年）	12885	15654
研究机构R&D人员全时当量（人年）	10916	—
高校R&D人员占全社会R&D人员比重（%）	11.52	12.52
研究机构R&D人员占全社会R&D人员比重（%）	9.76	—
高技术产业R&D经费支出（亿元）	34.02	58.53
高技术产业R&D经费支出占全社会R&D经费比重（%）	6.00	9.23
高技术产业R&D经费支出占营业收入比重（%）	2.16	3.42
高技术产业引进技术经费支出（万元）	1291.00	513.70
高技术产业消化吸收经费支出（万元）	985.00	0
高技术产业购买境内技术经费支出（万元）	37343.30	46323.90
高技术产业技术改造经费支出（万元）	25268.30	21851.80

河北创新能力监测指标（4）

指标名称	2019	2020
高技术产业技术获取和技术改造经费支出占营业收入比重（%）	0.41	0.40
高技术产业新产品研发经费支出（亿元）	49.80	67.42
高技术产业新产品研发经费支出占新产品销售收入比重（%）	7.99	9.42
高技术产业R&D人员全时当量（人年）	9977	10919
高技术产业R&D人员占全社会R&D人员比重（%）	8.92	8.73
高新技术企业R&D人员全时当量（人年）	66797	81911
高新技术企业R&D人员占全社会R&D人员比重（%）	59.75	65.50
科学研究和技术服务业固定资产（亿元）	560.83	511.94
科学研究和技术服务业固定资产占比重（%）	1.51	1.33
开展创新活动的企业数（个）	6159	6886
开展创新活动的企业占比重（%）	46.73	48.39
实现创新的企业数（个）	5938	6616
实现创新企业占比重（%）	45.05	46.49
企业创新费用支出（亿元）	710.70	740.70
企业R&D经费支出（亿元）	438.58	485.45
企业R&D经费支出占创新费用支出比重（%）	61.71	65.54
企业R&D经费支出占全社会R&D经费比重（%）	77.39	76.53
企业R&D经费支出占营业收入比重（%）	1.07	1.12
企业引进技术经费支出（亿元）	2.45	1.48
企业消化吸收经费支出（亿元）	0.69	0.36
企业购买境内技术经费支出（亿元）	6.86	7.10
企业技术改造经费支出（亿元）	104.81	80.22
企业技术获取和技术改造经费支出（亿元）	114.81	89.16
企业技术获取和技术改造经费支出占营业收入比重（%）	0.28	0.21
企业科学研究经费支出占企业R&D经费支出比重（%）	7.29	4.90
研究机构来源于企业的R&D经费支出（亿元）	1.16	—
高校来源于企业的R&D经费支出（亿元）	6.14	11.98
研究机构和高校R&D经费支出中企业资金占比重（%）	9.85	—
企业平均吸纳技术成交额（万元）	442.74	496.30
企业R&D人员全时当量（人年）	76096	86337

河北创新能力监测指标（5）

指标名称	2019	2020
企业R&D研究人员全时当量（人年）	22947	35623
企业R&D研究人员占全社会R&D研究人员比重（%）	45.48	64.40
万名企业就业人员中R&D人员数（人年）	275.06	317.19
有R&D活动的企业数（个）	2351	3137
有R&D活动的企业占工业企业比重（%）	17.84	22.03
有研究机构的企业数（个）	1849	2197
有研究机构的企业占工业企业比重（%）	14.03	15.43
企业专利申请数（件）	21570	24815
企业发明专利申请数（件）	8431	7543
企业发明专利拥有量（件）	21487	28135
万名企业就业人员发明专利拥有量（件）	77.67	103.37
发明专利申请数（件）	20536	22131
实用新型专利申请数（件）	63798	85163
外观设计专利申请数（件）	16940	18314
研究机构专利申请数（件）	1228	—
研究机构发明专利申请数（件）	874	—
高校专利申请数（件）	6074	7378
高校发明专利申请数（件）	2670	3114
万人发明专利申请数（件）	2.76	2.97
亿元R&D经费支出发明专利申请数（件）	36.24	34.89
发明专利授权数（件）	5130	6365
实用新型专利授权数（件）	40562	68466
外观设计专利授权数（件）	12117	17365
万人发明专利授权数（件）	0.69	0.85
亿元R&D经费支出发明专利授权数（件）	9.05	10.03
发明专利拥有量（件）	28868	34147
实用新型专利拥有量（件）	129271	183267
外观设计专利拥有量（件）	37238	48611
研究机构发明专利拥有量（件）	2351	—
高校发明专利拥有量（件）	4769	7866

河北创新能力监测指标（6）

指标名称	2019	2020
万人发明专利拥有量（件）	3.88	4.57
国内科技论文数（篇）	15284	15952
万人国内科技论文数（篇）	2.05	2.14
SCI 收录科技论文数（篇）	5968	6504
EI 收录科技论文数（篇）	4075	4813
CPCI-S 收录科技论文数（篇）	615	394
万人国际科技论文数（篇）	1.43	1.57
技术市场成交合同数（项）	7262	7468
技术市场输出技术成交额（亿元）	381.19	554.96
万人输出技术成交额（万元）	511.87	743.54
国外技术引进合同数（项）	76	90
国外技术引进合同成交额（亿美元）	1.50	1.85
万人国外技术引进合同成交额（万美元）	2.01	2.49
国外技术引进合同成交额中技术经费（亿美元）	1.48	1.45
国外技术引进合同成交额中技术经费占比重（%）	98.71	78.44
百万人技术国际收入（万美元）	123.89	142.30
高技术产业有效发明专利数（件）	3716	4464
万名高技术产业就业人员有效发明专利数（件）	201.02	222.33
高技术产业营业收入（亿元）	1575.72	1711.93
高技术产业营业收入占工业营业收入比重（%）	3.83	3.96
高技术产业新产品销售收入（亿元）	623.08	715.85
高技术产业新产品销售收入占营业收入比重（%）	39.54	41.82
万元地区生产总值高技术产业营业收入（万元）	0.05	0.05
新产品销售收入（亿元）	6484.73	7190.98
新产品销售收入占营业收入比重（%）	15.78	16.64
商品出口额（亿美元）	480.58	500.31
商品出口额与地区生产总值比值（万美元/亿元）	137.39	138.92
高技术产品出口额（亿美元）	30.48	30.66
高技术产品出口额占商品出口额比重（%）	6.34	6.13

河北创新能力监测指标（7）

指标名称	2019	2020
第三产业增加值（亿元）	18066.50	18368.40
第三产业增加值占地区生产总值比重（%）	51.65	51.00
高新技术企业数（个）	7611	9230
高新技术企业年末从业人员数（万人）	128.80	141.78
高新技术企业营业收入（亿元）	19766.26	22427.32
高新技术企业技术收入（亿元）	900.47	1103.47
高新技术企业技术收入占营业收入比重（%）	4.56	4.92
高新技术企业净利润（亿元）	880.02	1075.35
高新技术企业利润率（%）	4.45	4.79
高新技术企业出口总额（亿元）	910.67	968.77
劳动生产率（万元/人）	9.49	11.23
固定资本形成总额（亿元）	19075.09	19672.48
资本生产率（万元/万元）	0.27	0.27
综合能耗产出率（元/千克标准煤）	11.84	12.21
空气达到二级以上天数（天）	210	243
空气达到二级以上天数占比重（%）	57.45	66.47
废水中化学需氧量排放量（万吨）	22.38	127.42
废水中化学需氧量排放降低率（%）	6.01	-469.34
二氧化硫排放量（万吨）	28.69	16.17
二氧化硫排放降低率（%）	16.40	43.63
万元地区生产总值用水量（立方米）	51.93	50.49
万元地区生产总值用水量降低率（%）	-2.52	2.78
废水中氨氮排放量（万吨）	1.83	3.22
废水中氨氮排放降低率（%）	12.64	-76.56
固体废物产生量（万吨）	32744	34081
固体废物综合利用量（万吨）	17661	18880
固体废物综合治理率（%）	69.33	88.85
生活垃圾无害化处理率（%）	99.43	100.00
污水处理率（%）	98.34	98.46
建成区绿化覆盖率（%）	42.28	42.92

山西创新能力监测指标（1）

指标名称	2019	2020
大专以上学历人数（万人）	528.72	606.05
万人大专以上学历人数（人）	1515.06	1846.83
高等学校数（个）	82	85
高校在校学生数（万人）	87.95	93.84
十万人高校在校学生数（人）	2515.00	2688.38
高校（机构）硕士毕业生数（人）	9517	11296
十万人硕士毕业生数（人）	27.21	32.36
高校（机构）博士毕业生数（人）	461	554
十万人博士毕业生数（人）	1.32	1.59
研究机构数（个）	143	—
科技企业孵化器管理机构从业人员数（人）	1091	1006
国家级孵化器管理机构从业人员数（人）	399	274
国家大学科技园管理机构从业人员数（人）	22	12
火炬计划特色产业基地企业从业人员数（人）	38712	68638
国家级示范生产力促进中心人员数（人）	171	100
众创空间服务人员数（人）	4470	4667
众创空间数（个）	314	343
科技企业孵化器数（个）	62	68
国家级科技企业孵化器数（个）	14	16
科技企业孵化器在孵企业数（个）	2543	2844
科技企业孵化器累计毕业企业数（个）	2025	2414
科技企业孵化器总收入（亿元）	7.42	7.75
企业研究开发费用加计扣除减免税额（亿元）	14.98	16.58
高新技术企业减免税额（亿元）	14.40	10.53
高新技术企业减免税额占全国比重（%）	1.01	0.64
信息传输、软件和信息技术服务业固定资产投资（亿元）	43.07	71.78
信息传输、软件和信息技术服务业固定资产投资占比重（%）	0.65	0.98
邮政业务总量（亿元）	116.35	150.72
电信业务总量（亿元）	2375.20	3091.70
邮电业务总量与地区生产总值比值（万元/亿元）	1468.93	1817.95
固定电话和移动电话用户数（万户）	4253.39	4267.25

山西创新能力监测指标（2）

指标名称	2019	2020
百人固定电话和移动电话用户数（户）	121.63	122.26
移动互联网用户数（万户）	3142.31	3266.29
万人移动互联网用户数（万户）	0.90	0.94
有效商标注册数（万件）	18.16	22.34
百万人有效商标注册数（件）	5193.74	6400.71
地区生产总值（亿元）	16961.60	17835.60
第二产业增加值（亿元）	7466.30	7703.20
第二产业增加值占地区生产总值比重（%）	44.02	43.19
工业增加值（亿元）	6582.70	6768.50
工业增加值占地区生产总值比重（%）	38.81	37.95
装备制造业营业收入（亿元）	2325.17	2438.59
装备制造业营业收入占营业收入比重（%）	10.90	11.07
人均地区生产总值（元）	45549	51051
城镇登记失业人员数（万人）	21.26	27.65
城镇登记失业率（%）	2.71	3.11
客运量（亿人）	2.23	1.25
旅客周转量（亿人公里）	395.57	226.27
货运量（亿吨）	19.22	19.02
货物周转量（亿吨公里）	5466.48	5711.76
研究与试验发展（R&D）经费支出（亿元）	191.22	211.05
R&D经费支出与地区生产总值之比（%）	1.13	1.18
R&D经费中基础研究经费支出（亿元）	10.44	11.42
R&D经费中应用研究经费支出（亿元）	19.48	24.30
R&D经费中试验发展经费支出（亿元）	161.30	175.34
R&D经费中基础研究经费支出占比重（%）	5.46	5.41
R&D经费中应用研究经费支出占比重（%）	10.18	11.51
R&D经费中试验发展经费支出占比重（%）	84.35	83.08
R&D经费中政府资金经费支出（亿元）	31.41	27.04
R&D经费中企业资金经费支出（亿元）	154.93	179.94
R&D经费中政府资金经费支出占比重（%）	16.43	12.81
R&D经费中企业资金经费支出占比重（%）	81.02	85.26
高校R&D经费支出（亿元）	15.99	17.68

山西创新能力监测指标（3）

指标名称	2019	2020
研究机构R&D经费支出（亿元）	16.54	—
高校R&D经费支出占全社会R&D经费比重（%）	8.36	8.38
研究机构R&D经费支出占全社会R&D经费比重（%）	8.65	—
高新技术企业R&D经费支出（亿元）	86.62	100.03
高新技术企业R&D经费支出占全社会R&D经费比重（%）	45.30	47.40
财政性教育经费支出（亿元）	696.28	733.36
财政性教育经费支出与地区生产总值比值（万元/亿元）	410.50	411.18
地方财政科技支出（亿元）	57.72	66.09
地方财政科技支出占地方财政支出比重（%）	1.23	1.29
地方财政科技支出与地区生产总值比值（万元/亿元）	34.03	37.05
R&D人员全时当量（人年）	46853	52394
万人R&D人员全时当量（人年）	13.40	15.01
R&D人员中基础研究人员数（人年）	6174	7667
R&D人员中应用研究人员数（人年）	9366	10019
R&D人员中试验发展人员数（人年）	31322	34709
R&D人员中基础研究人员占比重（%）	13.18	14.63
R&D人员中应用研究人员占比重（%）	19.99	19.12
R&D人员中试验发展人员占比重（%）	66.85	66.25
R&D研究人员全时当量（人年）	23897	23880
R&D研究人员占全社会R&D人员比重（%）	51.00	45.58
高校R&D人员全时当量（人年）	10435	11973
研究机构R&D人员全时当量（人年）	4749	—
高校R&D人员占全社会R&D人员比重（%）	22.27	22.85
研究机构R&D人员占全社会R&D人员比重（%）	10.14	—
高技术产业R&D经费支出（亿元）	13.33	16.13
高技术产业R&D经费支出占全社会R&D经费比重（%）	6.97	7.64
高技术产业R&D经费支出占营业收入比重（%）	1.05	1.16
高技术产业引进技术经费支出（万元）	17.20	38.00
高技术产业消化吸收经费支出（万元）	30.00	0
高技术产业购买境内技术经费支出（万元）	2230.30	1373.00
高技术产业技术改造经费支出（万元）	9790.50	7736.30

山西创新能力监测指标（4）

指标名称	2019	2020
高技术产业技术获取和技术改造经费支出占营业收入比重（%）	0.09	0.07
高技术产业新产品研发经费支出（亿元）	16.08	19.78
高技术产业新产品研发经费支出占新产品销售收入比重（%）	5.80	6.15
高技术产业R&D人员全时当量（人年）	4582	6502
高技术产业R&D人员占全社会R&D人员比重（%）	9.78	12.41
高新技术企业R&D人员全时当量（人年）	23849	27801
高新技术企业R&D人员占全社会R&D人员比重（%）	50.90	53.06
科学研究和技术服务业固定资产（亿元）	46.32	50.66
科学研究和技术服务业固定资产占比重（%）	0.70	0.69
开展创新活动的企业数（个）	1877	2343
开展创新活动的企业占比重（%）	39.16	42.78
实现创新的企业数（个）	1769	2204
实现创新企业占比重（%）	36.91	40.24
企业创新费用支出（亿元）	269.30	317.00
企业R&D经费支出（亿元）	138.08	156.18
企业R&D经费支出占创新费用支出比重（%）	51.27	49.27
企业R&D经费支出占全社会R&D经费比重（%）	72.21	74.00
企业R&D经费支出占营业收入比重（%）	0.65	0.71
企业引进技术经费支出（亿元）	1.99	1.72
企业消化吸收经费支出（亿元）	0.54	0.32
企业购买境内技术经费支出（亿元）	1.87	0.96
企业技术改造经费支出（亿元）	64.70	85.79
企业技术获取和技术改造经费支出（亿元）	69.10	88.79
企业技术获取和技术改造经费支出占营业收入比重（%）	0.32	0.40
企业科学研究经费支出占企业R&D经费支出比重（%）	4.73	4.72
研究机构来源于企业的R&D经费支出（亿元）	0.61	—
高校来源于企业的R&D经费支出（亿元）	3.63	5.94
研究机构和高校R&D经费支出中企业资金占比重（%）	13.03	—
企业平均吸纳技术成交额（万元）	926.78	606.45
企业R&D人员全时当量（人年）	27478	32547

山西创新能力监测指标（5）

指标名称	2019	2020
企业R&D研究人员全时当量（人年）	9225	14642
企业R&D研究人员占全社会R&D研究人员比重（%）	38.60	61.31
万名企业就业人员中R&D人员数（人年）	146.91	169.46
有R&D活动的企业数（个）	530	855
有R&D活动的企业占工业企业比重（%）	11.05	15.60
有研究机构的企业数（个）	466	1070
有研究机构的企业占工业企业比重（%）	9.71	19.53
企业专利申请数（件）	6201	8444
企业发明专利申请数（件）	2543	3059
企业发明专利拥有量（件）	8619	10218
万名企业就业人员发明专利拥有量（件）	46.08	53.20
发明专利申请数（件）	8424	9472
实用新型专利申请数（件）	20938	28030
外观设计专利申请数（件）	2343	2800
研究机构专利申请数（件）	808	—
研究机构发明专利申请数（件）	558	—
高校专利申请数（件）	3822	3792
高校发明专利申请数（件）	2363	1939
万人发明专利申请数（件）	2.41	2.71
亿元R&D经费支出发明专利申请数（件）	44.05	44.88
发明专利授权数（件）	2300	2987
实用新型专利授权数（件）	12758	21933
外观设计专利授权数（件）	1540	2376
万人发明专利授权数（件）	0.66	0.86
亿元R&D经费支出发明专利授权数（件）	12.03	14.15
发明专利拥有量（件）	14298	16471
实用新型专利拥有量（件）	41711	57553
外观设计专利拥有量（件）	5645	6973
研究机构发明专利拥有量（件）	1690	—
高校发明专利拥有量（件）	4748	5913

山西创新能力监测指标（6）

指标名称	2019	2020
万人发明专利拥有量（件）	4.09	4.72
国内科技论文数（篇）	9088	9306
万人国内科技论文数（篇）	2.60	2.67
SCI 收录科技论文数（篇）	5099	5498
EI 收录科技论文数（篇）	3380	3977
CPCI-S 收录科技论文数（篇）	239	225
万人国际科技论文数（篇）	2.49	2.78
技术市场成交合同数（项）	965	1059
技术市场输出技术成交额（亿元）	109.52	44.98
万人输出技术成交额（万元）	313.19	128.87
国外技术引进合同数（项）	9	4
国外技术引进合同成交额（亿美元）	0.75	0.18
万人国外技术引进合同成交额（万美元）	2.13	0.51
国外技术引进合同成交额中技术经费（亿美元）	0.64	0.18
国外技术引进合同成交额中技术经费占比重（%）	86.40	99.72
百万人技术国际收入（万美元）	40.49	48.73
高技术产业有效发明专利数（件）	1138	1365
万名高技术产业就业人员有效发明专利数（件）	79.84	78.93
高技术产业营业收入（亿元）	1273.83	1388.59
高技术产业营业收入占工业营业收入比重（%）	5.97	6.31
高技术产业新产品销售收入（亿元）	276.99	321.84
高技术产业新产品销售收入占营业收入比重（%）	21.74	23.18
万元地区生产总值高技术产业营业收入（万元）	0.08	0.08
新产品销售收入（亿元）	1989.26	2311.12
新产品销售收入占营业收入比重（%）	9.32	10.50
商品出口额（亿美元）	147.33	142.22
商品出口额与地区生产总值比值（万美元/亿元）	86.86	79.74
高技术产品出口额（亿美元）	74.27	87.91
高技术产品出口额占商品出口额比重（%）	50.41	61.82

山西创新能力监测指标（7）

指标名称	2019	2020
第三产业增加值（亿元）	8670.00	8965.80
第三产业增加值占地区生产总值比重（%）	51.12	50.27
高新技术企业数（个）	2485	3162
高新技术企业年末从业人员数（万人）	42.37	45.60
高新技术企业营业收入（亿元）	5546.56	6289.04
高新技术企业技术收入（亿元）	180.73	219.13
高新技术企业技术收入占营业收入比重（%）	3.26	3.48
高新技术企业净利润（亿元）	215.09	226.66
高新技术企业利润率（%）	3.88	3.60
高新技术企业出口总额（亿元）	383.52	257.83
劳动生产率（万元/人）	8.99	10.20
固定资本形成总额（亿元）	7465.83	7517.09
资本生产率（万元/万元）	0.25	0.25
综合能耗产出率（元/千克标准煤）	7.71	7.94
空气达到二级以上天数（天）	229	259
空气达到二级以上天数占比重（%）	62.84	70.79
废水中化学需氧量排放量（万吨）	10.92	61.98
废水中化学需氧量排放降低率（%）	3.19	-467.72
二氧化硫排放量（万吨）	22.86	16.05
二氧化硫排放降低率（%）	18.89	29.78
万元地区生产总值用水量（立方米）	44.64	41.24
万元地区生产总值用水量降低率（%）	-1.04	7.60
废水中氨氮排放量（万吨）	1.12	1.64
废水中氨氮排放降低率（%）	3.11	-47.19
固体废物产生量（万吨）	52037	42635
固体废物综合利用量（万吨）	18440	17150
固体废物综合治理率（%）	88.10	86.07
生活垃圾无害化处理率（%）	100.00	100.00
污水处理率（%）	95.78	99.60
建成区绿化覆盖率（%）	42.29	43.88

内蒙古创新能力监测指标（1）

指标名称	2019	2020
大专以上学历人数（万人）	492.18	449.43
万人大专以上学历人数（人）	2055.25	1971.65
高等学校数（个）	53	54
高校在校学生数（万人）	49.58	51.10
十万人高校在校学生数（人）	2053.00	2126.57
高校（机构）硕士毕业生数（人）	6225	6950
十万人硕士毕业生数（人）	25.78	28.92
高校（机构）博士毕业生数（人）	218	263
十万人博士毕业生数（人）	0.90	1.09
研究机构数（个）	87	—
科技企业孵化器管理机构从业人员数（人）	1571	1499
国家级孵化器管理机构从业人员数（人）	1041	965
国家大学科技园管理机构从业人员数（人）	37	34
火炬计划特色产业基地企业从业人员数（人）	41531	41785
国家级示范生产力促进中心人员数（人）	103	103
众创空间服务人员数（人）	2288	2300
众创空间数（个）	148	144
科技企业孵化器数（个）	50	50
国家级科技企业孵化器数（个）	12	13
科技企业孵化器在孵企业数（个）	1842	1954
科技企业孵化器累计毕业企业数（个）	1890	1707
科技企业孵化器总收入（亿元）	4.17	3.48
企业研究开发费用加计扣除减免税额（亿元）	9.73	9.63
高新技术企业减免税额（亿元）	12.34	13.62
高新技术企业减免税额占全国比重（%）	0.87	0.83
信息传输、软件和信息技术服务业固定资产投资（亿元）	208.64	173.08
信息传输、软件和信息技术服务业固定资产投资占比重（%）	1.97	1.66
邮政业务总量（亿元）	50.37	63.68
电信业务总量（亿元）	2075.81	2584.73
邮电业务总量与地区生产总值比值（万元/亿元）	1235.25	1534.60
固定电话和移动电话用户数（万户）	3226.05	3160.97

内蒙古创新能力监测指标（2）

指标名称	2019	2020
百人固定电话和移动电话用户数（户）	133.58	131.55
移动互联网用户数（万户）	2606.15	2574.26
万人移动互联网用户数（万户）	1.08	1.07
有效商标注册数（万件）	20.22	24.06
百万人有效商标注册数（件）	8372.59	10011.86
地区生产总值（亿元）	17212.50	17258.00
第二产业增加值（亿元）	6763.10	6908.20
第二产业增加值占地区生产总值比重（%）	39.29	40.03
工业增加值（亿元）	5458.60	5597.60
工业增加值占地区生产总值比重（%）	31.71	32.43
装备制造业营业收入（亿元）	474.16	624.87
装备制造业营业收入占营业收入比重（%）	2.82	3.57
人均地区生产总值（元）	67852	71640
城镇登记失业人员数（万人）	28.13	30.03
城镇登记失业率（%）	3.70	3.80
客运量（亿人）	1.22	0.65
旅客周转量（亿人公里）	313.25	164.90
货运量（亿吨）	18.84	17.81
货物周转量（亿吨公里）	4689.49	4567.36
研究与试验发展（R&D）经费支出（亿元）	147.81	161.07
R&D经费支出与地区生产总值之比（%）	0.86	0.93
R&D经费中基础研究经费支出（亿元）	4.51	3.43
R&D经费中应用研究经费支出（亿元）	16.49	17.13
R&D经费中试验发展经费支出（亿元）	126.81	140.51
R&D经费中基础研究经费支出占比重（%）	3.05	2.13
R&D经费中应用研究经费支出占比重（%）	11.16	10.64
R&D经费中试验发展经费支出占比重（%）	85.79	87.24
R&D经费中政府资金经费支出（亿元）	19.83	23.28
R&D经费中企业资金经费支出（亿元）	121.24	132.78
R&D经费中政府资金经费支出占比重（%）	13.42	14.45
R&D经费中企业资金经费支出占比重（%）	82.03	82.43
高校R&D经费支出（亿元）	7.34	7.04

内蒙古创新能力监测指标（3）

指标名称	2019	2020
研究机构R&D经费支出（亿元）	16.01	—
高校R&D经费支出占全社会R&D经费比重（%）	4.97	4.37
研究机构R&D经费支出占全社会R&D经费比重（%）	10.83	—
高新技术企业R&D经费支出（亿元）	80.18	103.45
高新技术企业R&D经费支出占全社会R&D经费比重（%）	54.24	64.23
财政性教育经费支出（亿元）	609.97	642.17
财政性教育经费支出与地区生产总值比值（万元/亿元）	354.37	372.10
地方财政科技支出（亿元）	28.49	32.38
地方财政科技支出占地方财政支出比重（%）	0.56	0.61
地方财政科技支出与地区生产总值比值（万元/亿元）	16.55	18.76
R&D人员全时当量（人年）	24897	27914
万人R&D人员全时当量（人年）	10.31	11.62
R&D人员中基础研究人员数（人年）	2302	2062
R&D人员中应用研究人员数（人年）	5305	5143
R&D人员中试验发展人员数（人年）	17289	20708
R&D人员中基础研究人员占比重（%）	9.25	7.39
R&D人员中应用研究人员占比重（%）	21.31	18.43
R&D人员中试验发展人员占比重（%）	69.44	74.19
R&D研究人员全时当量（人年）	12876	13789
R&D研究人员占全社会R&D人员比重（%）	51.72	49.40
高校R&D人员全时当量（人年）	4309	4487
研究机构R&D人员全时当量（人年）	3221	—
高校R&D人员占全社会R&D人员比重（%）	17.31	16.07
研究机构R&D人员占全社会R&D人员比重（%）	12.94	—
高技术产业R&D经费支出（亿元）	4.69	7.50
高技术产业R&D经费支出占全社会R&D经费比重（%）	3.18	4.66
高技术产业R&D经费支出占营业收入比重（%）	1.29	1.79
高技术产业引进技术经费支出（万元）	0	0
高技术产业消化吸收经费支出（万元）	0	0
高技术产业购买境内技术经费支出（万元）	0	32.60
高技术产业技术改造经费支出（万元）	2265.20	2425.50

内蒙古创新能力监测指标（4）

指标名称	2019	2020
高技术产业技术获取和技术改造经费支出占营业收入比重（%）	0.06	0.06
高技术产业新产品研发经费支出（亿元）	5.30	8.03
高技术产业新产品研发经费支出占新产品销售收入比重（%）	14.65	16.35
高技术产业R&D人员全时当量（人年）	949	1527
高技术产业R&D人员占全社会R&D人员比重（%）	3.81	5.47
高新技术企业R&D人员全时当量（人年）	15391	17023
高新技术企业R&D人员占全社会R&D人员比重（%）	61.82	60.98
科学研究和技术服务业固定资产（亿元）	27.59	28.17
科学研究和技术服务业固定资产占比重（%）	0.26	0.27
开展创新活动的企业数（个）	1093	1064
开展创新活动的企业占比重（%）	36.88	35.63
实现创新的企业数（个）	1032	1035
实现创新企业占比重（%）	34.82	34.66
企业创新费用支出（亿元）	177.80	205.60
企业R&D经费支出（亿元）	118.36	129.37
企业R&D经费支出占创新费用支出比重（%）	66.57	62.92
企业R&D经费支出占全社会R&D经费比重（%）	80.08	80.32
企业R&D经费支出占营业收入比重（%）	0.70	0.74
企业引进技术经费支出（亿元）	3.78	3.50
企业消化吸收经费支出（亿元）	1.54	1.04
企业购买境内技术经费支出（亿元）	0.68	1.83
企业技术改造经费支出（亿元）	21.78	32.43
企业技术获取和技术改造经费支出（亿元）	27.77	38.80
企业技术获取和技术改造经费支出占营业收入比重（%）	0.17	0.22
企业科学研究经费支出占企业R&D经费支出比重（%）	2.77	3.85
研究机构来源于企业的R&D经费支出（亿元）	0.80	—
高校来源于企业的R&D经费支出（亿元）	0.91	1.17
研究机构和高校R&D经费支出中企业资金占比重（%）	7.33	—
企业平均吸纳技术成交额（万元）	605.26	841.32
企业R&D人员全时当量（人年）	15001	18393

内蒙古创新能力监测指标（5）

指标名称	2019	2020
企业R&D研究人员全时当量（人年）	5733	10994
企业R&D研究人员占全社会R&D研究人员比重（%）	44.52	79.73
万名企业就业人员中R&D人员数（人年）	168.53	209.68
有R&D活动的企业数（个）	292	391
有R&D活动的企业占工业企业比重（%）	9.85	13.10
有研究机构的企业数（个）	93	112
有研究机构的企业占工业企业比重（%）	3.14	3.75
企业专利申请数（件）	5064	5755
企业发明专利申请数（件）	2050	2331
企业发明专利拥有量（件）	5491	5799
万名企业就业人员发明专利拥有量（件）	61.69	66.11
发明专利申请数（件）	4889	5381
实用新型专利申请数（件）	13895	18747
外观设计专利申请数（件）	2285	2096
研究机构专利申请数（件）	199	—
研究机构发明专利申请数（件）	70	—
高校专利申请数（件）	1502	1638
高校发明专利申请数（件）	421	549
万人发明专利申请数（件）	2.02	2.24
亿元R&D经费支出发明专利申请数（件）	33.08	33.41
发明专利授权数（件）	911	1162
实用新型专利授权数（件）	8768	14423
外观设计专利授权数（件）	1380	2373
万人发明专利授权数（件）	0.38	0.48
亿元R&D经费支出发明专利授权数（件）	6.16	7.21
发明专利拥有量（件）	5895	6943
实用新型专利拥有量（件）	25529	36714
外观设计专利拥有量（件）	4833	6245
研究机构发明专利拥有量（件）	230	—
高校发明专利拥有量（件）	1135	1369

内蒙古创新能力监测指标（6）

指标名称	2019	2020
万人发明专利拥有量（件）	2.44	2.89
国内科技论文数（篇）	4582	4838
万人国内科技论文数（篇）	1.90	2.01
SCI 收录科技论文数（篇）	1718	2079
EI 收录科技论文数（篇）	981	1373
CPCI-S 收录科技论文数（篇）	215	159
万人国际科技论文数（篇）	1.21	1.50
技术市场成交合同数（项）	1201	1494
技术市场输出技术成交额（亿元）	22.48	35.95
万人输出技术成交额（万元）	93.08	149.63
国外技术引进合同数（项）	6	7
国外技术引进合同成交额（亿美元）	0.37	1.81
万人国外技术引进合同成交额（万美元）	1.52	7.52
国外技术引进合同成交额中技术经费（亿美元）	0.37	1.81
国外技术引进合同成交额中技术经费占比重（%）	99.32	100.00
百万人技术国际收入（万美元）	100.76	70.63
高技术产业有效发明专利数（件）	394	671
万名高技术产业就业人员有效发明专利数（件）	118.80	193.16
高技术产业营业收入（亿元）	364.21	419.75
高技术产业营业收入占工业营业收入比重（%）	2.17	2.40
高技术产业新产品销售收入（亿元）	36.20	49.09
高技术产业新产品销售收入占营业收入比重（%）	9.94	11.70
万元地区生产总值高技术产业营业收入（万元）	0.02	0.02
新产品销售收入（亿元）	1127.44	1242.46
新产品销售收入占营业收入比重（%）	6.71	7.10
商品出口额（亿美元）	73.77	65.18
商品出口额与地区生产总值比值（万美元/亿元）	42.86	37.77
高技术产品出口额（亿美元）	6.47	6.98
高技术产品出口额占商品出口额比重（%）	8.77	10.72

内蒙古创新能力监测指标（7）

指标名称	2019	2020
第三产业增加值（亿元）	8586.10	8321.10
第三产业增加值占地区生产总值比重（%）	49.88	48.22
高新技术企业数（个）	896	1049
高新技术企业年末从业人员数（万人）	29.77	32.02
高新技术企业营业收入（亿元）	5724.41	6248.04
高新技术企业技术收入（亿元）	160.47	152.07
高新技术企业技术收入占营业收入比重（%）	2.80	2.43
高新技术企业净利润（亿元）	337.13	303.56
高新技术企业利润率（%）	5.89	4.86
高新技术企业出口总额（亿元）	204.14	226.96
劳动生产率（万元/人）	17.46	18.75
固定资本形成总额（亿元）	10973.40	11006.59
资本生产率（万元/万元）	0.20	0.19
综合能耗产出率（元/千克标准煤）	7.80	7.30
空气达到二级以上天数（天）	328	326
空气达到二级以上天数占比重（%）	89.92	88.99
废水中化学需氧量排放量（万吨）	5.89	70.88
废水中化学需氧量排放降低率（%）	10.67	-1104.16
二氧化硫排放量（万吨）	35.24	27.39
二氧化硫排放降低率（%）	3.01	22.26
万元地区生产总值用水量（立方米）	110.91	111.98
万元地区生产总值用水量降低率（%）	0.18	-0.97
废水中氨氮排放量（万吨）	0.34	1.39
废水中氨氮排放降低率（%）	16.55	-313.48
固体废物产生量（万吨）	42671	35117
固体废物综合利用量（万吨）	11469	12377
固体废物综合治理率（%）	72.38	74.29
生活垃圾无害化处理率（%）	99.81	99.92
污水处理率（%）	97.41	97.80
建成区绿化覆盖率（%）	40.52	40.45

辽宁创新能力监测指标（1）

指标名称	2019	2020
大专以上学历人数（万人）	714.87	775.83
万人大专以上学历人数（人）	1715.01	1897.89
高等学校数（个）	115	114
高校在校学生数（万人）	134.13	148.37
十万人高校在校学生数（人）	3136.00	3486.54
高校（机构）硕士毕业生数（人）	30871	34529
十万人硕士毕业生数（人）	72.18	81.14
高校（机构）博士毕业生数（人）	2240	2396
十万人博士毕业生数（人）	5.24	5.63
研究机构数（个）	33	—
科技企业孵化器管理机构从业人员数（人）	1232	1371
国家级孵化器管理机构从业人员数（人）	705	696
国家大学科技园管理机构从业人员数（人）	119	126
火炬计划特色产业基地企业从业人员数（人）	166322	170192
国家级示范生产力促进中心人员数（人）	30	261
众创空间服务人员数（人）	2529	2762
众创空间数（个）	194	250
科技企业孵化器数（个）	67	93
国家级科技企业孵化器数（个）	30	31
科技企业孵化器在孵企业数（个）	3947	4419
科技企业孵化器累计毕业企业数（个）	4114	4305
科技企业孵化器总收入（亿元）	4.74	4.68
企业研究开发费用加计扣除减免税额（亿元）	23.67	30.72
高新技术企业减免税额（亿元）	27.98	39.20
高新技术企业减免税额占全国比重（%）	1.97	2.39
信息传输、软件和信息技术服务业固定资产投资（亿元）	74.86	97.21
信息传输、软件和信息技术服务业固定资产投资占比重（%）	1.12	1.41
邮政业务总量（亿元）	202.70	278.34
电信业务总量（亿元）	2723.21	3388.94
邮电业务总量与地区生产总值比值（万元/亿元）	1177.18	1466.24
固定电话和移动电话用户数（万户）	5512.24	5414.37

辽宁创新能力监测指标（2）

指标名称	2019	2020
百人固定电话和移动电话用户数（户）	128.88	127.23
移动互联网用户数（万户）	4062.30	3921.80
万人移动互联网用户数（万户）	0.95	0.92
有效商标注册数（万件）	39.78	46.29
百万人有效商标注册数（件）	9300.19	10876.60
地区生产总值（亿元）	24855.30	25011.40
第二产业增加值（亿元）	9475.90	9357.50
第二产业增加值占地区生产总值比重（%）	38.12	37.41
工业增加值（亿元）	8052.20	7906.00
工业增加值占地区生产总值比重（%）	32.40	31.61
装备制造业营业收入（亿元）	7472.41	7735.16
装备制造业营业收入占营业收入比重（%）	23.72	25.22
人均地区生产总值（元）	57067	58629
城镇登记失业人员数（万人）	45.63	50.72
城镇登记失业率（%）	4.16	4.61
客运量（亿人）	7.03	3.35
旅客周转量（亿人公里）	945.22	431.82
货运量（亿吨）	17.83	16.73
货物周转量（亿吨公里）	8921.43	5421.47
研究与试验发展（R&D）经费支出（亿元）	508.46	549.01
R&D经费支出与地区生产总值之比（%）	2.05	2.20
R&D经费中基础研究经费支出（亿元）	32.09	35.25
R&D经费中应用研究经费支出（亿元）	97.52	105.12
R&D经费中试验发展经费支出（亿元）	378.86	408.63
R&D经费中基础研究经费支出占比重（%）	6.31	6.42
R&D经费中应用研究经费支出占比重（%）	19.18	19.15
R&D经费中试验发展经费支出占比重（%）	74.51	74.43
R&D经费中政府资金经费支出（亿元）	134.57	144.07
R&D经费中企业资金经费支出（亿元）	363.49	399.52
R&D经费中政府资金经费支出占比重（%）	26.47	26.24
R&D经费中企业资金经费支出占比重（%）	71.49	72.77
高校R&D经费支出（亿元）	65.56	69.78

辽宁创新能力监测指标（3）

指标名称	2019	2020
研究机构R&D经费支出（亿元）	97.20	—
高校R&D经费支出占全社会R&D经费比重（%）	12.89	12.71
研究机构R&D经费支出占全社会R&D经费比重（%）	19.12	—
高新技术企业R&D经费支出（亿元）	209.68	186.90
高新技术企业R&D经费支出占全社会R&D经费比重（%）	41.24	34.04
财政性教育经费支出（亿元）	702.38	741.15
财政性教育经费支出与地区生产总值比值（万元/亿元）	282.59	296.33
地方财政科技支出（亿元）	74.03	72.71
地方财政科技支出占地方财政支出比重（%）	1.29	1.21
地方财政科技支出与地区生产总值比值（万元/亿元）	29.78	29.07
R&D人员全时当量（人年）	99880	111931
万人R&D人员全时当量（人年）	23.35	26.30
R&D人员中基础研究人员数（人年）	13583	14898
R&D人员中应用研究人员数（人年）	20793	21097
R&D人员中试验发展人员数（人年）	65505	75937
R&D人员中基础研究人员占比重（%）	13.60	13.31
R&D人员中应用研究人员占比重（%）	20.82	18.85
R&D人员中试验发展人员占比重（%）	65.58	67.84
R&D研究人员全时当量（人年）	56605	61459
R&D研究人员占全社会R&D人员比重（%）	56.67	54.91
高校R&D人员全时当量（人年）	22849	25234
研究机构R&D人员全时当量（人年）	13082	—
高校R&D人员占全社会R&D人员比重（%）	22.88	22.54
研究机构R&D人员占全社会R&D人员比重（%）	13.10	—
高技术产业R&D经费支出（亿元）	37.50	50.64
高技术产业R&D经费支出占全社会R&D经费比重（%）	7.38	9.22
高技术产业R&D经费支出占营业收入比重（%）	1.94	2.64
高技术产业引进技术经费支出（万元）	0	686.00
高技术产业消化吸收经费支出（万元）	26.80	0
高技术产业购买境内技术经费支出（万元）	6891.60	16173.30
高技术产业技术改造经费支出（万元）	54253.70	90795.60

辽宁创新能力监测指标（4）

指标名称	2019	2020
高技术产业技术获取和技术改造经费支出占营业收入比重（%）	0.32	0.56
高技术产业新产品研发经费支出（亿元）	47.71	58.27
高技术产业新产品研发经费支出占新产品销售收入比重（%）	14.34	15.09
高技术产业R&D人员全时当量（人年）	9280	13636
高技术产业R&D人员占全社会R&D人员比重（%）	9.29	12.18
高新技术企业R&D人员全时当量（人年）	55050	57678
高新技术企业R&D人员占全社会R&D人员比重（%）	55.12	51.53
科学研究和技术服务业固定资产（亿元）	35.25	29.37
科学研究和技术服务业固定资产占比重（%）	0.53	0.43
开展创新活动的企业数（个）	3623	3765
开展创新活动的企业占比重（%）	47.67	48.59
实现创新的企业数（个）	3313	3498
实现创新企业占比重（%）	43.59	45.14
企业创新费用支出（亿元）	525.90	542.40
企业R&D经费支出（亿元）	310.25	335.32
企业R&D经费支出占创新费用支出比重（%）	58.99	61.82
企业R&D经费支出占全社会R&D经费比重（%）	61.02	61.08
企业R&D经费支出占营业收入比重（%）	0.98	1.09
企业引进技术经费支出（亿元）	9.18	5.93
企业消化吸收经费支出（亿元）	1.08	0.00
企业购买境内技术经费支出（亿元）	21.38	21.60
企业技术改造经费支出（亿元）	101.20	97.13
企业技术获取和技术改造经费支出（亿元）	132.84	124.66
企业技术获取和技术改造经费支出占营业收入比重（%）	0.42	0.41
企业科学研究经费支出占企业R&D经费支出比重（%）	5.42	3.40
研究机构来源于企业的R&D经费支出（亿元）	10.64	—
高校来源于企业的R&D经费支出（亿元）	26.81	35.80
研究机构和高校R&D经费支出中企业资金占比重（%）	23.01	—
企业平均吸纳技术成交额（万元）	467.61	524.28
企业R&D人员全时当量（人年）	52104	59978

辽宁创新能力监测指标（5）

指标名称	2019	2020
企业R&D研究人员全时当量（人年）	19865	32953
企业R&D研究人员占全社会R&D研究人员比重（%）	35.09	53.62
万名企业就业人员中R&D人员数（人年）	269.73	307.11
有R&D活动的企业数（个）	1629	1874
有R&D活动的企业占工业企业比重（%）	21.41	24.17
有研究机构的企业数（个）	487	515
有研究机构的企业占工业企业比重（%）	6.40	6.64
企业专利申请数（件）	13783	17790
企业发明专利申请数（件）	4995	6252
企业发明专利拥有量（件）	22848	28788
万名企业就业人员发明专利拥有量（件）	118.28	147.40
发明专利申请数（件）	22592	21830
实用新型专利申请数（件）	41694	58230
外观设计专利申请数（件）	5446	6467
研究机构专利申请数（件）	3229	—
研究机构发明专利申请数（件）	2636	—
高校专利申请数（件）	12115	12675
高校发明专利申请数（件）	8044	5830
万人发明专利申请数（件）	5.28	5.13
亿元R&D经费支出发明专利申请数（件）	44.43	39.76
发明专利授权数（件）	7501	7936
实用新型专利授权数（件）	28237	46681
外观设计专利授权数（件）	4299	5568
万人发明专利授权数（件）	1.75	1.86
亿元R&D经费支出发明专利授权数（件）	14.75	14.46
发明专利拥有量（件）	42282	47788
实用新型专利拥有量（件）	96529	131833
外观设计专利拥有量（件）	13613	16604
研究机构发明专利拥有量（件）	6910	—
高校发明专利拥有量（件）	14267	17735

辽宁创新能力监测指标（6）

指标名称	2019	2020
万人发明专利拥有量（件）	9.89	11.23
国内科技论文数（篇）	18372	18007
万人国内科技论文数（篇）	4.30	4.23
SCI 收录科技论文数（篇）	16070	17193
EI 收录科技论文数（篇）	11343	14231
CPCI-S 收录科技论文数（篇）	1396	1350
万人国际科技论文数（篇）	6.74	7.70
技术市场成交合同数（项）	16578	17301
技术市场输出技术成交额（亿元）	557.59	632.81
万人输出技术成交额（万元）	1303.70	1487.05
国外技术引进合同数（项）	201	143
国外技术引进合同成交额（亿美元）	4.17	6.45
万人国外技术引进合同成交额（万美元）	9.74	15.15
国外技术引进合同成交额中技术经费（亿美元）	4.16	6.43
国外技术引进合同成交额中技术经费占比重（%）	99.75	99.67
百万人技术国际收入（万美元）	3092.24	3134.78
高技术产业有效发明专利数（件）	4879	6432
万名高技术产业就业人员有效发明专利数（件）	310.20	389.56
高技术产业营业收入（亿元）	1929.18	1915.80
高技术产业营业收入占工业营业收入比重（%）	6.12	6.25
高技术产业新产品销售收入（亿元）	332.81	386.23
高技术产业新产品销售收入占营业收入比重（%）	17.25	20.16
万元地区生产总值高技术产业营业收入（万元）	0.08	0.08
新产品销售收入（亿元）	4283.60	4440.94
新产品销售收入占营业收入比重（%）	13.60	14.48
商品出口额（亿美元）	558.04	459.88
商品出口额与地区生产总值比值（万美元/亿元）	224.51	183.87
高技术产品出口额（亿美元）	88.07	69.08
高技术产品出口额占商品出口额比重（%）	15.78	15.02

辽宁创新能力监测指标（7）

指标名称	2019	2020
第三产业增加值（亿元）	13201.40	13369.10
第三产业增加值占地区生产总值比重（%）	53.11	53.45
高新技术企业数（个）	5147	6906
高新技术企业年末从业人员数（万人）	74.20	81.83
高新技术企业营业收入（亿元）	9926.40	10584.71
高新技术企业技术收入（亿元）	488.48	697.11
高新技术企业技术收入占营业收入比重（%）	4.92	6.59
高新技术企业净利润（亿元）	407.37	523.68
高新技术企业利润率（%）	4.10	4.95
高新技术企业出口总额（亿元）	655.11	648.14
劳动生产率（万元/人）	13.60	13.73
固定资本形成总额（亿元）	9926.69	10007.22
资本生产率（万元/万元）	0.31	0.32
综合能耗产出率（元/千克标准煤）	11.06	10.64
空气达到二级以上天数（天）	293	306
空气达到二级以上天数占比重（%）	80.25	83.55
废水中化学需氧量排放量（万吨）	13.11	124.75
废水中化学需氧量排放降低率（%）	2.63	-851.74
二氧化硫排放量（万吨）	26.31	20.64
二氧化硫排放降低率（%）	18.09	21.55
万元地区生产总值用水量（立方米）	52.31	51.48
万元地区生产总值用水量降低率（%）	-1.63	1.58
废水中氨氮排放量（万吨）	0.96	1.85
废水中氨氮排放降低率（%）	29.64	-93.63
固体废物产生量（万吨）	22621	25526
固体废物综合利用量（万吨）	10527	11478
固体废物综合治理率（%）	84.15	76.08
生活垃圾无害化处理率（%）	99.42	99.53
污水处理率（%）	96.20	98.23
建成区绿化覆盖率（%）	40.76	41.73

吉林创新能力监测指标（1）

指标名称	2019	2020
大专以上学历人数（万人）	333.21	402.95
万人大专以上学历人数（人）	1294.26	1740.64
高等学校数（个）	62	64
高校在校学生数（万人）	82.57	88.94
十万人高校在校学生数（人）	3373.00	3706.87
高校（机构）硕士毕业生数（人）	17312	20596
十万人硕士毕业生数（人）	70.72	85.84
高校（机构）博士毕业生数（人）	1938	2051
十万人博士毕业生数（人）	7.92	8.55
研究机构数（个）	103	—
科技企业孵化器管理机构从业人员数（人）	1774	1685
国家级孵化器管理机构从业人员数（人）	553	564
国家大学科技园管理机构从业人员数（人）	24	24
火炬计划特色产业基地企业从业人员数（人）	49503	51723
国家级示范生产力促进中心人员数（人）	127	128
众创空间服务人员数（人）	1458	1537
众创空间数（个）	110	121
科技企业孵化器数（个）	93	94
国家级科技企业孵化器数（个）	22	23
科技企业孵化器在孵企业数（个）	3230	3406
科技企业孵化器累计毕业企业数（个）	2114	2255
科技企业孵化器总收入（亿元）	5.12	5.87
企业研究开发费用加计扣除减免税额（亿元）	20.08	12.03
高新技术企业减免税额（亿元）	13.47	16.94
高新技术企业减免税额占全国比重（%）	0.95	1.03
信息传输、软件和信息技术服务业固定资产投资（亿元）	176.28	476.36
信息传输、软件和信息技术服务业固定资产投资占比重（%）	1.58	3.93
邮政业务总量（亿元）	94.55	122.19
电信业务总量（亿元）	1769.31	2119.90
邮电业务总量与地区生产总值比值（万元/亿元）	1589.40	1829.38
固定电话和移动电话用户数（万户）	3355.07	3287.85

吉林创新能力监测指标（2）

指标名称	2019	2020
百人固定电话和移动电话用户数（户）	137.05	137.04
移动互联网用户数（万户）	2304.81	2445.03
万人移动互联网用户数（万户）	0.94	1.02
有效商标注册数（万件）	21.63	25.37
百万人有效商标注册数（件）	8833.99	10573.85
地区生产总值（亿元）	11726.80	12256.00
第二产业增加值（亿元）	4134.80	4319.90
第二产业增加值占地区生产总值比重（%）	35.26	35.25
工业增加值（亿元）	3347.80	3501.20
工业增加值占地区生产总值比重（%）	28.55	28.57
装备制造业营业收入（亿元）	8195.37	7550.56
装备制造业营业收入占营业收入比重（%）	58.69	57.09
人均地区生产总值（元）	43475	50561
城镇登记失业人员数（万人）	23.91	20.61
城镇登记失业率（%）	3.11	3.42
客运量（亿人）	3.16	1.53
旅客周转量（亿人公里）	424.89	198.86
货运量（亿吨）	4.32	4.48
货物周转量（亿吨公里）	1802.73	1865.06
研究与试验发展（R&D）经费支出（亿元）	148.38	159.51
R&D经费支出与地区生产总值之比（%）	1.27	1.30
R&D经费中基础研究经费支出（亿元）	20.22	26.87
R&D经费中应用研究经费支出（亿元）	31.49	28.16
R&D经费中试验发展经费支出（亿元）	96.68	104.47
R&D经费中基础研究经费支出占比重（%）	13.63	16.85
R&D经费中应用研究经费支出占比重（%）	21.22	17.66
R&D经费中试验发展经费支出占比重（%）	65.15	65.50
R&D经费中政府资金经费支出（亿元）	85.71	65.88
R&D经费中企业资金经费支出（亿元）	57.20	91.10
R&D经费中政府资金经费支出占比重（%）	57.76	41.30
R&D经费中企业资金经费支出占比重（%）	38.55	57.11
高校R&D经费支出（亿元）	28.59	29.00

吉林创新能力监测指标（3）

指标名称	2019	2020
研究机构R&D经费支出（亿元）	46.16	—
高校R&D经费支出占全社会R&D经费比重（%）	19.27	18.18
研究机构R&D经费支出占全社会R&D经费比重（%）	31.11	—
高新技术企业R&D经费支出（亿元）	42.32	56.00
高新技术企业R&D经费支出占全社会R&D经费比重（%）	28.52	35.11
财政性教育经费支出（亿元）	500.53	526.69
财政性教育经费支出与地区生产总值比值（万元/亿元）	426.82	429.74
地方财政科技支出（亿元）	39.18	39.94
地方财政科技支出占地方财政支出比重（%）	1.00	0.97
地方财政科技支出与地区生产总值比值（万元/亿元）	33.41	32.59
R&D人员全时当量（人年）	42323	44472
万人R&D人员全时当量（人年）	17.29	18.54
R&D人员中基础研究人员数（人年）	14486	15879
R&D人员中应用研究人员数（人年）	11658	13945
R&D人员中试验发展人员数（人年）	16181	14649
R&D人员中基础研究人员占比重（%）	34.23	35.71
R&D人员中应用研究人员占比重（%）	27.54	31.36
R&D人员中试验发展人员占比重（%）	38.23	32.94
R&D研究人员全时当量（人年）	28543	30712
R&D研究人员占全社会R&D人员比重（%）	67.44	69.06
高校R&D人员全时当量（人年）	19524	22560
研究机构R&D人员全时当量（人年）	7755	—
高校R&D人员占全社会R&D人员比重（%）	46.13	50.73
研究机构R&D人员占全社会R&D人员比重（%）	18.32	—
高技术产业R&D经费支出（亿元）	7.97	12.41
高技术产业R&D经费支出占全社会R&D经费比重（%）	5.37	7.78
高技术产业R&D经费支出占营业收入比重（%）	1.29	2.08
高技术产业引进技术经费支出（万元）	150.00	74.00
高技术产业消化吸收经费支出（万元）	0	165.30
高技术产业购买境内技术经费支出（万元）	4344.20	4767.20
高技术产业技术改造经费支出（万元）	4746.10	7545.60

吉林创新能力监测指标（4）

指标名称	2019	2020
高技术产业技术获取和技术改造经费支出占营业收入比重（%）	0.15	0.21
高技术产业新产品研发经费支出（亿元）	19.78	19.82
高技术产业新产品研发经费支出占新产品销售收入比重（%）	13.39	12.74
高技术产业R&D人员全时当量（人年）	2138	2928
高技术产业R&D人员占全社会R&D人员比重（%）	5.05	6.58
高新技术企业R&D人员全时当量（人年）	12201	15209
高新技术企业R&D人员占全社会R&D人员比重（%）	28.83	34.20
科学研究和技术服务业固定资产（亿元）	186.32	211.24
科学研究和技术服务业固定资产占比重（%）	1.67	1.74
开展创新活动的企业数（个）	1246	1247
开展创新活动的企业占比重（%）	40.96	40.99
实现创新的企业数（个）	1143	1185
实现创新企业占比重（%）	37.57	38.96
企业创新费用支出（亿元）	616.90	227.10
企业R&D经费支出（亿元）	68.41	77.64
企业R&D经费支出占创新费用支出比重（%）	11.09	34.19
企业R&D经费支出占全社会R&D经费比重（%）	46.10	48.68
企业R&D经费支出占营业收入比重（%）	0.49	0.59
企业引进技术经费支出（亿元）	48.24	25.55
企业消化吸收经费支出（亿元）	0	0.02
企业购买境内技术经费支出（亿元）	20.13	15.62
企业技术改造经费支出（亿元）	389.73	15.53
企业技术获取和技术改造经费支出（亿元）	458.10	56.72
企业技术获取和技术改造经费支出占营业收入比重（%）	3.28	0.43
企业科学研究经费支出占企业R&D经费支出比重（%）	3.56	5.86
研究机构来源于企业的R&D经费支出（亿元）	1.09	—
高校来源于企业的R&D经费支出（亿元）	5.71	8.37
研究机构和高校R&D经费支出中企业资金占比重（%）	9.10	—
企业平均吸纳技术成交额（万元）	1531.62	1740.36
企业R&D人员全时当量（人年）	11849	11806

吉林创新能力监测指标（5）

指标名称	2019	2020
企业R&D研究人员全时当量（人年）	5447	8605
企业R&D研究人员占全社会R&D研究人员比重（%）	19.08	28.02
万名企业就业人员中R&D人员数（人年）	133.12	154.85
有R&D活动的企业数（个）	323	354
有R&D活动的企业占工业企业比重（%）	10.62	11.63
有研究机构的企业数（个）	136	150
有研究机构的企业占工业企业比重（%）	4.47	4.93
企业专利申请数（件）	6256	6476
企业发明专利申请数（件）	2386	2764
企业发明专利拥有量（件）	4853	6696
万名企业就业人员发明专利拥有量（件）	54.52	87.83
发明专利申请数（件）	11269	11113
实用新型专利申请数（件）	17280	20552
外观设计专利申请数（件）	2503	2773
研究机构专利申请数（件）	1337	—
研究机构发明专利申请数（件）	1230	—
高校专利申请数（件）	6173	6804
高校发明专利申请数（件）	3945	3504
万人发明专利申请数（件）	4.60	4.63
亿元R&D经费支出发明专利申请数（件）	75.95	69.67
发明专利授权数（件）	3006	3969
实用新型专利授权数（件）	10926	17363
外观设计专利授权数（件）	1647	2619
万人发明专利授权数（件）	1.23	1.65
亿元R&D经费支出发明专利授权数（件）	20.26	24.88
发明专利拥有量（件）	14696	17260
实用新型专利拥有量（件）	33330	45570
外观设计专利拥有量（件）	6040	7552
研究机构发明专利拥有量（件）	3294	—
高校发明专利拥有量（件）	6202	7850

吉林创新能力监测指标（6）

指标名称	2019	2020
万人发明专利拥有量（件）	6.00	7.19
国内科技论文数（篇）	9248	8579
万人国内科技论文数（篇）	3.78	3.58
SCI 收录科技论文数（篇）	10902	11040
EI 收录科技论文数（篇）	6377	8377
CPCI-S 收录科技论文数（篇）	645	417
万人国际科技论文数（篇）	7.32	8.27
技术市场成交合同数（项）	4548	5361
技术市场输出技术成交额（亿元）	474.13	462.15
万人输出技术成交额（万元）	1936.82	1926.26
国外技术引进合同数（项）	65	81
国外技术引进合同成交额（亿美元）	1.28	2.92
万人国外技术引进合同成交额（万美元）	5.22	12.15
国外技术引进合同成交额中技术经费（亿美元）	1.27	2.91
国外技术引进合同成交额中技术经费占比重（%）	99.66	99.95
百万人技术国际收入（万美元）	352.21	413.19
高技术产业有效发明专利数（件）	1295	1489
万名高技术产业就业人员有效发明专利数（件）	187.29	210.29
高技术产业营业收入（亿元）	616.53	596.60
高技术产业营业收入占工业营业收入比重（%）	4.42	4.51
高技术产业新产品销售收入（亿元）	147.69	155.53
高技术产业新产品销售收入占营业收入比重（%）	23.96	26.07
万元地区生产总值高技术产业营业收入（万元）	0.05	0.05
新产品销售收入（亿元）	2627.59	2240.03
新产品销售收入占营业收入比重（%）	18.82	16.94
商品出口额（亿美元）	52.80	46.61
商品出口额与地区生产总值比值（万美元/亿元）	45.02	38.03
高技术产品出口额（亿美元）	4.20	3.43
高技术产品出口额占商品出口额比重（%）	7.96	7.37

吉林创新能力监测指标（7）

指标名称	2019	2020
第三产业增加值（亿元）	6304.70	6383.10
第三产业增加值占地区生产总值比重（%）	53.76	52.08
高新技术企业数（个）	1691	2491
高新技术企业年末从业人员数（万人）	23.18	29.20
高新技术企业营业收入（亿元）	2782.24	4033.20
高新技术企业技术收入（亿元）	100.32	276.23
高新技术企业技术收入占营业收入比重（%）	3.61	6.85
高新技术企业净利润（亿元）	218.40	254.32
高新技术企业利润率（%）	7.85	6.31
高新技术企业出口总额（亿元）	85.76	99.66
劳动生产率（万元/人）	11.27	13.32
固定资本形成总额（亿元）	7646.81	7997.39
资本生产率（万元/万元）	0.21	0.21
综合能耗产出率（元/千克标准煤）	17.88	18.17
空气达到二级以上天数（天）	317	314
空气达到二级以上天数占比重（%）	86.82	85.91
废水中化学需氧量排放量（万吨）	7.65	56.25
废水中化学需氧量排放降低率（%）	5.07	-634.85
二氧化硫排放量（万吨）	9.84	6.84
二氧化硫排放降低率（%）	-9.81	30.47
万元地区生产总值用水量（立方米）	98.41	95.60
万元地区生产总值用水量降低率（%）	-24.14	2.85
废水中氨氮排放量（万吨）	0.53	0.96
废水中氨氮排放降低率（%）	20.44	-79.77
固体废物产生量（万吨）	5362	4676
固体废物综合利用量（万吨）	2885	2407
固体废物综合治理率（%）	82.90	83.81
生活垃圾无害化处理率（%）	90.24	100.00
污水处理率（%）	95.19	97.69
建成区绿化覆盖率（%）	39.18	40.40

黑龙江创新能力监测指标（1）

指标名称	2019	2020
大专以上学历人数（万人）	521.54	471.14
万人大专以上学历人数（人）	1436.85	1526.86
高等学校数（个）	81	80
高校在校学生数（万人）	82.38	85.46
十万人高校在校学生数（人）	2531.00	2695.24
高校（机构）硕士毕业生数（人）	18826	21215
十万人硕士毕业生数（人）	57.84	66.91
高校（机构）博士毕业生数（人）	1923	1884
十万人博士毕业生数（人）	5.91	5.94
研究机构数（个）	112	—
科技企业孵化器管理机构从业人员数（人）	2272	2233
国家级孵化器管理机构从业人员数（人）	406	457
国家大学科技园管理机构从业人员数（人）	155	158
火炬计划特色产业基地企业从业人员数（人）	162063	132907
国家级示范生产力促进中心人员数（人）	353	190
众创空间服务人员数（人）	487	442
众创空间数（个）	54	47
科技企业孵化器数（个）	182	198
国家级科技企业孵化器数（个）	19	21
科技企业孵化器在孵企业数（个）	6313	6886
科技企业孵化器累计毕业企业数（个）	3345	3452
科技企业孵化器总收入（亿元）	4.25	5.15
企业研究开发费用加计扣除减免税额（亿元）	11.45	10.58
高新技术企业减免税额（亿元）	6.63	7.24
高新技术企业减免税额占全国比重（%）	0.47	0.44
信息传输、软件和信息技术服务业固定资产投资（亿元）	212.49	212.44
信息传输、软件和信息技术服务业固定资产投资占比重（%）	1.89	1.83
邮政业务总量（亿元）	114.68	143.34
电信业务总量（亿元）	1732.45	2092.50
邮电业务总量与地区生产总值比值（万元/亿元）	1363.76	1639.97
固定电话和移动电话用户数（万户）	4268.93	4143.21

黑龙江创新能力监测指标（2）

指标名称	2019	2020
百人固定电话和移动电话用户数（户）	131.15	130.66
移动互联网用户数（万户）	2901.75	2980.34
万人移动互联网用户数（万户）	0.89	0.94
有效商标注册数（万件）	27.28	32.12
百万人有效商标注册数（件）	8381.90	10129.27
地区生产总值（亿元）	13544.40	13633.40
第二产业增加值（亿元）	3640.10	3449.90
第二产业增加值占地区生产总值比重（%）	26.88	25.30
工业增加值（亿元）	3334.00	3121.80
工业增加值占地区生产总值比重（%）	24.62	22.90
装备制造业营业收入（亿元）	1317.59	1470.10
装备制造业营业收入占营业收入比重（%）	13.10	14.85
人均地区生产总值（元）	36001	42432
城镇登记失业人员数（万人）	34.69	31.02
城镇登记失业率（%）	3.53	3.37
客运量（亿人）	2.98	1.23
旅客周转量（亿人公里）	429.00	177.54
货运量（亿吨）	5.05	4.87
货物周转量（亿吨公里）	1615.08	1584.76
研究与试验发展（R&D）经费支出（亿元）	146.55	173.16
R&D经费支出与地区生产总值之比（%）	1.08	1.27
R&D经费中基础研究经费支出（亿元）	25.66	23.03
R&D经费中应用研究经费支出（亿元）	33.58	55.06
R&D经费中试验发展经费支出（亿元）	87.31	95.07
R&D经费中基础研究经费支出占比重（%）	17.51	13.30
R&D经费中应用研究经费支出占比重（%）	22.91	31.80
R&D经费中试验发展经费支出占比重（%）	59.58	54.90
R&D经费中政府资金经费支出（亿元）	52.38	72.49
R&D经费中企业资金经费支出（亿元）	83.77	96.45
R&D经费中政府资金经费支出占比重（%）	35.74	41.86
R&D经费中企业资金经费支出占比重（%）	57.16	55.70
高校R&D经费支出（亿元）	51.22	55.95

黑龙江创新能力监测指标（3）

指标名称	2019	2020
研究机构R&D经费支出（亿元）	18.78	—
高校R&D经费支出占全社会R&D经费比重（%）	34.95	32.31
研究机构R&D经费支出占全社会R&D经费比重（%）	12.81	—
高新技术企业R&D经费支出（亿元）	55.03	71.03
高新技术企业R&D经费支出占全社会R&D经费比重（%）	37.55	41.02
财政性教育经费支出（亿元）	555.13	562.42
财政性教育经费支出与地区生产总值比值（万元/亿元）	409.86	412.53
地方财政科技支出（亿元）	42.16	42.98
地方财政科技支出占地方财政支出比重（%）	0.84	0.79
地方财政科技支出与地区生产总值比值（万元/亿元）	31.13	31.53
R&D人员全时当量（人年）	44394	44205
万人R&D人员全时当量（人年）	13.64	13.94
R&D人员中基础研究人员数（人年）	14797	12279
R&D人员中应用研究人员数（人年）	10888	13843
R&D人员中试验发展人员数（人年）	18709	18082
R&D人员中基础研究人员占比重（%）	33.33	27.78
R&D人员中应用研究人员占比重（%）	24.53	31.32
R&D人员中试验发展人员占比重（%）	42.14	40.91
R&D研究人员全时当量（人年）	32070	31834
R&D研究人员占全社会R&D人员比重（%）	72.24	72.01
高校R&D人员全时当量（人年）	20744	21290
研究机构R&D人员全时当量（人年）	5942	—
高校R&D人员占全社会R&D人员比重（%）	46.73	48.16
研究机构R&D人员占全社会R&D人员比重（%）	13.38	—
高技术产业R&D经费支出（亿元）	10.08	10.45
高技术产业R&D经费支出占全社会R&D经费比重（%）	6.88	6.04
高技术产业R&D经费支出占营业收入比重（%）	2.40	3.68
高技术产业引进技术经费支出（万元）	82.00	88.00
高技术产业消化吸收经费支出（万元）	0	88.00
高技术产业购买境内技术经费支出（万元）	950.30	1266.20
高技术产业技术改造经费支出（万元）	64809.30	91358.80

黑龙江创新能力监测指标（4）

指标名称	2019	2020
高技术产业技术获取和技术改造经费支出占营业收入比重（%）	1.57	3.27
高技术产业新产品研发经费支出（亿元）	18.21	22.22
高技术产业新产品研发经费支出占新产品销售收入比重（%）	9.93	13.07
高技术产业R&D人员全时当量（人年）	3898	3411
高技术产业R&D人员占全社会R&D人员比重（%）	8.78	7.72
高新技术企业R&D人员全时当量（人年）	16835	20708
高新技术企业R&D人员占全社会R&D人员比重（%）	37.92	46.85
科学研究和技术服务业固定资产（亿元）	507.38	708.41
科学研究和技术服务业固定资产占比重（%）	4.52	6.09
开展创新活动的企业数（个）	1334	1545
开展创新活动的企业占比重（%）	37.73	40.27
实现创新的企业数（个）	1271	1471
实现创新企业占比重（%）	35.95	38.34
企业创新费用支出（亿元）	143.90	149.40
企业R&D经费支出（亿元）	71.49	77.46
企业R&D经费支出占创新费用支出比重（%）	49.68	51.85
企业R&D经费支出占全社会R&D经费比重（%）	48.78	44.74
企业R&D经费支出占营业收入比重（%）	0.71	0.78
企业引进技术经费支出（亿元）	0.76	0.10
企业消化吸收经费支出（亿元）	0.47	0.06
企业购买境内技术经费支出（亿元）	6.66	1.85
企业技术改造经费支出（亿元）	32.98	31.60
企业技术获取和技术改造经费支出（亿元）	40.87	33.60
企业技术获取和技术改造经费支出占营业收入比重（%）	0.41	0.34
企业科学研究经费支出占企业R&D经费支出比重（%）	3.93	5.54
研究机构来源于企业的R&D经费支出（亿元）	0.05	—
高校来源于企业的R&D经费支出（亿元）	16.70	19.45
研究机构和高校R&D经费支出中企业资金占比重（%）	23.93	—
企业平均吸纳技术成交额（万元）	328.90	495.61
企业R&D人员全时当量（人年）	15054	14272

黑龙江创新能力监测指标（5）

指标名称	2019	2020
企业R&D研究人员全时当量（人年）	6901	9184
企业R&D研究人员占全社会R&D研究人员比重（%）	21.52	28.85
万名企业就业人员中R&D人员数（人年）	176.09	170.66
有R&D活动的企业数（个）	330	486
有R&D活动的企业占工业企业比重（%）	9.35	12.68
有研究机构的企业数（个）	133	171
有研究机构的企业占工业企业比重（%）	3.77	4.46
企业专利申请数（件）	4449	5963
企业发明专利申请数（件）	2060	2650
企业发明专利拥有量（件）	6232	8260
万名企业就业人员发明专利拥有量（件）	72.90	98.77
发明专利申请数（件）	13125	13163
实用新型专利申请数（件）	20406	26058
外观设计专利申请数（件）	3782	4031
研究机构专利申请数（件）	721	—
研究机构发明专利申请数（件）	347	—
高校专利申请数（件）	9081	6619
高校发明专利申请数（件）	6596	5096
万人发明专利申请数（件）	4.03	4.15
亿元R&D经费支出发明专利申请数（件）	89.56	76.02
发明专利授权数（件）	4144	4598
实用新型专利授权数（件）	13308	20211
外观设计专利授权数（件）	2537	3666
万人发明专利授权数（件）	1.27	1.45
亿元R&D经费支出发明专利授权数（件）	28.28	26.55
发明专利拥有量（件）	24526	27336
实用新型专利拥有量（件）	42501	53491
外观设计专利拥有量（件）	7712	9483
研究机构发明专利拥有量（件）	1336	—
高校发明专利拥有量（件）	17013	19278

黑龙江创新能力监测指标（6）

指标名称	2019	2020
万人发明专利拥有量（件）	7.53	8.62
国内科技论文数（篇）	10633	10021
万人国内科技论文数（篇）	3.27	3.16
SCI 收录科技论文数（篇）	11730	11927
EI 收录科技论文数（篇）	9131	10803
CPCI-S 收录科技论文数（篇）	1368	903
万人国际科技论文数（篇）	6.83	7.45
技术市场成交合同数（项）	3793	5126
技术市场输出技术成交额（亿元）	232.88	265.20
万人输出技术成交额（万元）	715.46	836.36
国外技术引进合同数（项）	20	11
国外技术引进合同成交额（亿美元）	6.72	3.42
万人国外技术引进合同成交额（万美元）	20.63	10.78
国外技术引进合同成交额中技术经费（亿美元）	6.67	3.42
国外技术引进合同成交额中技术经费占比重（%）	99.30	100.00
百万人技术国际收入（万美元）	110.50	412.19
高技术产业有效发明专利数（件）	1482	1629
万名高技术产业就业人员有效发明专利数（件）	278.99	378.63
高技术产业营业收入（亿元）	420.24	284.17
高技术产业营业收入占工业营业收入比重（%）	4.18	2.87
高技术产业新产品销售收入（亿元）	183.49	169.94
高技术产业新产品销售收入占营业收入比重（%）	43.66	59.80
万元地区生产总值高技术产业营业收入（万元）	0.03	0.02
新产品销售收入（亿元）	733.62	820.75
新产品销售收入占营业收入比重（%）	7.29	8.29
商品出口额（亿美元）	56.27	54.10
商品出口额与地区生产总值比值（万美元/亿元）	41.55	39.68
高技术产品出口额（亿美元）	4.50	7.59
高技术产品出口额占商品出口额比重（%）	7.99	14.03

黑龙江创新能力监测指标（7）

指标名称	2019	2020
第三产业增加值（亿元）	6721.10	6738.50
第三产业增加值占地区生产总值比重（%）	49.62	49.43
高新技术企业数（个）	1230	1898
高新技术企业年末从业人员数（万人）	22.36	25.95
高新技术企业营业收入（亿元）	2466.95	3040.53
高新技术企业技术收入（亿元）	180.89	229.59
高新技术企业技术收入占营业收入比重（%）	7.33	7.55
高新技术企业净利润（亿元）	106.59	99.51
高新技术企业利润率（%）	4.32	3.27
高新技术企业出口总额（亿元）	125.23	142.41
劳动生产率（万元/人）	10.70	13.03
固定资本形成总额（亿元）	8017.00	8102.69
资本生产率（万元/万元）	0.25	0.27
综合能耗产出率（元/千克标准煤）	13.04	13.26
空气达到二级以上天数（天）	330	326
空气达到二级以上天数占比重（%）	90.53	89.03
废水中化学需氧量排放量（万吨）	15.87	149.17
废水中化学需氧量排放降低率（%）	-2.22	-839.65
二氧化硫排放量（万吨）	13.49	14.32
二氧化硫排放降低率（%）	7.64	-6.14
万元地区生产总值用水量（立方米）	228.02	229.30
万元地区生产总值用水量降低率（%）	-8.49	-0.56
废水中氨氮排放量（万吨）	1.37	2.42
废水中氨氮排放降低率（%）	7.54	-76.26
固体废物产生量（万吨）	9799	6769
固体废物综合利用量（万吨）	4560	3166
固体废物综合治理率（%）	60.71	66.39
生活垃圾无害化处理率（%）	95.49	99.87
污水处理率（%）	92.78	95.98
建成区绿化覆盖率（%）	36.39	36.88

上海创新能力监测指标（1）

指标名称	2019	2020
大专以上学历人数（万人）	704.62	842.42
万人大专以上学历人数（人）	3073.48	3534.89
高等学校数（个）	64	63
高校在校学生数（万人）	88.87	92.60
十万人高校在校学生数（人）	3582.00	3721.66
高校（机构）硕士毕业生数（人）	40288	46141
十万人硕士毕业生数（人）	162.39	185.44
高校（机构）博士毕业生数（人）	5752	6061
十万人博士毕业生数（人）	23.18	24.36
研究机构数（个）	131	—
科技企业孵化器管理机构从业人员数（人）	2412	2218
国家级孵化器管理机构从业人员数（人）	1038	1106
国家大学科技园管理机构从业人员数（人）	322	320
火炬计划特色产业基地企业从业人员数（人）	210003	211085
国家级示范生产力促进中心人员数（人）	18	18
众创空间服务人员数（人）	1748	1335
众创空间数（个）	164	144
科技企业孵化器数（个）	175	165
国家级科技企业孵化器数（个）	55	61
科技企业孵化器在孵企业数（个）	8384	7427
科技企业孵化器累计毕业企业数（个）	3837	4064
科技企业孵化器总收入（亿元）	20.55	20.12
企业研究开发费用加计扣除减免税额（亿元）	95.28	114.57
高新技术企业减免税额（亿元）	63.86	78.10
高新技术企业减免税额占全国比重（%）	4.49	4.76
信息传输、软件和信息技术服务业固定资产投资（亿元）	161.73	158.51
信息传输、软件和信息技术服务业固定资产投资占比重（%）	2.02	1.80
邮政业务总量（亿元）	770.04	848.14
电信业务总量（亿元）	2240.43	2824.19
邮电业务总量与地区生产总值比值（万元/亿元）	792.49	942.51
固定电话和移动电话用户数（万户）	4651.30	4914.10

上海创新能力监测指标（2）

指标名称	2019	2020
百人固定电话和移动电话用户数（户）	187.48	197.49
移动互联网用户数（万户）	3197.44	3365.70
万人移动互联网用户数（万户）	1.29	1.35
有效商标注册数（万件）	147.26	173.74
百万人有效商标注册数（件）	59356.19	69823.02
地区生产总值（亿元）	37987.60	38963.30
第二产业增加值（亿元）	10193.60	10258.60
第二产业增加值占地区生产总值比重（%）	26.83	26.33
工业增加值（亿元）	9565.10	9625.50
工业增加值占地区生产总值比重（%）	25.18	24.70
装备制造业营业收入（亿元）	22327.99	22572.65
装备制造业营业收入占营业收入比重（%）	55.91	57.11
人均地区生产总值（元）	156587	156803
城镇登记失业人员数（万人）	19.34	19.67
城镇登记失业率（%）	3.55	3.67
客运量（亿人）	1.64	0.92
旅客周转量（亿人公里）	226.94	114.56
货运量（亿吨）	12.11	13.88
货物周转量（亿吨公里）	30324.90	32795.00
研究与试验发展（R&D）经费支出（亿元）	1524.55	1615.69
R&D经费支出与地区生产总值之比（%）	4.01	4.15
R&D经费中基础研究经费支出（亿元）	135.31	128.28
R&D经费中应用研究经费支出（亿元）	199.03	190.90
R&D经费中试验发展经费支出（亿元）	1190.22	1296.51
R&D经费中基础研究经费支出占比重（%）	8.88	7.94
R&D经费中应用研究经费支出占比重（%）	13.05	11.82
R&D经费中试验发展经费支出占比重（%）	78.07	80.24
R&D经费中政府资金经费支出（亿元）	549.02	526.54
R&D经费中企业资金经费支出（亿元）	910.50	1026.75
R&D经费中政府资金经费支出占比重（%）	36.01	32.59
R&D经费中企业资金经费支出占比重（%）	59.72	63.55
高校R&D经费支出（亿元）	154.81	144.34

上海创新能力监测指标（3）

指标名称	2019	2020
研究机构R&D经费支出（亿元）	378.84	—
高校R&D经费支出占全社会R&D经费比重（%）	10.15	8.93
研究机构R&D经费支出占全社会R&D经费比重（%）	24.85	—
高新技术企业R&D经费支出（亿元）	571.17	722.23
高新技术企业R&D经费支出占全社会R&D经费比重（%）	37.46	44.70
财政性教育经费支出（亿元）	995.70	1000.59
财政性教育经费支出与地区生产总值比值（万元/亿元）	262.11	256.80
地方财政科技支出（亿元）	389.54	406.20
地方财政科技支出占地方财政支出比重（%）	4.76	5.01
地方财政科技支出与地区生产总值比值（万元/亿元）	102.54	104.25
R&D人员全时当量（人年）	198646	228621
万人R&D人员全时当量（人年）	80.07	91.88
R&D人员中基础研究人员数（人年）	29252	32966
R&D人员中应用研究人员数（人年）	34104	34943
R&D人员中试验发展人员数（人年）	135333	160715
R&D人员中基础研究人员占比重（%）	14.73	14.42
R&D人员中应用研究人员占比重（%）	17.17	15.28
R&D人员中试验发展人员占比重（%）	68.13	70.30
R&D研究人员全时当量（人年）	110610	128355
R&D研究人员占全社会R&D人员比重（%）	55.68	56.14
高校R&D人员全时当量（人年）	38725	45288
研究机构R&D人员全时当量（人年）	31311	—
高校R&D人员占全社会R&D人员比重（%）	19.49	19.81
研究机构R&D人员占全社会R&D人员比重（%）	15.76	—
高技术产业R&D经费支出（亿元）	163.54	213.53
高技术产业R&D经费支出占全社会R&D经费比重（%）	10.73	13.22
高技术产业R&D经费支出占营业收入比重（%）	2.20	2.70
高技术产业引进技术经费支出（万元）	111063.30	3891.60
高技术产业消化吸收经费支出（万元）	47119.70	21296.30
高技术产业购买境内技术经费支出（万元）	127663.10	16190.90
高技术产业技术改造经费支出（万元）	120472.50	86004.10

上海创新能力监测指标（4）

指标名称	2019	2020
高技术产业技术获取和技术改造经费支出占营业收入比重（%）	0.55	0.16
高技术产业新产品研发经费支出（亿元）	223.33	262.83
高技术产业新产品研发经费支出占新产品销售收入比重（%）	13.91	16.37
高技术产业R&D人员全时当量（人年）	21887	26917
高技术产业R&D人员占全社会R&D人员比重（%）	11.02	11.77
高新技术企业R&D人员全时当量（人年）	116675	136413
高新技术企业R&D人员占全社会R&D人员比重（%）	58.74	59.67
科学研究和技术服务业固定资产（亿元）	58.33	69.01
科学研究和技术服务业固定资产占比重（%）	0.73	0.78
开展创新活动的企业数（个）	5064	5164
开展创新活动的企业占比重（%）	57.73	58.66
实现创新的企业数（个）	4812	4897
实现创新企业占比重（%）	54.86	55.63
企业创新费用支出（亿元）	1240.30	1217.00
企业R&D经费支出（亿元）	590.65	635.01
企业R&D经费支出占创新费用支出比重（%）	47.62	52.18
企业R&D经费支出占全社会R&D经费比重（%）	38.74	39.30
企业R&D经费支出占营业收入比重（%）	1.48	1.61
企业引进技术经费支出（亿元）	142.28	97.15
企业消化吸收经费支出（亿元）	77.73	56.03
企业购买境内技术经费支出（亿元）	42.27	30.42
企业技术改造经费支出（亿元）	196.10	194.25
企业技术获取和技术改造经费支出（亿元）	458.38	377.85
企业技术获取和技术改造经费支出占营业收入比重（%）	1.15	0.96
企业科学研究经费支出占企业R&D经费支出比重（%）	0.97	1.27
研究机构来源于企业的R&D经费支出（亿元）	9.77	—
高校来源于企业的R&D经费支出（亿元）	37.77	47.08
研究机构和高校R&D经费支出中企业资金占比重（%）	8.91	—
企业平均吸纳技术成交额（万元）	1003.52	1320.81
企业R&D人员全时当量（人年）	80694	87957

上海创新能力监测指标（5）

指标名称	2019	2020
企业R&D研究人员全时当量（人年）	32882	49232
企业R&D研究人员占全社会R&D研究人员比重（%）	29.73	38.36
万名企业就业人员中R&D人员数（人年）	418.78	478.78
有R&D活动的企业数（个）	2349	2498
有R&D活动的企业占工业企业比重（%）	26.77	28.37
有研究机构的企业数（个）	642	743
有研究机构的企业占工业企业比重（%）	7.32	8.44
企业专利申请数（件）	35326	40630
企业发明专利申请数（件）	15239	17544
企业发明专利拥有量（件）	53559	62147
万名企业就业人员发明专利拥有量（件）	277.95	338.29
发明专利申请数（件）	71398	81042
实用新型专利申请数（件）	80604	104791
外观设计专利申请数（件）	21584	24460
研究机构专利申请数（件）	5175	—
研究机构发明专利申请数（件）	4379	—
高校专利申请数（件）	14235	15671
高校发明专利申请数（件）	11559	12099
万人发明专利申请数（件）	28.78	32.57
亿元R&D经费支出发明专利申请数（件）	46.83	50.16
发明专利授权数（件）	22735	24208
实用新型专利授权数（件）	61640	92249
外观设计专利授权数（件）	16212	23323
万人发明专利授权数（件）	9.16	9.73
亿元R&D经费支出发明专利授权数（件）	14.91	14.98
发明专利拥有量（件）	129768	145604
实用新型专利拥有量（件）	252308	320272
外观设计专利拥有量（件）	61434	76650
研究机构发明专利拥有量（件）	13463	—
高校发明专利拥有量（件）	25991	31493

上海创新能力监测指标（6）

指标名称	2019	2020
万人发明专利拥有量（件）	52.30	58.52
国内科技论文数（篇）	32471	32333
万人国内科技论文数（篇）	13.09	12.99
SCI 收录科技论文数（篇）	35349	36370
EI 收录科技论文数（篇）	20198	23585
CPCI-S 收录科技论文数（篇）	4767	2982
万人国际科技论文数（篇）	24.31	25.29
技术市场成交合同数（项）	35928	26356
技术市场输出技术成交额（亿元）	1422.35	1583.22
万人输出技术成交额（万元）	5732.99	6362.87
国外技术引进合同数（项）	2209	1553
国外技术引进合同成交额（亿美元）	65.62	48.64
万人国外技术引进合同成交额（万美元）	264.48	195.49
国外技术引进合同成交额中技术经费（亿美元）	64.99	48.05
国外技术引进合同成交额中技术经费占比重（%）	99.04	98.77
百万人技术国际收入（万美元）	77172.19	82145.82
高技术产业有效发明专利数（件）	20036	23884
万名高技术产业就业人员有效发明专利数（件）	435.11	533.01
高技术产业营业收入（亿元）	7438.40	7912.61
高技术产业营业收入占工业营业收入比重（%）	18.63	20.02
高技术产业新产品销售收入（亿元）	1605.18	1605.80
高技术产业新产品销售收入占营业收入比重（%）	21.58	20.29
万元地区生产总值高技术产业营业收入（万元）	0.20	0.20
新产品销售收入（亿元）	10140.95	10159.22
新产品销售收入占营业收入比重（%）	25.39	25.70
商品出口额（亿美元）	1700.97	1672.62
商品出口额与地区生产总值比值（万美元/亿元）	447.77	429.28
高技术产品出口额（亿美元）	818.13	835.38
高技术产品出口额占商品出口额比重（%）	48.10	49.94

上海创新能力监测指标（7）

指标名称	2019	2020
第三产业增加值（亿元）	27686.90	28597.10
第三产业增加值占地区生产总值比重（%）	72.88	73.39
高新技术企业数（个）	12619	16614
高新技术企业年末从业人员数（万人）	178.48	195.26
高新技术企业营业收入（亿元）	30281.19	34286.36
高新技术企业技术收入（亿元）	7167.31	8837.45
高新技术企业技术收入占营业收入比重（%）	23.67	25.78
高新技术企业净利润（亿元）	2138.35	2190.14
高新技术企业利润率（%）	7.06	6.39
高新技术企业出口总额（亿元）	2972.18	2882.22
劳动生产率（万元/人）	23.08	23.51
固定资本形成总额（亿元）	13778.88	13995.44
资本生产率（万元/万元）	0.37	0.36
综合能耗产出率（元/千克标准煤）	25.14	26.93
空气达到二级以上天数（天）	309	319
空气达到二级以上天数占比重（%）	84.66	87.16
废水中化学需氧量排放量（万吨）	5.56	7.29
废水中化学需氧量排放降低率（%）	10.42	-31.00
二氧化硫排放量（万吨）	0.75	0.54
二氧化硫排放降低率（%）	32.30	27.62
万元地区生产总值用水量（立方米）	26.44	25.19
万元地区生产总值用水量降低率（%）	16.42	4.73
废水中氨氮排放量（万吨）	0.73	0.30
废水中氨氮排放降低率（%）	9.87	58.90
固体废物产生量（万吨）	1826	1809
固体废物综合利用量（万吨）	1676	1702
固体废物综合治理率（%）	99.95	100.00
生活垃圾无害化处理率（%）	100.00	100.00
污水处理率（%）	96.27	96.68
建成区绿化覆盖率（%）	36.84	37.32

江苏创新能力监测指标（1）

指标名称	2019	2020
大专以上学历人数（万人）	1329.62	1581.68
万人大专以上学历人数（人）	1755.83	1975.95
高等学校数（个）	167	167
高校在校学生数（万人）	280.41	309.66
十万人高校在校学生数（人）	3311.00	3652.85
高校（机构）硕士毕业生数（人）	45134	51948
十万人硕士毕业生数（人）	53.29	61.28
高校（机构）博士毕业生数（人）	4975	5028
十万人博士毕业生数（人）	5.87	5.93
研究机构数（个）	128	—
科技企业孵化器管理机构从业人员数（人）	11205	11365
国家级孵化器管理机构从业人员数（人）	3409	3583
国家大学科技园管理机构从业人员数（人）	280	291
火炬计划特色产业基地企业从业人员数（人）	2997034	3178534
国家级示范生产力促进中心人员数（人）	647	614
众创空间服务人员数（人）	8941	8132
众创空间数（个）	836	898
科技企业孵化器数（个）	832	928
国家级科技企业孵化器数（个）	201	219
科技企业孵化器在孵企业数（个）	34800	36955
科技企业孵化器累计毕业企业数（个）	26197	30626
科技企业孵化器总收入（亿元）	75.76	78.13
企业研究开发费用加计扣除减免税额（亿元）	176.42	212.45
高新技术企业减免税额（亿元）	233.32	263.00
高新技术企业减免税额占全国比重（%）	16.39	16.04
信息传输、软件和信息技术服务业固定资产投资（亿元）	494.46	736.99
信息传输、软件和信息技术服务业固定资产投资占比重（%）	0.84	1.25
邮政业务总量（亿元）	1426.94	1699.51
电信业务总量（亿元）	7545.40	9188.72
邮电业务总量与地区生产总值比值（万元/亿元）	909.45	1059.09
固定电话和移动电话用户数（万户）	11495.02	11162.39

江苏创新能力监测指标（2）

指标名称	2019	2020
百人固定电话和移动电话用户数（户）	135.73	131.67
移动互联网用户数（万户）	8452.60	8428.67
万人移动互联网用户数（万户）	1.00	0.99
有效商标注册数（万件）	154.54	186.25
百万人有效商标注册数（件）	18247.49	21969.99
地区生产总值（亿元）	98656.80	102807.70
第二产业增加值（亿元）	43507.50	44631.30
第二产业增加值占地区生产总值比重（%）	44.10	43.41
工业增加值（亿元）	37225.70	38198.10
工业增加值占地区生产总值比重（%）	37.73	37.15
装备制造业营业收入（亿元）	52089.70	58066.64
装备制造业营业收入占营业收入比重（%）	43.96	46.33
人均地区生产总值（元）	122398	121333
城镇登记失业人员数（万人）	35.09	36.67
城镇登记失业率（%）	3.03	3.20
客运量（亿人）	12.03	8.53
旅客周转量（亿人公里）	1565.76	943.15
货运量（亿吨）	26.27	27.66
货物周转量（亿吨公里）	9947.68	10895.72
研究与试验发展（R&D）经费支出（亿元）	2779.52	3005.93
R&D经费支出与地区生产总值之比（%）	2.82	2.92
R&D经费中基础研究经费支出（亿元）	76.20	84.02
R&D经费中应用研究经费支出（亿元）	188.04	190.17
R&D经费中试验发展经费支出（亿元）	2515.27	2731.75
R&D经费中基础研究经费支出占比重（%）	2.74	2.79
R&D经费中应用研究经费支出占比重（%）	6.77	6.33
R&D经费中试验发展经费支出占比重（%）	90.49	90.88
R&D经费中政府资金经费支出（亿元）	275.01	280.87
R&D经费中企业资金经费支出（亿元）	2449.22	2668.67
R&D经费中政府资金经费支出占比重（%）	9.89	9.34
R&D经费中企业资金经费支出占比重（%）	88.12	88.78
高校R&D经费支出（亿元）	155.45	153.96

江苏创新能力监测指标（3）

指标名称	2019	2020
研究机构R&D经费支出（亿元）	187.26	—
高校R&D经费支出占全社会R&D经费比重（%）	5.59	5.12
研究机构R&D经费支出占全社会R&D经费比重（%）	6.74	—
高新技术企业R&D经费支出（亿元）	1530.99	1651.52
高新技术企业R&D经费支出占全社会R&D经费比重（%）	55.08	54.94
财政性教育经费支出（亿元）	2213.84	2406.53
财政性教育经费支出与地区生产总值比值（万元/亿元）	224.40	234.08
地方财政科技支出（亿元）	572.04	584.39
地方财政科技支出占地方财政支出比重（%）	4.55	4.27
地方财政科技支出与地区生产总值比值（万元/亿元）	57.98	56.84
R&D人员全时当量（人年）	635279	669084
万人R&D人员全时当量（人年）	75.01	78.93
R&D人员中基础研究人员数（人年）	24530	25979
R&D人员中应用研究人员数（人年）	41329	42112
R&D人员中试验发展人员数（人年）	569431	600994
R&D人员中基础研究人员占比重（%）	3.86	3.88
R&D人员中应用研究人员占比重（%）	6.51	6.29
R&D人员中试验发展人员占比重（%）	89.63	89.82
R&D研究人员全时当量（人年）	245470	262406
R&D研究人员占全社会R&D人员比重（%）	38.64	39.22
高校R&D人员全时当量（人年）	42574	44771
研究机构R&D人员全时当量（人年）	27310	—
高校R&D人员占全社会R&D人员比重（%）	6.70	6.69
研究机构R&D人员占全社会R&D人员比重（%）	4.30	—
高技术产业R&D经费支出（亿元）	570.63	742.93
高技术产业R&D经费支出占全社会R&D经费比重（%）	20.53	24.72
高技术产业R&D经费支出占营业收入比重（%）	2.38	2.73
高技术产业引进技术经费支出（万元）	57622.70	60143.20
高技术产业消化吸收经费支出（万元）	7740.70	79781.30
高技术产业购买境内技术经费支出（万元）	40091.90	61069.30
高技术产业技术改造经费支出（万元）	608882.60	789566.10

江苏创新能力监测指标（4）

指标名称	2019	2020
高技术产业技术获取和技术改造经费支出占营业收入比重（%）	0.30	0.36
高技术产业新产品研发经费支出（亿元）	747.14	828.30
高技术产业新产品研发经费支出占新产品销售收入比重（%）	8.51	7.08
高技术产业R&D人员全时当量（人年）	134419	147662
高技术产业R&D人员占全社会R&D人员比重（%）	21.16	22.07
高新技术企业R&D人员全时当量（人年）	411865	462609
高新技术企业R&D人员占全社会R&D人员比重（%）	64.83	69.14
科学研究和技术服务业固定资产（亿元）	891.77	980.25
科学研究和技术服务业固定资产占比重（%）	1.52	1.66
开展创新活动的企业数（个）	36360	35071
开展创新活动的企业占比重（%）	78.90	69.94
实现创新的企业数（个）	30065	33385
实现创新企业占比重（%）	65.24	66.58
企业创新费用支出（亿元）	3148.20	3308.00
企业R&D经费支出（亿元）	2206.16	2381.69
企业R&D经费支出占创新费用支出比重（%）	70.08	72.00
企业R&D经费支出占全社会R&D经费比重（%）	79.37	79.23
企业R&D经费支出占营业收入比重（%）	1.86	1.90
企业引进技术经费支出（亿元）	20.70	20.82
企业消化吸收经费支出（亿元）	2.50	8.90
企业购买境内技术经费支出（亿元）	16.34	16.38
企业技术改造经费支出（亿元）	356.28	358.47
企业技术获取和技术改造经费支出（亿元）	395.82	404.57
企业技术获取和技术改造经费支出占营业收入比重（%）	0.33	0.32
企业科学研究经费支出占企业R&D经费支出比重（%）	1.45	1.26
研究机构来源于企业的R&D经费支出（亿元）	5.20	—
高校来源于企业的R&D经费支出（亿元）	54.22	70.32
研究机构和高校R&D经费支出中企业资金占比重（%）	17.34	—
企业平均吸纳技术成交额（万元）	383.46	441.92
企业R&D人员全时当量（人年）	508375	538781

江苏创新能力监测指标（5）

指标名称	2019	2020
企业R&D研究人员全时当量（人年）	154847	223820
企业R&D研究人员占全社会R&D研究人员比重（%）	63.08	85.30
万名企业就业人员中R&D人员数（人年）	600.50	629.18
有R&D活动的企业数（个）	27365	26161
有R&D活动的企业占工业企业比重（%）	59.37	52.15
有研究机构的企业数（个）	21303	17624
有研究机构的企业占工业企业比重（%）	46.22	35.13
企业专利申请数（件）	175906	196799
企业发明专利申请数（件）	57429	62892
企业发明专利拥有量（件）	180893	224512
万名企业就业人员发明专利拥有量（件）	213.68	262.18
发明专利申请数（件）	172409	177995
实用新型专利申请数（件）	373495	489165
外观设计专利申请数（件）	48345	52292
研究机构专利申请数（件）	4417	—
研究机构发明专利申请数（件）	3372	—
高校专利申请数（件）	48844	49749
高校发明专利申请数（件）	32292	30303
万人发明专利申请数（件）	20.36	21.00
亿元R&D经费支出发明专利申请数（件）	62.03	59.21
发明专利授权数（件）	39681	45975
实用新型专利授权数（件）	233114	405885
外观设计专利授权数（件）	41600	47307
万人发明专利授权数（件）	4.69	5.42
亿元R&D经费支出发明专利授权数（件）	14.28	15.29
发明专利拥有量（件）	242803	291648
实用新型专利拥有量（件）	732163	1053773
外观设计专利拥有量（件）	128959	138360
研究机构发明专利拥有量（件）	8929	—
高校发明专利拥有量（件）	55199	64877

江苏创新能力监测指标（6）

指标名称	2019	2020
万人发明专利拥有量（件）	28.67	34.40
国内科技论文数（篇）	43125	43015
万人国内科技论文数（篇）	5.09	5.07
SCI 收录科技论文数（篇）	47225	49432
EI 收录科技论文数（篇）	29642	35168
CPCI-S 收录科技论文数（篇）	4320	3107
万人国际科技论文数（篇）	9.59	10.35
技术市场成交合同数（项）	49210	56916
技术市场输出技术成交额（亿元）	1471.52	2087.85
万人输出技术成交额（万元）	1737.54	2462.88
国外技术引进合同数（项）	980	774
国外技术引进合同成交额（亿美元）	42.31	34.01
万人国外技术引进合同成交额（万美元）	49.96	40.12
国外技术引进合同成交额中技术经费（亿美元）	42.03	33.98
国外技术引进合同成交额中技术经费占比重（%）	99.35	99.92
百万人技术国际收入（万美元）	4549.01	5121.24
高技术产业有效发明专利数（件）	47535	62111
万名高技术产业就业人员有效发明专利数（件）	233.66	287.06
高技术产业营业收入（亿元）	23964.02	27192.85
高技术产业营业收入占工业营业收入比重（%）	20.23	21.69
高技术产业新产品销售收入（亿元）	8783.71	11702.84
高技术产业新产品销售收入占营业收入比重（%）	36.65	43.04
万元地区生产总值高技术产业营业收入（万元）	0.24	0.26
新产品销售收入（亿元）	30101.94	39442.84
新产品销售收入占营业收入比重（%）	25.41	31.47
商品出口额（亿美元）	4029.78	3973.90
商品出口额与地区生产总值比值（万美元/亿元）	408.46	386.54
高技术产品出口额（亿美元）	1442.78	1477.00
高技术产品出口额占商品出口额比重（%）	35.80	37.17

江苏创新能力监测指标（7）

指标名称	2019	2020
第三产业增加值（亿元）	50852.10	53638.90
第三产业增加值占地区生产总值比重（%）	51.54	52.17
高新技术企业数（个）	23946	32734
高新技术企业年末从业人员数（万人）	381.00	423.95
高新技术企业营业收入（亿元）	48971.87	54509.20
高新技术企业技术收入（亿元）	2231.50	2439.66
高新技术企业技术收入占营业收入比重（%）	4.56	4.48
高新技术企业净利润（亿元）	3041.88	3776.58
高新技术企业利润率（%）	6.21	6.93
高新技术企业出口总额（亿元）	8425.28	8636.42
劳动生产率（万元/人）	18.04	18.15
固定资本形成总额（亿元）	40863.75	42500.33
资本生产率（万元/万元）	0.36	0.37
综合能耗产出率（元/千克标准煤）	24.99	25.79
空气达到二级以上天数（天）	261	295
空气达到二级以上天数占比重（%）	71.64	80.63
废水中化学需氧量排放量（万吨）	47.41	120.78
废水中化学需氧量排放降低率（%）	2.85	-154.75
二氧化硫排放量（万吨）	28.46	11.26
二氧化硫排放降低率（%）	10.19	60.42
万元地区生产总值用水量（立方米）	62.14	55.69
万元地区生产总值用水量降低率（%）	2.81	10.38
废水中氨氮排放量（万吨）	3.35	5.19
废水中氨氮排放降低率（%）	6.68	-55.08
固体废物产生量（万吨）	13610	11870
固体废物综合利用量（万吨）	11822	10866
固体废物综合治理率（%）	94.15	99.71
生活垃圾无害化处理率（%）	100.00	100.00
污水处理率（%）	96.14	96.82
建成区绿化覆盖率（%）	43.38	43.47

浙江创新能力监测指标（1）

指标名称	2019	2020
大专以上学历人数（万人）	901.03	1097.03
万人大专以上学历人数（人）	1644.86	1797.54
高等学校数（个）	108	109
高校在校学生数（万人）	159.95	174.90
十万人高校在校学生数（人）	2509.00	2704.01
高校（机构）硕士毕业生数（人）	18853	21792
十万人硕士毕业生数（人）	29.57	33.69
高校（机构）博士毕业生数（人）	2022	1951
十万人博士毕业生数（人）	3.17	3.02
研究机构数（个）	95	—
科技企业孵化器管理机构从业人员数（人）	4305	4843
国家级孵化器管理机构从业人员数（人）	1393	1495
国家大学科技园管理机构从业人员数（人）	133	97
火炬计划特色产业基地企业从业人员数（人）	1233445	1293196
国家级示范生产力促进中心人员数（人）	0	232
众创空间服务人员数（人）	7353	7569
众创空间数（个）	709	735
科技企业孵化器数（个）	363	437
国家级科技企业孵化器数（个）	82	94
科技企业孵化器在孵企业数（个）	16690	18523
科技企业孵化器累计毕业企业数（个）	13893	16393
科技企业孵化器总收入（亿元）	31.06	34.20
企业研究开发费用加计扣除减免税额（亿元）	145.51	215.55
高新技术企业减免税额（亿元）	165.30	202.50
高新技术企业减免税额占全国比重（%）	11.61	12.35
信息传输、软件和信息技术服务业固定资产投资（亿元）	385.64	426.01
信息传输、软件和信息技术服务业固定资产投资占比重（%）	1.05	1.10
邮政业务总量（亿元）	3177.67	4310.94
电信业务总量（亿元）	6717.01	8309.99
邮电业务总量与地区生产总值比值（万元/亿元）	1584.11	1951.01
固定电话和移动电话用户数（万户）	10046.13	9849.90

浙江创新能力监测指标（2）

指标名称	2019	2020
百人固定电话和移动电话用户数（户）	157.59	152.28
移动互联网用户数（万户）	7047.00	7041.06
万人移动互联网用户数（万户）	1.11	1.09
有效商标注册数（万件）	250.36	297.50
百万人有效商标注册数（件）	39272.53	45993.56
地区生产总值（亿元）	62462.00	64689.10
第二产业增加值（亿元）	26299.50	26361.50
第二产业增加值占地区生产总值比重（%）	42.10	40.75
工业增加值（亿元）	22520.90	22627.80
工业增加值占地区生产总值比重（%）	36.06	34.98
装备制造业营业收入（亿元）	27083.63	30407.96
装备制造业营业收入占营业收入比重（%）	35.63	38.67
人均地区生产总值（元）	107814	100738
城镇登记失业人员数（万人）	34.43	42.14
城镇登记失业率（%）	2.52	2.79
客运量（亿人）	10.19	5.81
旅客周转量（亿人公里）	1128.60	674.09
货运量（亿吨）	28.90	30.03
货物周转量（亿吨公里）	12391.92	12324.24
研究与试验发展（R&D）经费支出（亿元）	1669.80	1859.90
R&D经费支出与地区生产总值之比（%）	2.67	2.88
R&D经费中基础研究经费支出（亿元）	47.83	60.31
R&D经费中应用研究经费支出（亿元）	91.58	107.10
R&D经费中试验发展经费支出（亿元）	1530.38	1692.49
R&D经费中基础研究经费支出占比重（%）	2.86	3.24
R&D经费中应用研究经费支出占比重（%）	5.48	5.76
R&D经费中试验发展经费支出占比重（%）	91.65	91.00
R&D经费中政府资金经费支出（亿元）	136.33	164.95
R&D经费中企业资金经费支出（亿元）	1506.98	1676.28
R&D经费中政府资金经费支出占比重（%）	8.16	8.87
R&D经费中企业资金经费支出占比重（%）	90.25	90.13
高校R&D经费支出（亿元）	93.00	103.60

浙江创新能力监测指标（3）

指标名称	2019	2020
研究机构R&D经费支出（亿元）	55.22	—
高校R&D经费支出占全社会R&D经费比重（%）	5.57	5.57
研究机构R&D经费支出占全社会R&D经费比重（%）	3.31	—
高新技术企业R&D经费支出（亿元）	972.78	1206.39
高新技术企业R&D经费支出占全社会R&D经费比重（%）	58.26	64.86
财政性教育经费支出（亿元）	1764.69	1881.09
财政性教育经费支出与地区生产总值比值（万元/亿元）	282.52	290.79
地方财政科技支出（亿元）	516.06	472.13
地方财政科技支出占地方财政支出比重（%）	5.13	4.68
地方财政科技支出与地区生产总值比值（万元/亿元）	82.62	72.98
R&D人员全时当量（人年）	534724	582981
万人R&D人员全时当量（人年）	83.88	90.13
R&D人员中基础研究人员数（人年）	13595	15839
R&D人员中应用研究人员数（人年）	28618	29465
R&D人员中试验发展人员数（人年）	492517	537679
R&D人员中基础研究人员占比重（%）	2.54	2.72
R&D人员中应用研究人员占比重（%）	5.35	5.05
R&D人员中试验发展人员占比重（%）	92.11	92.23
R&D研究人员全时当量（人年）	153123	172119
R&D研究人员占全社会R&D人员比重（%）	28.64	29.52
高校R&D人员全时当量（人年）	26832	28851
研究机构R&D人员全时当量（人年）	8761	—
高校R&D人员占全社会R&D人员比重（%）	5.02	4.95
研究机构R&D人员占全社会R&D人员比重（%）	1.64	—
高技术产业R&D经费支出（亿元）	297.30	368.34
高技术产业R&D经费支出占全社会R&D经费比重（%）	17.80	19.80
高技术产业R&D经费支出占营业收入比重（%）	3.55	3.63
高技术产业引进技术经费支出（万元）	5184.70	45532.10
高技术产业消化吸收经费支出（万元）	4413.60	928.50
高技术产业购买境内技术经费支出（万元）	55206.80	41858.70
高技术产业技术改造经费支出（万元）	325244.60	430621.70

浙江创新能力监测指标（4）

指标名称	2019	2020
高技术产业技术获取和技术改造经费支出占营业收入比重（%）	0.47	0.51
高技术产业新产品研发经费支出（亿元）	359.15	442.88
高技术产业新产品研发经费支出占新产品销售收入比重（%）	7.76	7.79
高技术产业R&D人员全时当量（人年）	89542	97364
高技术产业R&D人员占全社会R&D人员比重（%）	16.75	16.70
高新技术企业R&D人员全时当量（人年）	253506	307715
高新技术企业R&D人员占全社会R&D人员比重（%）	47.41	52.78
科学研究和技术服务业固定资产（亿元）	369.20	415.95
科学研究和技术服务业固定资产占比重（%）	1.01	1.08
开展创新活动的企业数（个）	31765	34627
开展创新活动的企业占比重（%）	69.52	72.21
实现创新的企业数（个）	29142	32479
实现创新企业占比重（%）	63.78	67.73
企业创新费用支出（亿元）	1798.50	2042.80
企业R&D经费支出（亿元）	1274.23	1395.90
企业R&D经费支出占创新费用支出比重（%）	70.85	68.33
企业R&D经费支出占全社会R&D经费比重（%）	76.31	75.05
企业R&D经费支出占营业收入比重（%）	1.68	1.78
企业引进技术经费支出（亿元）	9.43	14.69
企业消化吸收经费支出（亿元）	0.85	0.51
企业购买境内技术经费支出（亿元）	24.71	16.88
企业技术改造经费支出（亿元）	203.32	236.03
企业技术获取和技术改造经费支出（亿元）	238.31	268.11
企业技术获取和技术改造经费支出占营业收入比重（%）	0.31	0.34
企业科学研究经费支出占企业R&D经费支出比重（%）	0.77	0.80
研究机构来源于企业的R&D经费支出（亿元）	6.90	—
高校来源于企业的R&D经费支出（亿元）	24.96	39.46
研究机构和高校R&D经费支出中企业资金占比重（%）	21.49	—
企业平均吸纳技术成交额（万元）	244.04	327.09
企业R&D人员全时当量（人年）	451752	480493

浙江创新能力监测指标（5）

指标名称	2019	2020
企业R&D研究人员全时当量（人年）	99363	135770
企业R&D研究人员占全社会R&D研究人员比重（%）	64.89	78.88
万名企业就业人员中R&D人员数（人年）	665.39	702.73
有R&D活动的企业数（个）	20217	23846
有R&D活动的企业占工业企业比重（%）	44.24	49.72
有研究机构的企业数（个）	13274	17344
有研究机构的企业占工业企业比重（%）	29.05	36.17
企业专利申请数（件）	114326	138589
企业发明专利申请数（件）	30914	35319
企业发明专利拥有量（件）	75770	93159
万名企业就业人员发明专利拥有量（件）	111.60	136.25
发明专利申请数（件）	112981	129708
实用新型专利申请数（件）	218628	267768
外观设计专利申请数（件）	104274	109574
研究机构专利申请数（件）	2110	—
研究机构发明专利申请数（件）	1592	—
高校专利申请数（件）	23356	22591
高校发明专利申请数（件）	15735	14456
万人发明专利申请数（件）	17.72	20.05
亿元R&D经费支出发明专利申请数（件）	67.66	69.74
发明专利授权数（件）	33964	49888
实用新型专利授权数（件）	168340	231693
外观设计专利授权数（件）	83038	110119
万人发明专利授权数（件）	5.33	7.71
亿元R&D经费支出发明专利授权数（件）	20.34	26.82
发明专利拥有量（件）	160609	199572
实用新型专利拥有量（件）	584454	735073
外观设计专利拥有量（件）	278047	341778
研究机构发明专利拥有量（件）	4581	—
高校发明专利拥有量（件）	33047	39636

浙江创新能力监测指标（6）

指标名称	2019	2020
万人发明专利拥有量（件）	25.19	30.85
国内科技论文数（篇）	19718	19484
万人国内科技论文数（篇）	3.09	3.01
SCI 收录科技论文数（篇）	23033	25071
EI 收录科技论文数（篇）	12185	16275
CPCI-S 收录科技论文数（篇）	2276	1506
万人国际科技论文数（篇）	5.88	6.62
技术市场成交合同数（项）	18996	25725
技术市场输出技术成交额（亿元）	888.01	1403.32
万人输出技术成交额（万元）	1392.95	2169.54
国外技术引进合同数（项）	819	688
国外技术引进合同成交额（亿美元）	25.25	19.96
万人国外技术引进合同成交额（万美元）	39.61	30.86
国外技术引进合同成交额中技术经费（亿美元）	25.16	19.93
国外技术引进合同成交额中技术经费占比重（%）	99.62	99.83
百万人技术国际收入（万美元）	4779.91	5021.17
高技术产业有效发明专利数（件）	23874	30818
万名高技术产业就业人员有效发明专利数（件）	296.61	345.90
高技术产业营业收入（亿元）	8384.34	10137.63
高技术产业营业收入占工业营业收入比重（%）	11.03	12.89
高技术产业新产品销售收入（亿元）	4630.96	5687.94
高技术产业新产品销售收入占营业收入比重（%）	55.23	56.11
万元地区生产总值高技术产业营业收入（万元）	0.13	0.16
新产品销售收入（亿元）	26099.37	28302.50
新产品销售收入占营业收入比重（%）	34.33	36.00
商品出口额（亿美元）	3395.83	3517.76
商品出口额与地区生产总值比值（万美元/亿元）	543.66	543.80
高技术产品出口额（亿美元）	232.78	292.86
高技术产品出口额占商品出口额比重（%）	6.85	8.33

浙江创新能力监测指标（7）

指标名称	2019	2020
第三产业增加值（亿元）	34075.80	36161.30
第三产业增加值占地区生产总值比重（%）	54.55	55.90
高新技术企业数（个）	16152	21943
高新技术企业年末从业人员数（万人）	321.73	391.67
高新技术企业营业收入（亿元）	36365.39	43482.51
高新技术企业技术收入（亿元）	4661.36	6438.94
高新技术企业技术收入占营业收入比重（%）	12.82	14.81
高新技术企业净利润（亿元）	3902.37	5265.59
高新技术企业利润率（%）	10.73	12.11
高新技术企业出口总额（亿元）	5945.02	6815.72
劳动生产率（万元/人）	14.03	14.61
固定资本形成总额（亿元）	25497.26	26326.98
资本生产率（万元/万元）	0.40	0.40
综合能耗产出率（元/千克标准煤）	23.35	21.95
空气达到二级以上天数（天）	321	339
空气达到二级以上天数占比重（%）	88.07	92.59
废水中化学需氧量排放量（万吨）	20.62	53.22
废水中化学需氧量排放降低率（%）	5.18	-158.09
二氧化硫排放量（万吨）	7.78	5.15
二氧化硫排放降低率（%）	10.50	33.85
万元地区生产总值用水量（立方米）	26.59	25.37
万元地区生产总值用水量降低率（%）	14.02	4.61
废水中氨氮排放量（万吨）	1.34	3.84
废水中氨氮排放降低率（%）	7.18	-185.85
固体废物产生量（万吨）	5722	4591
固体废物综合利用量（万吨）	5355	4546
固体废物综合治理率（%）	99.46	100.00
生活垃圾无害化处理率（%）	100.00	100.00
污水处理率（%）	96.95	97.69
建成区绿化覆盖率（%）	41.46	42.22

安徽创新能力监测指标（1）

指标名称	2019	2020
大专以上学历人数（万人）	716.54	810.46
万人大专以上学历人数（人）	1219.93	1431.44
高等学校数（个）	120	120
高校在校学生数（万人）	149.07	164.96
十万人高校在校学生数（人）	2447.00	2702.15
高校（机构）硕士毕业生数（人）	16456	16875
十万人硕士毕业生数（人）	27.01	27.64
高校（机构）博士毕业生数（人）	1609	1473
十万人博士毕业生数（人）	2.64	2.41
研究机构数（个）	91	—
科技企业孵化器管理机构从业人员数（人）	1859	2097
国家级孵化器管理机构从业人员数（人）	509	542
国家大学科技园管理机构从业人员数（人）	65	56
火炬计划特色产业基地企业从业人员数（人）	461849	492884
国家级示范生产力促进中心人员数（人）	139	126
众创空间服务人员数（人）	2941	2635
众创空间数（个）	272	252
科技企业孵化器数（个）	170	208
国家级科技企业孵化器数（个）	32	38
科技企业孵化器在孵企业数（个）	6220	6948
科技企业孵化器累计毕业企业数（个）	3720	4196
科技企业孵化器总收入（亿元）	5.59	6.68
企业研究开发费用加计扣除减免税额（亿元）	62.46	83.08
高新技术企业减免税额（亿元）	56.98	66.94
高新技术企业减免税额占全国比重（%）	4.00	4.08
信息传输、软件和信息技术服务业固定资产投资（亿元）	213.35	404.54
信息传输、软件和信息技术服务业固定资产投资占比重（%）	0.61	1.09
邮政业务总量（亿元）	440.76	608.43
电信业务总量（亿元）	4006.72	5053.59
邮电业务总量与地区生产总值比值（万元/亿元）	1207.06	1487.60
固定电话和移动电话用户数（万户）	6415.08	6585.10

安徽创新能力监测指标（2）

指标名称	2019	2020
百人固定电话和移动电话用户数（户）	105.30	107.87
移动互联网用户数（万户）	4790.84	5010.47
万人移动互联网用户数（万户）	0.79	0.82
有效商标注册数（万件）	60.85	76.87
百万人有效商标注册数（件）	9988.89	12592.29
地区生产总值（亿元）	36845.50	38061.50
第二产业增加值（亿元）	14970.00	15216.50
第二产业增加值占地区生产总值比重（%）	40.63	39.98
工业增加值（亿元）	11181.70	11235.50
工业增加值占地区生产总值比重（%）	30.35	29.52
装备制造业营业收入（亿元）	11869.38	13129.72
装备制造业营业收入占营业收入比重（%）	31.77	34.06
人均地区生产总值（元）	58072	62411
城镇登记失业人员数（万人）	26.77	30.00
城镇登记失业率（%）	2.63	2.83
客运量（亿人）	5.93	3.24
旅客周转量（亿人公里）	1164.81	697.29
货运量（亿吨）	36.82	37.45
货物周转量（亿吨公里）	10245.79	10241.67
研究与试验发展（R&D）经费支出（亿元）	754.03	883.18
R&D经费支出与地区生产总值之比（%）	2.05	2.32
R&D经费中基础研究经费支出（亿元）	39.55	60.89
R&D经费中应用研究经费支出（亿元）	60.79	78.46
R&D经费中试验发展经费支出（亿元）	653.68	743.83
R&D经费中基础研究经费支出占比重（%）	5.25	6.89
R&D经费中应用研究经费支出占比重（%）	8.06	8.88
R&D经费中试验发展经费支出占比重（%）	86.69	84.22
R&D经费中政府资金经费支出（亿元）	102.99	134.83
R&D经费中企业资金经费支出（亿元）	626.18	720.22
R&D经费中政府资金经费支出占比重（%）	13.66	15.27
R&D经费中企业资金经费支出占比重（%）	83.04	81.55
高校R&D经费支出（亿元）	42.71	80.09

安徽创新能力监测指标（3）

指标名称	2019	2020
研究机构R&D经费支出（亿元）	61.80	—
高校R&D经费支出占全社会R&D经费比重（%）	5.66	9.07
研究机构R&D经费支出占全社会R&D经费比重（%）	8.20	—
高新技术企业R&D经费支出（亿元）	332.92	385.72
高新技术企业R&D经费支出占全社会R&D经费比重（%）	44.15	43.67
财政性教育经费支出（亿元）	1222.21	1261.86
财政性教育经费支出与地区生产总值比值（万元/亿元）	331.71	331.53
地方财政科技支出（亿元）	377.95	369.98
地方财政科技支出占地方财政支出比重（%）	5.11	4.95
地方财政科技支出与地区生产总值比值（万元/亿元）	102.58	97.21
R&D人员全时当量（人年）	175318	194688
万人R&D人员全时当量（人年）	28.78	31.89
R&D人员中基础研究人员数（人年）	16135	16411
R&D人员中应用研究人员数（人年）	20164	23578
R&D人员中试验发展人员数（人年）	139017	154698
R&D人员中基础研究人员占比重（%）	9.20	8.43
R&D人员中应用研究人员占比重（%）	11.50	12.11
R&D人员中试验发展人员占比重（%）	79.29	79.46
R&D研究人员全时当量（人年）	76363	84818
R&D研究人员占全社会R&D人员比重（%）	43.56	43.57
高校R&D人员全时当量（人年）	21066	23928
研究机构R&D人员全时当量（人年）	11001	—
高校R&D人员占全社会R&D人员比重（%）	12.02	12.29
研究机构R&D人员占全社会R&D人员比重（%）	6.27	—
高技术产业R&D经费支出（亿元）	113.79	153.24
高技术产业R&D经费支出占全社会R&D经费比重（%）	15.09	17.35
高技术产业R&D经费支出占营业收入比重（%）	2.82	3.09
高技术产业引进技术经费支出（万元）	1083.90	8659.30
高技术产业消化吸收经费支出（万元）	0	0
高技术产业购买境内技术经费支出（万元）	13340.10	17195.90
高技术产业技术改造经费支出（万元）	240842.40	330408.20

安徽创新能力监测指标（4）

指标名称	2019	2020
高技术产业技术获取和技术改造经费支出占营业收入比重（%）	0.63	0.72
高技术产业新产品研发经费支出（亿元）	130.12	176.89
高技术产业新产品研发经费支出占新产品销售收入比重（%）	6.84	7.29
高技术产业R&D人员全时当量（人年）	28177	32266
高技术产业R&D人员占全社会R&D人员比重（%）	16.07	16.57
高新技术企业R&D人员全时当量（人年）	91537	100969
高新技术企业R&D人员占全社会R&D人员比重（%）	52.21	51.86
科学研究和技术服务业固定资产（亿元）	282.42	388.37
科学研究和技术服务业固定资产占比重（%）	0.80	1.05
开展创新活动的企业数（个）	10599	11741
开展创新活动的企业占比重（%）	59.72	63.67
实现创新的企业数（个）	9554	10782
实现创新企业占比重（%）	53.83	58.47
企业创新费用支出（亿元）	932.90	1080.80
企业R&D经费支出（亿元）	576.54	639.42
企业R&D经费支出占创新费用支出比重（%）	61.80	59.16
企业R&D经费支出占全社会R&D经费比重（%）	76.46	72.40
企业R&D经费支出占营业收入比重（%）	1.54	1.66
企业引进技术经费支出（亿元）	2.40	2.91
企业消化吸收经费支出（亿元）	0.44	0.58
企业购买境内技术经费支出（亿元）	5.63	10.97
企业技术改造经费支出（亿元）	195.21	229.87
企业技术获取和技术改造经费支出（亿元）	203.68	244.33
企业技术获取和技术改造经费支出占营业收入比重（%）	0.55	0.63
企业科学研究经费支出占企业R&D经费支出比重（%）	2.16	2.83
研究机构来源于企业的R&D经费支出（亿元）	3.89	—
高校来源于企业的R&D经费支出（亿元）	7.23	24.40
研究机构和高校R&D经费支出中企业资金占比重（%）	10.64	—
企业平均吸纳技术成交额（万元）	343.46	400.02
企业R&D人员全时当量（人年）	124491	139988

安徽创新能力监测指标（5）

指标名称	2019	2020
企业R&D研究人员全时当量（人年）	39045	60642
企业R&D研究人员占全社会R&D研究人员比重（%）	51.13	71.50
万名企业就业人员中R&D人员数（人年）	465.60	494.99
有R&D活动的企业数（个）	5925	6918
有R&D活动的企业占工业企业比重（%）	33.36	37.50
有研究机构的企业数（个）	4812	5601
有研究机构的企业占工业企业比重（%）	27.09	30.36
企业专利申请数（件）	55520	66677
企业发明专利申请数（件）	22975	27083
企业发明专利拥有量（件）	54798	70467
万名企业就业人员发明专利拥有量（件）	204.94	249.17
发明专利申请数（件）	62743	69663
实用新型专利申请数（件）	90655	117727
外观设计专利申请数（件）	13473	14908
研究机构专利申请数（件）	1504	—
研究机构发明专利申请数（件）	1055	—
高校专利申请数（件）	15211	14536
高校发明专利申请数（件）	8933	7538
万人发明专利申请数（件）	10.30	11.41
亿元R&D经费支出发明专利申请数（件）	83.21	78.88
发明专利授权数（件）	14958	21432
实用新型专利授权数（件）	57511	84609
外观设计专利授权数（件）	10055	13655
万人发明专利授权数（件）	2.46	3.51
亿元R&D经费支出发明专利授权数（件）	19.84	24.27
发明专利拥有量（件）	74812	98186
实用新型专利拥有量（件）	193140	246346
外观设计专利拥有量（件）	34058	40679
研究机构发明专利拥有量（件）	3490	—
高校发明专利拥有量（件）	10262	12296

安徽创新能力监测指标（6）

指标名称	2019	2020
万人发明专利拥有量（件）	12.28	16.08
国内科技论文数（篇）	12865	13428
万人国内科技论文数（篇）	2.11	2.20
SCI 收录科技论文数（篇）	11946	12716
EI 收录科技论文数（篇）	7626	9387
CPCI-S 收录科技论文数（篇）	1448	946
万人国际科技论文数（篇）	3.45	3.78
技术市场成交合同数（项）	19538	16667
技术市场输出技术成交额（亿元）	449.61	659.57
万人输出技术成交额（万元）	738.03	1080.42
国外技术引进合同数（项）	346	277
国外技术引进合同成交额（亿美元）	5.86	5.59
万人国外技术引进合同成交额（万美元）	9.61	9.16
国外技术引进合同成交额中技术经费（亿美元）	4.70	5.56
国外技术引进合同成交额中技术经费占比重（%）	80.18	99.45
百万人技术国际收入（万美元）	367.74	486.46
高技术产业有效发明专利数（件）	8902	13735
万名高技术产业就业人员有效发明专利数（件）	273.01	359.15
高技术产业营业收入（亿元）	4034.02	4958.20
高技术产业营业收入占工业营业收入比重（%）	10.80	12.86
高技术产业新产品销售收入（亿元）	1903.15	2425.01
高技术产业新产品销售收入占营业收入比重（%）	47.18	48.91
万元地区生产总值高技术产业营业收入（万元）	0.11	0.13
新产品销售收入（亿元）	9698.55	12054.38
新产品销售收入占营业收入比重（%）	25.96	31.27
商品出口额（亿美元）	398.54	477.80
商品出口额与地区生产总值比值（万美元/亿元）	108.17	125.53
高技术产品出口额（亿美元）	107.28	128.08
高技术产品出口额占商品出口额比重（%）	26.92	26.81

安徽创新能力监测指标（7）

指标名称	2019	2020
第三产业增加值（亿元）	18959.50	19660.10
第三产业增加值占地区生产总值比重（%）	51.46	51.65
高新技术企业数（个）	6547	8444
高新技术企业年末从业人员数（万人）	111.21	127.61
高新技术企业营业收入（亿元）	13080.25	15303.33
高新技术企业技术收入（亿元）	664.89	977.24
高新技术企业技术收入占营业收入比重（%）	5.08	6.39
高新技术企业净利润（亿元）	735.05	961.28
高新技术企业利润率（%）	5.62	6.28
高新技术企业出口总额（亿元）	1077.53	1601.42
劳动生产率（万元/人）	6.43	9.04
固定资本形成总额（亿元）	18041.82	19147.78
资本生产率（万元/万元）	0.31	0.30
综合能耗产出率（元/千克标准煤）	19.50	19.11
空气达到二级以上天数（天）	250	295
空气达到二级以上天数占比重（%）	68.44	80.70
废水中化学需氧量排放量（万吨）	34.19	118.60
废水中化学需氧量排放降低率（%）	1.22	-246.89
二氧化硫排放量（万吨）	15.10	10.86
二氧化硫排放降低率（%）	7.16	28.11
万元地区生产总值用水量（立方米）	74.82	69.36
万元地区生产总值用水量降低率（%）	21.44	7.30
废水中氨氮排放量（万吨）	1.97	4.43
废水中氨氮排放降低率（%）	4.22	-124.97
固体废物产生量（万吨）	16571	14012
固体废物综合利用量（万吨）	13230	12026
固体废物综合治理率（%）	89.32	98.76
生活垃圾无害化处理率（%）	100.00	100.00
污水处理率（%）	97.06	97.43
建成区绿化覆盖率（%）	42.72	42.01

福建创新能力监测指标（1）

指标名称	2019	2020
大专以上学历人数（万人）	409.10	587.71
万人大专以上学历人数（人）	1120.87	1531.26
高等学校数（个）	90	89
高校在校学生数（万人）	106.61	119.28
十万人高校在校学生数（人）	2577.00	2866.26
高校（机构）硕士毕业生数（人）	12282	14379
十万人硕士毕业生数（人）	29.69	34.55
高校（机构）博士毕业生数（人）	1019	1076
十万人博士毕业生数（人）	2.46	2.59
研究机构数（个）	97	—
科技企业孵化器管理机构从业人员数（人）	1842	1762
国家级孵化器管理机构从业人员数（人）	323	366
国家大学科技园管理机构从业人员数（人）	26	26
火炬计划特色产业基地企业从业人员数（人）	287304	297832
国家级示范生产力促进中心人员数（人）	279	265
众创空间服务人员数（人）	3648	2908
众创空间数（个）	352	336
科技企业孵化器数（个）	135	134
国家级科技企业孵化器数（个）	15	18
科技企业孵化器在孵企业数（个）	3493	3745
科技企业孵化器累计毕业企业数（个）	3772	3929
科技企业孵化器总收入（亿元）	8.74	9.08
企业研究开发费用加计扣除减免税额（亿元）	37.73	36.85
高新技术企业减免税额（亿元）	44.29	46.74
高新技术企业减免税额占全国比重（%）	3.11	2.85
信息传输、软件和信息技术服务业固定资产投资（亿元）	429.61	461.57
信息传输、软件和信息技术服务业固定资产投资占比重（%）	1.39	1.50
邮政业务总量（亿元）	646.01	856.48
电信业务总量（亿元）	3235.45	3908.46
邮电业务总量与地区生产总值比值（万元/亿元）	917.03	1092.66
固定电话和移动电话用户数（万户）	5484.03	5472.35

福建创新能力监测指标（2）

指标名称	2019	2020
百人固定电话和移动电话用户数（户）	132.56	131.50
移动互联网用户数（万户）	3915.76	3979.60
万人移动互联网用户数（万户）	0.95	0.96
有效商标注册数（万件）	128.26	157.19
百万人有效商标注册数（件）	31002.56	37772.89
地区生产总值（亿元）	42326.60	43608.60
第二产业增加值（亿元）	20065.50	20168.40
第二产业增加值占地区生产总值比重（%）	47.41	46.25
工业增加值（亿元）	15654.00	15615.50
工业增加值占地区生产总值比重（%）	36.98	35.81
装备制造业营业收入（亿元）	11742.39	10957.59
装备制造业营业收入占营业收入比重（%）	20.40	19.82
人均地区生产总值（元）	106966	105106
城镇登记失业人员数（万人）	16.81	35.74
城镇登记失业率（%）	3.50	3.82
客运量（亿人）	4.58	2.32
旅客周转量（亿人公里）	588.89	314.56
货运量（亿吨）	13.44	14.07
货物周转量（亿吨公里）	8292.13	9014.32
研究与试验发展（R&D）经费支出（亿元）	753.75	842.41
R&D经费支出与地区生产总值之比（%）	1.78	1.93
R&D经费中基础研究经费支出（亿元）	36.13	23.78
R&D经费中应用研究经费支出（亿元）	50.87	59.01
R&D经费中试验发展经费支出（亿元）	666.75	759.61
R&D经费中基础研究经费支出占比重（%）	4.79	2.82
R&D经费中应用研究经费支出占比重（%）	6.75	7.01
R&D经费中试验发展经费支出占比重（%）	88.46	90.17
R&D经费中政府资金经费支出（亿元）	83.78	81.49
R&D经费中企业资金经费支出（亿元）	654.75	750.85
R&D经费中政府资金经费支出占比重（%）	11.11	9.67
R&D经费中企业资金经费支出占比重（%）	86.87	89.13
高校R&D经费支出（亿元）	56.29	60.62

福建创新能力监测指标（3）

指标名称	2019	2020
研究机构R&D经费支出（亿元）	34.09	—
高校R&D经费支出占全社会R&D经费比重（%）	7.47	7.20
研究机构R&D经费支出占全社会R&D经费比重（%）	4.52	—
高新技术企业R&D经费支出（亿元）	258.50	297.50
高新技术企业R&D经费支出占全社会R&D经费比重（%）	34.30	35.32
财政性教育经费支出（亿元）	968.54	1031.57
财政性教育经费支出与地区生产总值比值（万元/亿元）	228.83	236.55
地方财政科技支出（亿元）	133.41	149.44
地方财政科技支出占地方财政支出比重（%）	2.63	2.86
地方财政科技支出与地区生产总值比值（万元/亿元）	31.52	34.27
R&D人员全时当量（人年）	171452	185622
万人R&D人员全时当量（人年）	41.44	44.61
R&D人员中基础研究人员数（人年）	7666	6613
R&D人员中应用研究人员数（人年）	18242	19183
R&D人员中试验发展人员数（人年）	145545	159826
R&D人员中基础研究人员占比重（%）	4.47	3.56
R&D人员中应用研究人员占比重（%）	10.64	10.33
R&D人员中试验发展人员占比重（%）	84.89	86.10
R&D研究人员全时当量（人年）	68051	72535
R&D研究人员占全社会R&D人员比重（%）	39.69	39.08
高校R&D人员全时当量（人年）	16127	18997
研究机构R&D人员全时当量（人年）	5464	—
高校R&D人员占全社会R&D人员比重（%）	9.41	10.23
研究机构R&D人员占全社会R&D人员比重（%）	3.19	—
高技术产业R&D经费支出（亿元）	178.01	200.63
高技术产业R&D经费支出占全社会R&D经费比重（%）	23.62	23.82
高技术产业R&D经费支出占营业收入比重（%）	2.71	3.21
高技术产业引进技术经费支出（万元）	38205.70	19435.30
高技术产业消化吸收经费支出（万元）	10059.10	14093.10
高技术产业购买境内技术经费支出（万元）	40908.50	95520.60
高技术产业技术改造经费支出（万元）	491154.50	308334.50

福建创新能力监测指标（4）

指标名称	2019	2020
高技术产业技术获取和技术改造经费支出占营业收入比重（%）	0.88	0.70
高技术产业新产品研发经费支出（亿元）	180.76	208.67
高技术产业新产品研发经费支出占新产品销售收入比重（%）	8.28	9.24
高技术产业R&D人员全时当量（人年）	34417	35219
高技术产业R&D人员占全社会R&D人员比重（%）	20.07	18.97
高新技术企业R&D人员全时当量（人年）	79093	92626
高新技术企业R&D人员占全社会R&D人员比重（%）	46.13	49.90
科学研究和技术服务业固定资产（亿元）	96.01	83.53
科学研究和技术服务业固定资产占比重（%）	0.31	0.27
开展创新活动的企业数（个）	9202	10139
开展创新活动的企业占比重（%）	50.11	53.80
实现创新的企业数（个）	8764	9735
实现创新企业占比重（%）	47.72	51.66
企业创新费用支出（亿元）	795.40	863.90
企业R&D经费支出（亿元）	598.51	666.91
企业R&D经费支出占创新费用支出比重（%）	75.25	77.20
企业R&D经费支出占全社会R&D经费比重（%）	79.41	79.17
企业R&D经费支出占营业收入比重（%）	1.04	1.21
企业引进技术经费支出（亿元）	8.94	3.97
企业消化吸收经费支出（亿元）	1.35	1.69
企业购买境内技术经费支出（亿元）	8.08	12.39
企业技术改造经费支出（亿元）	122.10	114.96
企业技术获取和技术改造经费支出（亿元）	140.48	133.01
企业技术获取和技术改造经费支出占营业收入比重（%）	0.24	0.24
企业科学研究经费支出占企业R&D经费支出比重（%）	0.82	0.37
研究机构来源于企业的R&D经费支出（亿元）	1.22	—
高校来源于企业的R&D经费支出（亿元）	10.00	20.16
研究机构和高校R&D经费支出中企业资金占比重（%）	12.41	—
企业平均吸纳技术成交额（万元）	228.67	272.60
企业R&D人员全时当量（人年）	126089	140850

福建创新能力监测指标（5）

指标名称	2019	2020
企业R&D研究人员全时当量（人年）	38899	58810
企业R&D研究人员占全社会R&D研究人员比重（%）	57.16	81.08
万名企业就业人员中R&D人员数（人年）	286.66	339.95
有R&D活动的企业数（个）	5305	5979
有R&D活动的企业占工业企业比重（%）	28.87	31.73
有研究机构的企业数（个）	1703	1972
有研究机构的企业占工业企业比重（%）	9.27	10.46
企业专利申请数（件）	37196	45774
企业发明专利申请数（件）	11025	12934
企业发明专利拥有量（件）	34668	44702
万名企业就业人员发明专利拥有量（件）	78.82	107.89
发明专利申请数（件）	30019	32929
实用新型专利申请数（件）	87345	105867
外观设计专利申请数（件）	35769	36071
研究机构专利申请数（件）	930	—
研究机构发明专利申请数（件）	695	—
高校专利申请数（件）	9347	7782
高校发明专利申请数（件）	5411	4162
万人发明专利申请数（件）	7.26	7.91
亿元R&D经费支出发明专利申请数（件）	39.83	39.09
发明专利授权数（件）	8963	10250
实用新型专利授权数（件）	61530	99956
外观设计专利授权数（件）	28462	35722
万人发明专利授权数（件）	2.17	2.46
亿元R&D经费支出发明专利授权数（件）	11.89	12.17
发明专利拥有量（件）	43791	50756
实用新型专利拥有量（件）	194986	265172
外观设计专利拥有量（件）	82293	101817
研究机构发明专利拥有量（件）	2028	—
高校发明专利拥有量（件）	9694	11584

福建创新能力监测指标（6）

指标名称	2019	2020
万人发明专利拥有量（件）	10.59	12.20
国内科技论文数（篇）	9156	9236
万人国内科技论文数（篇）	2.21	2.22
SCI 收录科技论文数（篇）	9457	10509
EI 收录科技论文数（篇）	4993	7251
CPCI-S 收录科技论文数（篇）	739	572
万人国际科技论文数（篇）	3.67	4.41
技术市场成交合同数（项）	8642	10753
技术市场输出技术成交额（亿元）	139.59	163.54
万人输出技术成交额（万元）	337.41	392.98
国外技术引进合同数（项）	110	118
国外技术引进合同成交额（亿美元）	2.54	4.59
万人国外技术引进合同成交额（万美元）	6.13	11.03
国外技术引进合同成交额中技术经费（亿美元）	2.48	4.56
国外技术引进合同成交额中技术经费占比重（%）	97.76	99.34
百万人技术国际收入（万美元）	1960.45	1873.94
高技术产业有效发明专利数（件）	12064	15120
万名高技术产业就业人员有效发明专利数（件）	266.55	318.33
高技术产业营业收入（亿元）	6563.20	6243.15
高技术产业营业收入占工业营业收入比重（%）	11.40	11.29
高技术产业新产品销售收入（亿元）	2182.34	2257.55
高技术产业新产品销售收入占营业收入比重（%）	33.25	36.16
万元地区生产总值高技术产业营业收入（万元）	0.16	0.14
新产品销售收入（亿元）	5789.31	6097.55
新产品销售收入占营业收入比重（%）	10.06	11.03
商品出口额（亿美元）	1088.16	1109.09
商品出口额与地区生产总值比值（万美元/亿元）	257.09	254.33
高技术产品出口额（亿美元）	142.10	147.05
高技术产品出口额占商品出口额比重（%）	13.06	13.26

福建创新能力监测指标（7）

指标名称	2019	2020
第三产业增加值（亿元）	19665.60	20709.30
第三产业增加值占地区生产总值比重（%）	46.46	47.49
高新技术企业数（个）	4767	6433
高新技术企业年末从业人员数（万人）	83.87	94.71
高新技术企业营业收入（亿元）	8034.91	8676.71
高新技术企业技术收入（亿元）	485.53	606.67
高新技术企业技术收入占营业收入比重（%）	6.04	6.99
高新技术企业净利润（亿元）	670.27	797.77
高新技术企业利润率（%）	8.34	9.19
高新技术企业出口总额（亿元）	1293.69	1522.79
劳动生产率（万元/人）	12.04	15.68
固定资本形成总额（亿元）	22424.60	23225.13
资本生产率（万元/万元）	0.30	0.30
综合能耗产出率（元/千克标准煤）	22.09	22.51
空气达到二级以上天数（天）	358	361
空气达到二级以上天数占比重（%）	98.06	98.67
废水中化学需氧量排放量（万吨）	25.16	62.30
废水中化学需氧量排放降低率（%）	5.14	-147.65
二氧化硫排放量（万吨）	12.54	7.88
二氧化硫排放降低率（%）	-15.50	37.13
万元地区生产总值用水量（立方米）	41.87	41.68
万元地区生产总值用水量降低率（%）	19.79	0.44
废水中氨氮排放量（万吨）	1.56	4.55
废水中氨氮排放降低率（%）	10.16	-191.12
固体废物产生量（万吨）	9418	6043
固体废物综合利用量（万吨）	6380	4016
固体废物综合治理率（%）	87.31	100.00
生活垃圾无害化处理率（%）	99.95	100.00
污水处理率（%）	95.25	97.15
建成区绿化覆盖率（%）	44.53	44.63

江西创新能力监测指标（1）

指标名称	2019	2020
大专以上学历人数（万人）	523.72	537.59
万人大专以上学历人数（人）	1214.18	1284.21
高等学校数（个）	103	105
高校在校学生数（万人）	135.93	154.75
十万人高校在校学生数（人）	3010.00	3424.19
高校（机构）硕士毕业生数（人）	10382	12893
十万人硕士毕业生数（人）	22.99	28.53
高校（机构）博士毕业生数（人）	239	368
十万人博士毕业生数（人）	0.53	0.81
研究机构数（个）	115	—
科技企业孵化器管理机构从业人员数（人）	1420	1653
国家级孵化器管理机构从业人员数（人）	570	593
国家大学科技园管理机构从业人员数（人）	46	43
火炬计划特色产业基地企业从业人员数（人）	166241	205054
国家级示范生产力促进中心人员数（人）	336	353
众创空间服务人员数（人）	3054	3507
众创空间数（个）	174	183
科技企业孵化器数（个）	62	79
国家级科技企业孵化器数（个）	21	22
科技企业孵化器在孵企业数（个）	3507	3798
科技企业孵化器累计毕业企业数（个）	2647	3174
科技企业孵化器总收入（亿元）	6.46	6.16
企业研究开发费用加计扣除减免税额（亿元）	36.43	47.18
高新技术企业减免税额（亿元）	37.79	45.60
高新技术企业减免税额占全国比重（%）	2.65	2.78
信息传输、软件和信息技术服务业固定资产投资（亿元）	276.99	452.80
信息传输、软件和信息技术服务业固定资产投资占比重（%）	1.05	1.58
邮政业务总量（亿元）	230.18	311.34
电信业务总量（亿元）	2838.50	3537.88
邮电业务总量与地区生产总值比值（万元/亿元）	1244.03	1492.99
固定电话和移动电话用户数（万户）	4614.59	4731.76

江西创新能力监测指标（2）

指标名称	2019	2020
百人固定电话和移动电话用户数（户）	102.18	104.70
移动互联网用户数（万户）	3506.44	3599.26
万人移动互联网用户数（万户）	0.78	0.80
有效商标注册数（万件）	40.25	51.26
百万人有效商标注册数（件）	8913.53	11342.47
地区生产总值（亿元）	24667.30	25782.00
第二产业增加值（亿元）	10820.30	11107.90
第二产业增加值占地区生产总值比重（%）	43.86	43.08
工业增加值（亿元）	8774.20	8991.60
工业增加值占地区生产总值比重（%）	35.57	34.88
装备制造业营业收入（亿元）	9658.04	10828.85
装备制造业营业收入占营业收入比重（%）	27.59	29.71
人均地区生产总值（元）	52865	57065
城镇登记失业人员数（万人）	27.49	29.93
城镇登记失业率（%）	2.93	3.15
客运量（亿人）	5.81	4.19
旅客周转量（亿人公里）	984.24	631.35
货运量（亿吨）	15.09	15.71
货物周转量（亿吨公里）	3860.27	4010.78
研究与试验发展（R&D）经费支出（亿元）	384.31	430.72
R&D经费支出与地区生产总值之比（%）	1.56	1.67
R&D经费中基础研究经费支出（亿元）	15.35	16.58
R&D经费中应用研究经费支出（亿元）	21.41	38.08
R&D经费中试验发展经费支出（亿元）	347.56	376.05
R&D经费中基础研究经费支出占比重（%）	3.99	3.85
R&D经费中应用研究经费支出占比重（%）	5.57	8.84
R&D经费中试验发展经费支出占比重（%）	90.44	87.31
R&D经费中政府资金经费支出（亿元）	59.20	59.19
R&D经费中企业资金经费支出（亿元）	318.99	368.71
R&D经费中政府资金经费支出占比重（%）	15.40	13.74
R&D经费中企业资金经费支出占比重（%）	83.00	85.60
高校R&D经费支出（亿元）	24.56	24.86

江西创新能力监测指标（3）

指标名称	2019	2020
研究机构R&D经费支出（亿元）	25.13	—
高校R&D经费支出占全社会R&D经费比重（%）	6.39	5.77
研究机构R&D经费支出占全社会R&D经费比重（%）	6.54	—
高新技术企业R&D经费支出（亿元）	347.20	354.32
高新技术企业R&D经费支出占全社会R&D经费比重（%）	90.35	82.26
财政性教育经费支出（亿元）	1148.50	1223.59
财政性教育经费支出与地区生产总值比值（万元/亿元）	465.60	474.59
地方财政科技支出（亿元）	182.92	195.74
地方财政科技支出占地方财政支出比重（%）	2.86	2.93
地方财政科技支出与地区生产总值比值（万元/亿元）	74.15	75.92
R&D人员全时当量（人年）	105593	124326
万人R&D人员全时当量（人年）	23.38	27.51
R&D人员中基础研究人员数（人年）	5334	6229
R&D人员中应用研究人员数（人年）	7250	8716
R&D人员中试验发展人员数（人年）	93009	109381
R&D人员中基础研究人员占比重（%）	5.05	5.01
R&D人员中应用研究人员占比重（%）	6.87	7.01
R&D人员中试验发展人员占比重（%）	88.08	87.98
R&D研究人员全时当量（人年）	39152	43360
R&D研究人员占全社会R&D人员比重（%）	37.08	34.88
高校R&D人员全时当量（人年）	8295	8461
研究机构R&D人员全时当量（人年）	5585	—
高校R&D人员占全社会R&D人员比重（%）	7.86	6.81
研究机构R&D人员占全社会R&D人员比重（%）	5.29	—
高技术产业R&D经费支出（亿元）	82.57	113.05
高技术产业R&D经费支出占全社会R&D经费比重（%）	21.48	26.25
高技术产业R&D经费支出占营业收入比重（%）	1.58	1.82
高技术产业引进技术经费支出（万元）	1046.80	0
高技术产业消化吸收经费支出（万元）	0	0
高技术产业购买境内技术经费支出（万元）	2575.60	3879.40
高技术产业技术改造经费支出（万元）	74262.70	180280.20

江西创新能力监测指标（4）

指标名称	2019	2020
高技术产业技术获取和技术改造经费支出占营业收入比重（%）	0.15	0.30
高技术产业新产品研发经费支出（亿元）	135.85	143.38
高技术产业新产品研发经费支出占新产品销售收入比重（%）	7.57	6.13
高技术产业R&D人员全时当量（人年）	25669	32247
高技术产业R&D人员占全社会R&D人员比重（%）	24.31	25.94
高新技术企业R&D人员全时当量（人年）	80980	85237
高新技术企业R&D人员占全社会R&D人员比重（%）	76.69	68.56
科学研究和技术服务业固定资产（亿元）	216.33	226.44
科学研究和技术服务业固定资产占比重（%）	0.82	0.79
开展创新活动的企业数（个）	6856	7794
开展创新活动的企业占比重（%）	52.56	54.26
实现创新的企业数（个）	6529	7696
实现创新企业占比重（%）	50.05	53.58
企业创新费用支出（亿元）	543.90	580.20
企业R&D经费支出（亿元）	320.22	346.02
企业R&D经费支出占创新费用支出比重（%）	58.87	59.64
企业R&D经费支出占全社会R&D经费比重（%）	83.32	80.34
企业R&D经费支出占营业收入比重（%）	0.91	0.95
企业引进技术经费支出（亿元）	2.70	1.81
企业消化吸收经费支出（亿元）	0.26	0.21
企业购买境内技术经费支出（亿元）	12.09	6.31
企业技术改造经费支出（亿元）	72.52	87.74
企业技术获取和技术改造经费支出（亿元）	87.57	96.06
企业技术获取和技术改造经费支出占营业收入比重（%）	0.25	0.26
企业科学研究经费支出占企业R&D经费支出比重（%）	1.47	2.16
研究机构来源于企业的R&D经费支出（亿元）	0.09	—
高校来源于企业的R&D经费支出（亿元）	5.89	9.40
研究机构和高校R&D经费支出中企业资金占比重（%）	12.04	—
企业平均吸纳技术成交额（万元）	229.47	240.26
企业R&D人员全时当量（人年）	85032	100473

江西创新能力监测指标（5）

指标名称	2019	2020
企业R&D研究人员全时当量（人年）	24521	37954
企业R&D研究人员占全社会R&D研究人员比重（%）	62.63	87.53
万名企业就业人员中R&D人员数（人年）	361.95	421.55
有R&D活动的企业数（个）	4335	5081
有R&D活动的企业占工业企业比重（%）	33.29	35.43
有研究机构的企业数（个）	3467	4090
有研究机构的企业占工业企业比重（%）	26.62	28.52
企业专利申请数（件）	27813	30838
企业发明专利申请数（件）	5768	6949
企业发明专利拥有量（件）	13328	18715
万名企业就业人员发明专利拥有量（件）	56.73	78.52
发明专利申请数（件）	14101	20285
实用新型专利申请数（件）	53552	64034
外观设计专利申请数（件）	23821	25419
研究机构专利申请数（件）	683	—
研究机构发明专利申请数（件）	502	—
高校专利申请数（件）	7408	8178
高校发明专利申请数（件）	2245	2552
万人发明专利申请数（件）	3.12	4.49
亿元R&D经费支出发明专利申请数（件）	36.69	47.10
发明专利授权数（件）	2744	4407
实用新型专利授权数（件）	37564	51326
外观设计专利授权数（件）	18832	24506
万人发明专利授权数（件）	0.61	0.98
亿元R&D经费支出发明专利授权数（件）	7.14	10.23
发明专利拥有量（件）	13210	16989
实用新型专利拥有量（件）	94991	128457
外观设计专利拥有量（件）	40650	53810
研究机构发明专利拥有量（件）	902	—
高校发明专利拥有量（件）	3099	5063

江西创新能力监测指标（6）

指标名称	2019	2020
万人发明专利拥有量（件）	2.93	3.76
国内科技论文数（篇）	7095	7140
万人国内科技论文数（篇）	1.57	1.58
SCI 收录科技论文数（篇）	5711	6472
EI 收录科技论文数（篇）	3335	4288
CPCI-S 收录科技论文数（篇）	358	244
万人国际科技论文数（篇）	2.08	2.43
技术市场成交合同数（项）	2799	4084
技术市场输出技术成交额（亿元）	148.61	233.41
万人输出技术成交额（万元）	329.08	516.46
国外技术引进合同数（项）	139	143
国外技术引进合同成交额（亿美元）	1.76	1.84
万人国外技术引进合同成交额（万美元）	3.89	4.08
国外技术引进合同成交额中技术经费（亿美元）	1.43	1.28
国外技术引进合同成交额中技术经费占比重（%）	81.29	69.32
百万人技术国际收入（万美元）	428.36	284.19
高技术产业有效发明专利数（件）	4946	8169
万名高技术产业就业人员有效发明专利数（件）	100.86	148.13
高技术产业营业收入（亿元）	5233.22	6205.82
高技术产业营业收入占工业营业收入比重（%）	14.95	17.03
高技术产业新产品销售收入（亿元）	1795.34	2340.54
高技术产业新产品销售收入占营业收入比重（%）	34.31	37.72
万元地区生产总值高技术产业营业收入（万元）	0.21	0.24
新产品销售收入（亿元）	6328.15	7221.34
新产品销售收入占营业收入比重（%）	18.08	19.82
商品出口额（亿美元）	291.76	350.23
商品出口额与地区生产总值比值（万美元/亿元）	118.28	135.84
高技术产品出口额（亿美元）	102.35	140.08
高技术产品出口额占商品出口额比重（%）	35.08	40.00

江西创新能力监测指标（7）

指标名称	2019	2020
第三产业增加值（亿元）	11789.30	12430.20
第三产业增加值占地区生产总值比重（%）	47.79	48.21
高新技术企业数（个）	5066	7043
高新技术企业年末从业人员数（万人）	94.41	112.33
高新技术企业营业收入（亿元）	12683.73	15260.46
高新技术企业技术收入（亿元）	386.61	523.94
高新技术企业技术收入占营业收入比重（%）	3.05	3.43
高新技术企业净利润（亿元）	534.32	699.65
高新技术企业利润率（%）	4.21	4.58
高新技术企业出口总额（亿元）	1210.60	1358.56
劳动生产率（万元/人）	8.22	9.92
固定资本形成总额（亿元）	11921.40	12374.26
资本生产率（万元/万元）	0.33	0.33
综合能耗产出率（元/千克标准煤）	22.03	22.54
空气达到二级以上天数（天）	330	346
空气达到二级以上天数占比重（%）	90.48	94.53
废水中化学需氧量排放量（万吨）	32.22	101.48
废水中化学需氧量排放降低率（%）	-1.70	-215.00
二氧化硫排放量（万吨）	22.71	10.25
二氧化硫排放降低率（%）	8.96	54.85
万元地区生产总值用水量（立方米）	102.31	95.01
万元地区生产总值用水量降低率（%）	10.31	7.14
废水中氨氮排放量（万吨）	2.80	4.59
废水中氨氮排放降低率（%）	-4.23	-64.19
固体废物产生量（万吨）	13049	12083
固体废物综合利用量（万吨）	6968	5498
固体废物综合治理率（%）	64.06	52.25
生活垃圾无害化处理率（%）	100.00	100.00
污水处理率（%）	95.39	97.48
建成区绿化覆盖率（%）	45.55	46.35

山东创新能力监测指标（1）

指标名称	2019	2020
大专以上学历人数（万人）	1236.41	1460.35
万人大专以上学历人数（人）	1339.89	1557.34
高等学校数（个）	146	152
高校在校学生数（万人）	288.53	320.54
十万人高校在校学生数（人）	2855.00	3153.57
高校（机构）硕士毕业生数（人）	25928	31079
十万人硕士毕业生数（人）	25.66	30.58
高校（机构）博士毕业生数（人）	1712	1716
十万人博士毕业生数（人）	1.69	1.69
研究机构数（个）	184	—
科技企业孵化器管理机构从业人员数（人）	4888	4069
国家级孵化器管理机构从业人员数（人）	1581	1558
国家大学科技园管理机构从业人员数（人）	85	126
火炬计划特色产业基地企业从业人员数（人）	1573254	1564928
国家级示范生产力促进中心人员数（人）	140	127
众创空间服务人员数（人）	7576	6372
众创空间数（个）	626	525
科技企业孵化器数（个）	358	318
国家级科技企业孵化器数（个）	96	97
科技企业孵化器在孵企业数（个）	16315	14617
科技企业孵化器累计毕业企业数（个）	12529	12942
科技企业孵化器总收入（亿元）	16.96	18.32
企业研究开发费用加计扣除减免税额（亿元）	89.16	129.99
高新技术企业减免税额（亿元）	101.70	127.11
高新技术企业减免税额占全国比重（%）	7.14	7.75
信息传输、软件和信息技术服务业固定资产投资（亿元）	435.85	642.99
信息传输、软件和信息技术服务业固定资产投资占比重（%）	0.84	1.20
邮政业务总量（亿元）	717.99	993.72
电信业务总量（亿元）	5786.39	7198.80
邮电业务总量与地区生产总值比值（万元/亿元）	922.08	1125.37
固定电话和移动电话用户数（万户）	11970.73	12032.29

山东创新能力监测指标（2）

指标名称	2019	2020
百人固定电话和移动电话用户数（户）	118.45	118.38
移动互联网用户数（万户）	8855.06	8761.31
万人移动互联网用户数（万户）	0.88	0.86
有效商标注册数（万件）	129.78	161.01
百万人有效商标注册数（件）	12841.52	15840.27
地区生产总值（亿元）	70540.50	72798.20
第二产业增加值（亿元）	28171.80	28456.70
第二产业增加值占地区生产总值比重（%）	39.94	39.09
工业增加值（亿元）	22755.10	22986.50
工业增加值占地区生产总值比重（%）	32.26	31.58
装备制造业营业收入（亿元）	16145.23	18731.04
装备制造业营业收入占营业收入比重（%）	19.41	21.49
人均地区生产总值（元）	70129	71825
城镇登记失业人员数（万人）	44.22	46.66
城镇登记失业率（%）	3.29	3.10
客运量（亿人）	6.89	3.08
旅客周转量（亿人公里）	1337.98	596.24
货运量（亿吨）	30.95	31.70
货物周转量（亿吨公里）	10166.42	10377.40
研究与试验发展（R&D）经费支出（亿元）	1494.72	1681.89
R&D经费支出与地区生产总值之比（%）	2.12	2.31
R&D经费中基础研究经费支出（亿元）	57.34	50.36
R&D经费中应用研究经费支出（亿元）	99.34	111.52
R&D经费中试验发展经费支出（亿元）	1338.03	1520.01
R&D经费中基础研究经费支出占比重（%）	3.84	2.99
R&D经费中应用研究经费支出占比重（%）	6.65	6.63
R&D经费中试验发展经费支出占比重（%）	89.52	90.38
R&D经费中政府资金经费支出（亿元）	146.53	145.30
R&D经费中企业资金经费支出（亿元）	1325.23	1518.88
R&D经费中政府资金经费支出占比重（%）	9.80	8.64
R&D经费中企业资金经费支出占比重（%）	88.66	90.31
高校R&D经费支出（亿元）	67.63	76.66

山东创新能力监测指标（3）

指标名称	2019	2020
研究机构R&D经费支出（亿元）	60.04	—
高校R&D经费支出占全社会R&D经费比重（%）	4.52	4.56
研究机构R&D经费支出占全社会R&D经费比重（%）	4.02	—
高新技术企业R&D经费支出（亿元）	587.25	718.06
高新技术企业R&D经费支出占全社会R&D经费比重（%）	39.29	42.69
财政性教育经费支出（亿元）	2156.14	2283.84
财政性教育经费支出与地区生产总值比值（万元/亿元）	305.66	313.72
地方财政科技支出（亿元）	305.76	298.62
地方财政科技支出占地方财政支出比重（%）	2.85	2.66
地方财政科技支出与地区生产总值比值（万元/亿元）	43.34	41.02
R&D人员全时当量（人年）	278787	341159
万人R&D人员全时当量（人年）	27.59	33.56
R&D人员中基础研究人员数（人年）	21374	23105
R&D人员中应用研究人员数（人年）	32796	34857
R&D人员中试验发展人员数（人年）	224622	283197
R&D人员中基础研究人员占比重（%）	7.67	6.77
R&D人员中应用研究人员占比重（%）	11.76	10.22
R&D人员中试验发展人员占比重（%）	80.57	83.01
R&D研究人员全时当量（人年）	122797	141786
R&D研究人员占全社会R&D人员比重（%）	44.05	41.56
高校R&D人员全时当量（人年）	30763	34462
研究机构R&D人员全时当量（人年）	12569	—
高校R&D人员占全社会R&D人员比重（%）	11.03	10.10
研究机构R&D人员占全社会R&D人员比重（%）	4.51	—
高技术产业R&D经费支出（亿元）	195.91	230.73
高技术产业R&D经费支出占全社会R&D经费比重（%）	13.11	13.72
高技术产业R&D经费支出占营业收入比重（%）	3.31	3.42
高技术产业引进技术经费支出（万元）	20273.40	18089.70
高技术产业消化吸收经费支出（万元）	105.00	1109.80
高技术产业购买境内技术经费支出（万元）	74450.10	49271.30
高技术产业技术改造经费支出（万元）	283320.20	343222.80

山东创新能力监测指标（4）

指标名称	2019	2020
高技术产业技术获取和技术改造经费支出占营业收入比重（%）	0.64	0.61
高技术产业新产品研发经费支出（亿元）	202.51	224.58
高技术产业新产品研发经费支出占新产品销售收入比重（%）	10.19	9.25
高技术产业R&D人员全时当量（人年）	35706	44598
高技术产业R&D人员占全社会R&D人员比重（%）	12.81	13.07
高新技术企业R&D人员全时当量（人年）	155957	182378
高新技术企业R&D人员占全社会R&D人员比重（%）	55.94	53.46
科学研究和技术服务业固定资产（亿元）	1203.69	1172.26
科学研究和技术服务业固定资产占比重（%）	2.32	2.18
开展创新活动的企业数（个）	14125	17862
开展创新活动的企业占比重（%）	52.07	60.29
实现创新的企业数（个）	13056	17134
实现创新企业占比重（%）	48.13	57.83
企业创新费用支出（亿元）	1680.10	1891.60
企业R&D经费支出（亿元）	1210.95	1365.62
企业R&D经费支出占创新费用支出比重（%）	72.08	72.19
企业R&D经费支出占全社会R&D经费比重（%）	81.02	81.20
企业R&D经费支出占营业收入比重（%）	1.46	1.57
企业引进技术经费支出（亿元）	12.89	10.31
企业消化吸收经费支出（亿元）	1.52	1.12
企业购买境内技术经费支出（亿元）	30.78	13.86
企业技术改造经费支出（亿元）	231.60	221.60
企业技术获取和技术改造经费支出（亿元）	276.80	246.89
企业技术获取和技术改造经费支出占营业收入比重（%）	0.33	0.28
企业科学研究经费支出占企业R&D经费支出比重（%）	3.12	2.39
研究机构来源于企业的R&D经费支出（亿元）	2.55	—
高校来源于企业的R&D经费支出（亿元）	13.85	27.18
研究机构和高校R&D经费支出中企业资金占比重（%）	12.85	—
企业平均吸纳技术成交额（万元）	409.52	691.41
企业R&D人员全时当量（人年）	198205	255281

山东创新能力监测指标（5）

指标名称	2019	2020
企业R&D研究人员全时当量（人年）	66849	116802
企业R&D研究人员占全社会R&D研究人员比重（%）	54.44	82.38
万名企业就业人员中R&D人员数（人年）	358.00	463.47
有R&D活动的企业数（个）	7114	11604
有R&D活动的企业占工业企业比重（%）	26.22	39.17
有研究机构的企业数（个）	2566	3966
有研究机构的企业占工业企业比重（%）	9.46	13.39
企业专利申请数（件）	57339	78928
企业发明专利申请数（件）	21948	27413
企业发明专利拥有量（件）	67896	78926
万名企业就业人员发明专利拥有量（件）	122.64	143.29
发明专利申请数（件）	69350	74420
实用新型专利申请数（件）	166858	233626
外观设计专利申请数（件）	27003	29234
研究机构专利申请数（件）	2807	—
研究机构发明专利申请数（件）	2126	—
高校专利申请数（件）	17847	17130
高校发明专利申请数（件）	10762	10092
万人发明专利申请数（件）	6.86	7.32
亿元R&D经费支出发明专利申请数（件）	46.40	44.25
发明专利授权数（件）	20652	26745
实用新型专利授权数（件）	106429	184564
外观设计专利授权数（件）	19400	27469
万人发明专利授权数（件）	2.04	2.63
亿元R&D经费支出发明专利授权数（件）	13.82	15.90
发明专利拥有量（件）	100892	124512
实用新型专利拥有量（件）	319432	455859
外观设计专利拥有量（件）	65528	81840
研究机构发明专利拥有量（件）	6305	—
高校发明专利拥有量（件）	23091	31485

山东创新能力监测指标（6）

指标名称	2019	2020
万人发明专利拥有量（件）	9.98	12.25
国内科技论文数（篇）	22069	22429
万人国内科技论文数（篇）	2.18	2.21
SCI 收录科技论文数（篇）	25117	27674
EI 收录科技论文数（篇）	11011	17040
CPCI-S 收录科技论文数（篇）	1855	1598
万人国际科技论文数（篇）	3.76	4.56
技术市场成交合同数（项）	35167	73639
技术市场输出技术成交额（亿元）	1110.02	1903.89
万人输出技术成交额（万元）	1098.37	1873.08
国外技术引进合同数（项）	433	417
国外技术引进合同成交额（亿美元）	19.58	11.56
万人国外技术引进合同成交额（万美元）	19.37	11.37
国外技术引进合同成交额中技术经费（亿美元）	18.04	11.55
国外技术引进合同成交额中技术经费占比重（%）	92.16	99.92
百万人技术国际收入（万美元）	837.30	841.70
高技术产业有效发明专利数（件）	18387	17307
万名高技术产业就业人员有效发明专利数（件）	339.27	304.47
高技术产业营业收入（亿元）	5910.64	6740.73
高技术产业营业收入占工业营业收入比重（%）	7.11	7.73
高技术产业新产品销售收入（亿元）	1987.35	2427.56
高技术产业新产品销售收入占营业收入比重（%）	33.62	36.01
万元地区生产总值高技术产业营业收入（万元）	0.08	0.09
新产品销售收入（亿元）	13480.08	17081.08
新产品销售收入占营业收入比重（%）	16.21	19.60
商品出口额（亿美元）	1710.44	1794.67
商品出口额与地区生产总值比值（万美元/亿元）	242.48	246.53
高技术产品出口额（亿美元）	133.31	153.60
高技术产品出口额占商品出口额比重（%）	7.79	8.56

山东创新能力监测指标（7）

指标名称	2019	2020
第三产业增加值（亿元）	37251.70	38977.20
第三产业增加值占地区生产总值比重（%）	52.81	53.54
高新技术企业数（个）	11358	14560
高新技术企业年末从业人员数（万人）	202.66	229.00
高新技术企业营业收入（亿元）	27445.31	32313.42
高新技术企业技术收入（亿元）	1188.52	1394.52
高新技术企业技术收入占营业收入比重（%）	4.33	4.32
高新技术企业净利润（亿元）	1554.42	2005.82
高新技术企业利润率（%）	5.66	6.21
高新技术企业出口总额（亿元）	3240.15	3498.69
劳动生产率（万元/人）	13.28	14.95
固定资本形成总额（亿元）	33393.29	34505.37
资本生产率（万元/万元）	0.31	0.31
综合能耗产出率（元/千克标准煤）	17.16	17.59
空气达到二级以上天数（天）	210	274
空气达到二级以上天数占比重（%）	57.61	74.92
废水中化学需氧量排放量（万吨）	27.57	153.48
废水中化学需氧量排放降低率（%）	5.61	-456.76
二氧化硫排放量（万吨）	28.15	19.33
二氧化硫排放降低率（%）	17.51	31.34
万元地区生产总值用水量（立方米）	31.70	30.43
万元地区生产总值用水量降低率（%）	-13.98	4.03
废水中氨氮排放量（万吨）	2.34	5.31
废水中氨氮排放降低率（%）	6.00	-127.44
固体废物产生量（万吨）	32129	24989
固体废物综合利用量（万吨）	25230	19612
固体废物综合治理率（%）	85.68	84.83
生活垃圾无害化处理率（%）	99.94	100.00
污水处理率（%）	97.99	98.26
建成区绿化覆盖率（%）	41.80	41.65

河南创新能力监测指标（1）

指标名称	2019	2020
大专以上学历人数（万人）	952.95	1166.99
万人大专以上学历人数（人）	1074.32	1273.14
高等学校数（个）	141	151
高校在校学生数（万人）	288.42	320.43
十万人高校在校学生数（人）	2913.00	3223.26
高校（机构）硕士毕业生数（人）	15772	15694
十万人硕士毕业生数（人）	15.93	15.79
高校（机构）博士毕业生数（人）	335	495
十万人博士毕业生数（人）	0.34	0.50
研究机构数（个）	115	—
科技企业孵化器管理机构从业人员数（人）	2602	2484
国家级孵化器管理机构从业人员数（人）	907	952
国家大学科技园管理机构从业人员数（人）	61	61
火炬计划特色产业基地企业从业人员数（人）	229912	354708
国家级示范生产力促进中心人员数（人）	285	255
众创空间服务人员数（人）	3096	3343
众创空间数（个）	229	286
科技企业孵化器数（个）	167	181
国家级科技企业孵化器数（个）	44	50
科技企业孵化器在孵企业数（个）	8987	9308
科技企业孵化器累计毕业企业数（个）	6698	7517
科技企业孵化器总收入（亿元）	8.38	11.10
企业研究开发费用加计扣除减免税额（亿元）	50.94	46.67
高新技术企业减免税额（亿元）	41.27	40.39
高新技术企业减免税额占全国比重（%）	2.90	2.46
信息传输、软件和信息技术服务业固定资产投资（亿元）	366.77	791.94
信息传输、软件和信息技术服务业固定资产投资占比重（%）	0.72	1.48
邮政业务总量（亿元）	590.45	829.65
电信业务总量（亿元）	5999.12	8156.78
邮电业务总量与地区生产总值比值（万元/亿元）	1226.70	1656.20
固定电话和移动电话用户数（万户）	10598.91	10718.60

河南创新能力监测指标（2）

指标名称	2019	2020
百人固定电话和移动电话用户数（户）	107.05	107.82
移动互联网用户数（万户）	8245.69	8748.71
万人移动互联网用户数（万户）	0.83	0.88
有效商标注册数（万件）	87.37	112.11
百万人有效商标注册数（件）	8824.57	11277.22
地区生产总值（亿元）	53717.80	54259.40
第二产业增加值（亿元）	23035.60	22220.90
第二产业增加值占地区生产总值比重（%）	42.88	40.95
工业增加值（亿元）	17938.20	17147.20
工业增加值占地区生产总值比重（%）	33.39	31.60
装备制造业营业收入（亿元）	13715.50	12992.88
装备制造业营业收入占营业收入比重（%）	27.39	26.73
人均地区生产总值（元）	55825	54691
城镇登记失业人员数（万人）	49.43	62.15
城镇登记失业率（%）	3.17	3.24
客运量（亿人）	10.93	5.79
旅客周转量（亿人公里）	1798.68	927.12
货运量（亿吨）	21.90	21.99
货物周转量（亿吨公里）	8658.54	8833.22
研究与试验发展（R&D）经费支出（亿元）	793.04	901.27
R&D经费支出与地区生产总值之比（%）	1.48	1.66
R&D经费中基础研究经费支出（亿元）	19.14	20.99
R&D经费中应用研究经费支出（亿元）	72.24	79.89
R&D经费中试验发展经费支出（亿元）	701.65	800.39
R&D经费中基础研究经费支出占比重（%）	2.41	2.33
R&D经费中应用研究经费支出占比重（%）	9.11	8.86
R&D经费中试验发展经费支出占比重（%）	88.48	88.81
R&D经费中政府资金经费支出（亿元）	78.01	79.48
R&D经费中企业资金经费支出（亿元）	686.76	787.73
R&D经费中政府资金经费支出占比重（%）	9.84	8.82
R&D经费中企业资金经费支出占比重（%）	86.60	87.40
高校R&D经费支出（亿元）	41.22	46.54

河南创新能力监测指标（3）

指标名称	2019	2020
研究机构R&D经费支出（亿元）	52.60	—
高校R&D经费支出占全社会R&D经费比重（%）	5.20	5.16
研究机构R&D经费支出占全社会R&D经费比重（%）	6.63	—
高新技术企业R&D经费支出（亿元）	211.66	219.28
高新技术企业R&D经费支出占全社会R&D经费比重（%）	26.69	24.33
财政性教育经费支出（亿元）	1810.71	1882.56
财政性教育经费支出与地区生产总值比值（万元/亿元）	337.08	346.96
地方财政科技支出（亿元）	211.07	254.28
地方财政科技支出占地方财政支出比重（%）	2.08	2.45
地方财政科技支出与地区生产总值比值（万元/亿元）	39.29	46.86
R&D人员全时当量（人年）	191570	203080
万人R&D人员全时当量（人年）	19.35	20.43
R&D人员中基础研究人员数（人年）	7421	7488
R&D人员中应用研究人员数（人年）	22196	21681
R&D人员中试验发展人员数（人年）	161967	173914
R&D人员中基础研究人员占比重（%）	3.87	3.69
R&D人员中应用研究人员占比重（%）	11.59	10.68
R&D人员中试验发展人员占比重（%）	84.55	85.64
R&D研究人员全时当量（人年）	76108	80815
R&D研究人员占全社会R&D人员比重（%）	39.73	39.79
高校R&D人员全时当量（人年）	13783	14863
研究机构R&D人员全时当量（人年）	11175	—
高校R&D人员占全社会R&D人员比重（%）	7.19	7.32
研究机构R&D人员占全社会R&D人员比重（%）	5.83	—
高技术产业R&D经费支出（亿元）	85.86	108.50
高技术产业R&D经费支出占全社会R&D经费比重（%）	10.83	12.04
高技术产业R&D经费支出占营业收入比重（%）	1.40	1.68
高技术产业引进技术经费支出（万元）	1141.70	0
高技术产业消化吸收经费支出（万元）	132.80	0
高技术产业购买境内技术经费支出（万元）	11078.20	11352.70
高技术产业技术改造经费支出（万元）	58323.50	44766.20

河南创新能力监测指标（4）

指标名称	2019	2020
高技术产业技术获取和技术改造经费支出占营业收入比重（%）	0.12	0.09
高技术产业新产品研发经费支出（亿元）	79.06	97.19
高技术产业新产品研发经费支出占新产品销售收入比重（%）	3.29	3.33
高技术产业R&D人员全时当量（人年）	27439	31951
高技术产业R&D人员占全社会R&D人员比重（%）	14.32	15.73
高新技术企业R&D人员全时当量（人年）	74296	74011
高新技术企业R&D人员占全社会R&D人员比重（%）	38.78	36.44
科学研究和技术服务业固定资产（亿元）	415.74	393.02
科学研究和技术服务业固定资产占比重（%）	0.81	0.73
开展创新活动的企业数（个）	8772	9202
开展创新活动的企业占比重（%）	44.96	46.48
实现创新的企业数（个）	8253	8897
实现创新企业占比重（%）	42.30	44.94
企业创新费用支出（亿元）	800.40	839.80
企业R&D经费支出（亿元）	608.72	685.58
企业R&D经费支出占创新费用支出比重（%）	76.05	81.64
企业R&D经费支出占全社会R&D经费比重（%）	76.76	76.07
企业R&D经费支出占营业收入比重（%）	1.22	1.41
企业引进技术经费支出（亿元）	1.32	1.48
企业消化吸收经费支出（亿元）	0.13	0.01
企业购买境内技术经费支出（亿元）	9.00	6.80
企业技术改造经费支出（亿元）	106.21	91.56
企业技术获取和技术改造经费支出（亿元）	116.65	99.85
企业技术获取和技术改造经费支出占营业收入比重（%）	0.23	0.21
企业科学研究经费支出占企业R&D经费支出比重（%）	3.73	3.91
研究机构来源于企业的R&D经费支出（亿元）	0.56	—
高校来源于企业的R&D经费支出（亿元）	10.43	16.26
研究机构和高校R&D经费支出中企业资金占比重（%）	11.72	—
企业平均吸纳技术成交额（万元）	212.91	271.00
企业R&D人员全时当量（人年）	140361	145464

河南创新能力监测指标（5）

指标名称	2019	2020
企业R&D研究人员全时当量（人年）	43513	63744
企业R&D研究人员占全社会R&D研究人员比重（%）	57.17	78.88
万名企业就业人员中R&D人员数（人年）	286.95	312.61
有R&D活动的企业数（个）	4458	4887
有R&D活动的企业占工业企业比重（%）	22.84	24.68
有研究机构的企业数（个）	1626	1714
有研究机构的企业占工业企业比重（%）	8.33	8.66
企业专利申请数（件）	30397	38206
企业发明专利申请数（件）	8734	9899
企业发明专利拥有量（件）	30245	36500
万名企业就业人员发明专利拥有量（件）	61.83	78.44
发明专利申请数（件）	30260	32609
实用新型专利申请数（件）	96203	126789
外观设计专利申请数（件）	17547	19187
研究机构专利申请数（件）	1888	—
研究机构发明专利申请数（件）	1445	—
高校专利申请数（件）	12824	15765
高校发明专利申请数（件）	5524	5830
万人发明专利申请数（件）	3.06	3.28
亿元R&D经费支出发明专利申请数（件）	38.16	36.18
发明专利授权数（件）	6991	9183
实用新型专利授权数（件）	65341	95894
外观设计专利授权数（件）	13915	17732
万人发明专利授权数（件）	0.71	0.92
亿元R&D经费支出发明专利授权数（件）	8.82	10.19
发明专利拥有量（件）	37311	43547
实用新型专利拥有量（件）	180601	246313
外观设计专利拥有量（件）	38054	47109
研究机构发明专利拥有量（件）	3935	—
高校发明专利拥有量（件）	9975	11493

河南创新能力监测指标（6）

指标名称	2019	2020
万人发明专利拥有量（件）	3.77	4.38
国内科技论文数（篇）	18628	19318
万人国内科技论文数（篇）	1.88	1.94
SCI 收录科技论文数（篇）	11364	12363
EI 收录科技论文数（篇）	5942	7813
CPCI-S 收录科技论文数（篇）	802	457
万人国际科技论文数（篇）	1.83	2.08
技术市场成交合同数（项）	9293	11717
技术市场输出技术成交额（亿元）	231.89	379.78
万人输出技术成交额（万元）	234.21	382.03
国外技术引进合同数（项）	56	49
国外技术引进合同成交额（亿美元）	1.60	0.94
万人国外技术引进合同成交额（万美元）	1.62	0.94
国外技术引进合同成交额中技术经费（亿美元）	1.60	0.94
国外技术引进合同成交额中技术经费占比重（%）	100.00	100.00
百万人技术国际收入（万美元）	113.17	106.44
高技术产业有效发明专利数（件）	6469	7842
万名高技术产业就业人员有效发明专利数（件）	101.62	117.70
高技术产业营业收入（亿元）	6118.46	6472.09
高技术产业营业收入占工业营业收入比重（%）	12.22	13.32
高技术产业新产品销售收入（亿元）	2405.64	2915.67
高技术产业新产品销售收入占营业收入比重（%）	39.32	45.05
万元地区生产总值高技术产业营业收入（万元）	0.11	0.12
新产品销售收入（亿元）	6788.35	7907.50
新产品销售收入占营业收入比重（%）	13.56	16.27
商品出口额（亿美元）	592.94	659.53
商品出口额与地区生产总值比值（万美元/亿元）	110.38	121.55
高技术产品出口额（亿美元）	335.89	359.24
高技术产品出口额占商品出口额比重（%）	56.65	54.47

河南创新能力监测指标（7）

指标名称	2019	2020
第三产业增加值（亿元）	26046.50	26684.50
第三产业增加值占地区生产总值比重（%）	48.49	49.18
高新技术企业数（个）	4749	6270
高新技术企业年末从业人员数（万人）	98.05	106.51
高新技术企业营业收入（亿元）	10330.40	11999.98
高新技术企业技术收入（亿元）	640.63	726.72
高新技术企业技术收入占营业收入比重（%）	6.20	6.06
高新技术企业净利润（亿元）	504.05	595.65
高新技术企业利润率（%）	4.88	4.96
高新技术企业出口总额（亿元）	692.16	741.02
劳动生产率（万元/人）	7.48	10.18
固定资本形成总额（亿元）	36347.95	36989.75
资本生产率（万元/万元）	0.22	0.21
综合能耗产出率（元/千克标准煤）	18.02	17.89
空气达到二级以上天数（天）	196	263
空气达到二级以上天数占比重（%）	53.81	71.73
废水中化学需氧量排放量（万吨）	25.19	144.57
废水中化学需氧量排放降低率（%）	6.73	-474.02
二氧化硫排放量（万吨）	10.44	6.68
二氧化硫排放降低率（%）	14.91	36.05
万元地区生产总值用水量（立方米）	43.83	43.11
万元地区生产总值用水量降低率（%）	10.22	1.63
废水中氨氮排放量（万吨）	2.06	4.63
废水中氨氮排放降低率（%）	10.45	-125.06
固体废物产生量（万吨）	24965	15355
固体废物综合利用量（万吨）	11976	11468
固体废物综合治理率（%）	69.83	88.35
生活垃圾无害化处理率（%）	99.65	99.94
污水处理率（%）	97.72	98.32
建成区绿化覆盖率（%）	41.03	41.92

湖北创新能力监测指标（1）

指标名称	2019	2020
大专以上学历人数（万人）	812.05	895.25
万人大专以上学历人数（人）	1470.42	1654.02
高等学校数（个）	128	129
高校在校学生数（万人）	192.51	206.70
十万人高校在校学生数（人）	3248.00	3598.03
高校（机构）硕士毕业生数（人）	35108	40553
十万人硕士毕业生数（人）	59.23	70.59
高校（机构）博士毕业生数（人）	3965	4381
十万人博士毕业生数（人）	6.69	7.63
研究机构数（个）	101	—
科技企业孵化器管理机构从业人员数（人）	2917	3143
国家级孵化器管理机构从业人员数（人）	919	1066
国家大学科技园管理机构从业人员数（人）	78	66
火炬计划特色产业基地企业从业人员数（人）	339213	321084
国家级示范生产力促进中心人员数（人）	173	92
众创空间服务人员数（人）	3464	3906
众创空间数（个）	337	346
科技企业孵化器数（个）	216	250
国家级科技企业孵化器数（个）	53	62
科技企业孵化器在孵企业数（个）	11286	12440
科技企业孵化器累计毕业企业数（个）	8409	9251
科技企业孵化器总收入（亿元）	13.12	16.31
企业研究开发费用加计扣除减免税额（亿元）	58.40	62.51
高新技术企业减免税额（亿元）	38.98	44.81
高新技术企业减免税额占全国比重（%）	2.74	2.73
信息传输、软件和信息技术服务业固定资产投资（亿元）	367.85	244.69
信息传输、软件和信息技术服务业固定资产投资占比重（%）	0.94	0.77
邮政业务总量（亿元）	458.51	471.77
电信业务总量（亿元）	3370.84	4205.17
邮电业务总量与地区生产总值比值（万元/亿元）	842.93	1087.55
固定电话和移动电话用户数（万户）	6206.95	6162.68

湖北创新能力监测指标（2）

指标名称	2019	2020
百人固定电话和移动电话用户数（户）	104.72	107.27
移动互联网用户数（万户）	4635.62	4789.67
万人移动互联网用户数（万户）	0.78	0.83
有效商标注册数（万件）	54.69	66.51
百万人有效商标注册数（件）	9226.66	11578.12
地区生产总值（亿元）	45429.00	43004.50
第二产业增加值（亿元）	18723.10	15933.80
第二产业增加值占地区生产总值比重（%）	41.21	37.05
工业增加值（亿元）	15707.60	13174.70
工业增加值占地区生产总值比重（%）	34.58	30.64
装备制造业营业收入（亿元）	14987.47	14226.98
装备制造业营业收入占营业收入比重（%）	32.97	34.76
人均地区生产总值（元）	76712	73687
城镇登记失业人员数（万人）	37.63	55.29
城镇登记失业率（%）	2.44	3.35
客运量（亿人）	8.74	3.01
旅客周转量（亿人公里）	1200.36	522.92
货运量（亿吨）	18.81	16.04
货物周转量（亿吨公里）	6132.40	5294.95
研究与试验发展（R&D）经费支出（亿元）	957.88	1005.28
R&D经费支出与地区生产总值之比（%）	2.11	2.34
R&D经费中基础研究经费支出（亿元）	43.23	45.54
R&D经费中应用研究经费支出（亿元）	119.38	122.17
R&D经费中试验发展经费支出（亿元）	795.27	837.57
R&D经费中基础研究经费支出占比重（%）	4.51	4.53
R&D经费中应用研究经费支出占比重（%）	12.46	12.15
R&D经费中试验发展经费支出占比重（%）	83.02	83.32
R&D经费中政府资金经费支出（亿元）	179.32	213.65
R&D经费中企业资金经费支出（亿元）	741.50	769.29
R&D经费中政府资金经费支出占比重（%）	18.72	21.25
R&D经费中企业资金经费支出占比重（%）	77.41	76.53
高校R&D经费支出（亿元）	104.69	94.01

湖北创新能力监测指标（3）

指标名称	2019	2020
研究机构R&D经费支出（亿元）	108.10	—
高校R&D经费支出占全社会R&D经费比重（%）	10.93	9.35
研究机构R&D经费支出占全社会R&D经费比重（%）	11.29	—
高新技术企业R&D经费支出（亿元）	554.64	552.29
高新技术企业R&D经费支出占全社会R&D经费比重（%）	57.90	54.94
财政性教育经费支出（亿元）	1147.10	1192.02
财政性教育经费支出与地区生产总值比值（万元/亿元）	252.50	277.19
地方财政科技支出（亿元）	319.28	287.85
地方财政科技支出占地方财政支出比重（%）	4.01	3.41
地方财政科技支出与地区生产总值比值（万元/亿元）	70.28	66.94
R&D人员全时当量（人年）	178330	192168
万人R&D人员全时当量（人年）	30.09	33.45
R&D人员中基础研究人员数（人年）	13131	13265
R&D人员中应用研究人员数（人年）	25393	27170
R&D人员中试验发展人员数（人年）	139823	151732
R&D人员中基础研究人员占比重（%）	7.36	6.90
R&D人员中应用研究人员占比重（%）	14.24	14.14
R&D人员中试验发展人员占比重（%）	78.41	78.96
R&D研究人员全时当量（人年）	82325	89997
R&D研究人员占全社会R&D人员比重（%）	46.16	46.83
高校R&D人员全时当量（人年）	26431	26555
研究机构R&D人员全时当量（人年）	12055	—
高校R&D人员占全社会R&D人员比重（%）	14.82	13.82
研究机构R&D人员占全社会R&D人员比重（%）	6.76	—
高技术产业R&D经费支出（亿元）	152.94	191.30
高技术产业R&D经费支出占全社会R&D经费比重（%）	15.97	19.03
高技术产业R&D经费支出占营业收入比重（%）	3.45	4.22
高技术产业引进技术经费支出（万元）	2961.30	6987.10
高技术产业消化吸收经费支出（万元）	305.00	1013.40
高技术产业购买境内技术经费支出（万元）	9497.50	17094.90
高技术产业技术改造经费支出（万元）	102666.90	105098.40

湖北创新能力监测指标（4）

指标名称	2019	2020
高技术产业技术获取和技术改造经费支出占营业收入比重（%）	0.26	0.29
高技术产业新产品研发经费支出（亿元）	183.99	232.00
高技术产业新产品研发经费支出占新产品销售收入比重（%）	10.00	12.00
高技术产业R&D人员全时当量（人年）	27319	30942
高技术产业R&D人员占全社会R&D人员比重（%）	15.32	16.10
高新技术企业R&D人员全时当量（人年）	153801	152685
高新技术企业R&D人员占全社会R&D人员比重（%）	86.25	79.45
科学研究和技术服务业固定资产（亿元）	353.20	252.67
科学研究和技术服务业固定资产占比重（%）	0.90	0.79
开展创新活动的企业数（个）	9279	9176
开展创新活动的企业占比重（%）	59.78	58.44
实现创新的企业数（个）	7880	8432
实现创新企业占比重（%）	50.77	53.70
企业创新费用支出（亿元）	897.60	964.60
企业R&D经费支出（亿元）	586.51	610.96
企业R&D经费支出占创新费用支出比重（%）	65.34	63.34
企业R&D经费支出占全社会R&D经费比重（%）	61.23	60.77
企业R&D经费支出占营业收入比重（%）	1.29	1.49
企业引进技术经费支出（亿元）	4.82	3.48
企业消化吸收经费支出（亿元）	0.09	0.11
企业购买境内技术经费支出（亿元）	4.30	4.19
企业技术改造经费支出（亿元）	108.81	129.85
企业技术获取和技术改造经费支出（亿元）	118.01	137.64
企业技术获取和技术改造经费支出占营业收入比重（%）	0.26	0.34
企业科学研究经费支出占企业R&D经费支出比重（%）	2.97	2.53
研究机构来源于企业的R&D经费支出（亿元）	3.93	—
高校来源于企业的R&D经费支出（亿元）	29.99	32.63
研究机构和高校R&D经费支出中企业资金占比重（%）	15.94	—
企业平均吸纳技术成交额（万元）	608.71	893.47
企业R&D人员全时当量（人年）	115743	125066

湖北创新能力监测指标（5）

指标名称	2019	2020
企业R&D研究人员全时当量（人年）	38347	60383
企业R&D研究人员占全社会R&D研究人员比重（%）	46.58	67.09
万名企业就业人员中R&D人员数（人年）	344.61	455.60
有R&D活动的企业数（个）	4877	5649
有R&D活动的企业占工业企业比重（%）	31.42	35.96
有研究机构的企业数（个）	2012	2693
有研究机构的企业占工业企业比重（%）	12.96	17.14
企业专利申请数（件）	35149	44035
企业发明专利申请数（件）	16366	18798
企业发明专利拥有量（件）	38000	49197
万名企业就业人员发明专利拥有量（件）	113.14	179.22
发明专利申请数（件）	47450	47767
实用新型专利申请数（件）	81197	102936
外观设计专利申请数（件）	12674	12910
研究机构专利申请数（件）	2514	—
研究机构发明专利申请数（件）	1868	—
高校专利申请数（件）	18475	15616
高校发明专利申请数（件）	12436	10475
万人发明专利申请数（件）	8.01	8.31
亿元R&D经费支出发明专利申请数（件）	49.54	47.52
发明专利授权数（件）	14178	17555
实用新型专利授权数（件）	50159	80229
外观设计专利授权数（件）	9603	12318
万人发明专利授权数（件）	2.39	3.06
亿元R&D经费支出发明专利授权数（件）	14.80	17.46
发明专利拥有量（件）	59379	73548
实用新型专利拥有量（件）	155996	212957
外观设计专利拥有量（件）	29177	35938
研究机构发明专利拥有量（件）	6286	—
高校发明专利拥有量（件）	21243	25533

湖北创新能力监测指标（6）

指标名称	2019	2020
万人发明专利拥有量（件）	10.02	12.80
国内科技论文数（篇）	26445	25815
万人国内科技论文数（篇）	4.46	4.49
SCI 收录科技论文数（篇）	24219	26108
EI 收录科技论文数（篇）	15471	18076
CPCI-S 收录科技论文数（篇）	2525	1805
万人国际科技论文数（篇）	7.12	8.01
技术市场成交合同数（项）	39136	39420
技术市场输出技术成交额（亿元）	1429.84	1665.81
万人输出技术成交额（万元）	2412.41	2899.67
国外技术引进合同数（项）	198	191
国外技术引进合同成交额（亿美元）	10.27	8.58
万人国外技术引进合同成交额（万美元）	17.33	14.93
国外技术引进合同成交额中技术经费（亿美元）	10.27	8.57
国外技术引进合同成交额中技术经费占比重（%）	100.00	99.99
百万人技术国际收入（万美元）	743.16	1018.36
高技术产业有效发明专利数（件）	13660	18752
万名高技术产业就业人员有效发明专利数（件）	388.58	466.44
高技术产业营业收入（亿元）	4433.94	4527.96
高技术产业营业收入占工业营业收入比重（%）	9.75	11.06
高技术产业新产品销售收入（亿元）	1840.40	1933.93
高技术产业新产品销售收入占营业收入比重（%）	41.51	42.71
万元地区生产总值高技术产业营业收入（万元）	0.10	0.11
新产品销售收入（亿元）	9707.67	9596.88
新产品销售收入占营业收入比重（%）	21.35	23.45
商品出口额（亿美元）	318.75	381.32
商品出口额与地区生产总值比值（万美元/亿元）	70.16	88.67
高技术产品出口额（亿美元）	115.74	113.10
高技术产品出口额占商品出口额比重（%）	36.31	29.66

湖北创新能力监测指标（7）

指标名称	2019	2020
第三产业增加值（亿元）	22896.50	22937.60
第三产业增加值占地区生产总值比重（%）	50.40	53.34
高新技术企业数（个）	7686	10266
高新技术企业年末从业人员数（万人）	131.46	149.27
高新技术企业营业收入（亿元）	21296.12	23199.65
高新技术企业技术收入（亿元）	3672.40	4250.16
高新技术企业技术收入占营业收入比重（%）	17.24	18.32
高新技术企业净利润（亿元）	1471.06	1276.93
高新技术企业利润率（%）	6.91	5.50
高新技术企业出口总额（亿元）	1134.53	1221.38
劳动生产率（万元/人）	10.11	10.45
固定资本形成总额（亿元）	25564.26	24420.60
资本生产率（万元/万元）	0.28	0.27
综合能耗产出率（元/千克标准煤）	16.42	16.61
空气达到二级以上天数（天）	270	314
空气达到二级以上天数占比重（%）	73.99	85.87
废水中化学需氧量排放量（万吨）	26.76	153.03
废水中化学需氧量排放降低率（%）	7.83	-471.82
二氧化硫排放量（万吨）	11.68	9.72
二氧化硫排放降低率（%）	3.33	16.75
万元地区生产总值用水量（立方米）	66.16	64.20
万元地区生产总值用水量降低率（%）	12.28	2.96
废水中氨氮排放量（万吨）	2.25	5.82
废水中氨氮排放降低率（%）	8.44	-158.71
固体废物产生量（万吨）	13368	8987
固体废物综合利用量（万吨）	10060	6178
固体废物综合治理率（%）	93.71	91.17
生活垃圾无害化处理率（%）	99.98	100.00
污水处理率（%）	100.00	96.97
建成区绿化覆盖率（%）	38.88	41.07

湖南创新能力监测指标（1）

指标名称	2019	2020
大专以上学历人数（万人）	840.13	813.22
万人大专以上学历人数（人）	1321.41	1314.10
高等学校数（个）	125	128
高校在校学生数（万人）	190.77	209.23
十万人高校在校学生数（人）	2873.00	3148.58
高校（机构）硕士毕业生数（人）	19628	22843
十万人硕士毕业生数（人）	29.56	34.37
高校（机构）博士毕业生数（人）	1790	1972
十万人博士毕业生数（人）	2.70	2.97
研究机构数（个）	105	—
科技企业孵化器管理机构从业人员数（人）	1644	1805
国家级孵化器管理机构从业人员数（人）	629	651
国家大学科技园管理机构从业人员数（人）	66	69
火炬计划特色产业基地企业从业人员数（人）	208302	261269
国家级示范生产力促进中心人员数（人）	193	121
众创空间服务人员数（人）	2155	2946
众创空间数（个）	186	282
科技企业孵化器数（个）	89	107
国家级科技企业孵化器数（个）	24	25
科技企业孵化器在孵企业数（个）	5672	6435
科技企业孵化器累计毕业企业数（个）	4189	4948
科技企业孵化器总收入（亿元）	7.85	8.20
企业研究开发费用加计扣除减免税额（亿元）	71.72	75.01
高新技术企业减免税额（亿元）	47.38	71.22
高新技术企业减免税额占全国比重（%）	3.33	4.34
信息传输、软件和信息技术服务业固定资产投资（亿元）	635.82	586.09
信息传输、软件和信息技术服务业固定资产投资占比重（%）	1.68	1.44
邮政业务总量（亿元）	321.79	429.22
电信业务总量（亿元）	4248.82	5671.25
邮电业务总量与地区生产总值比值（万元/亿元）	1145.68	1468.48
固定电话和移动电话用户数（万户）	7271.22	7311.83

湖南创新能力监测指标（2）

指标名称	2019	2020
百人固定电话和移动电话用户数（户）	109.51	110.03
移动互联网用户数（万户）	5489.68	5771.21
万人移动互联网用户数（万户）	0.83	0.87
有效商标注册数（万件）	57.86	71.09
百万人有效商标注册数（件）	8714.47	10697.98
地区生产总值（亿元）	39894.10	41542.60
第二产业增加值（亿元）	15401.70	15949.20
第二产业增加值占地区生产总值比重（%）	38.61	38.39
工业增加值（亿元）	11995.80	12401.40
工业增加值占地区生产总值比重（%）	30.07	29.85
装备制造业营业收入（亿元）	11087.84	12081.09
装备制造业营业收入占营业收入比重（%）	29.24	31.05
人均地区生产总值（元）	57746	62537
城镇登记失业人员数（万人）	31.09	31.36
城镇登记失业率（%）	2.73	2.74
客运量（亿人）	10.14	5.64
旅客周转量（亿人公里）	1442.96	834.61
货运量（亿吨）	18.97	20.09
货物周转量（亿吨公里）	2593.58	2602.20
研究与试验发展（R&D）经费支出（亿元）	787.16	898.70
R&D经费支出与地区生产总值之比（%）	1.97	2.16
R&D经费中基础研究经费支出（亿元）	31.51	34.48
R&D经费中应用研究经费支出（亿元）	86.97	111.14
R&D经费中试验发展经费支出（亿元）	668.68	753.08
R&D经费中基础研究经费支出占比重（%）	4.00	3.84
R&D经费中应用研究经费支出占比重（%）	11.05	12.37
R&D经费中试验发展经费支出占比重（%）	84.95	83.80
R&D经费中政府资金经费支出（亿元）	88.59	118.58
R&D经费中企业资金经费支出（亿元）	681.28	769.50
R&D经费中政府资金经费支出占比重（%）	11.25	13.19
R&D经费中企业资金经费支出占比重（%）	86.55	85.62
高校R&D经费支出（亿元）	66.92	81.74

湖南创新能力监测指标（3）

指标名称	2019	2020
研究机构R&D经费支出（亿元）	39.02	—
高校R&D经费支出占全社会R&D经费比重（%）	8.50	9.09
研究机构R&D经费支出占全社会R&D经费比重（%）	4.96	—
高新技术企业R&D经费支出（亿元）	405.07	407.37
高新技术企业R&D经费支出占全社会R&D经费比重（%）	51.46	45.33
财政性教育经费支出（亿元）	1270.02	1325.25
财政性教育经费支出与地区生产总值比值（万元/亿元）	318.35	319.01
地方财政科技支出（亿元）	171.92	220.66
地方财政科技支出占地方财政支出比重（%）	2.14	2.63
地方财政科技支出与地区生产总值比值（万元/亿元）	43.09	53.12
R&D人员全时当量（人年）	157277	177561
万人R&D人员全时当量（人年）	23.69	26.72
R&D人员中基础研究人员数（人年）	13342	13127
R&D人员中应用研究人员数（人年）	21670	24777
R&D人员中试验发展人员数（人年）	122285	139660
R&D人员中基础研究人员占比重（%）	8.48	7.39
R&D人员中应用研究人员占比重（%）	13.78	13.95
R&D人员中试验发展人员占比重（%）	77.75	78.65
R&D研究人员全时当量（人年）	74126	80254
R&D研究人员占全社会R&D人员比重（%）	47.13	45.20
高校R&D人员全时当量（人年）	23109	24103
研究机构R&D人员全时当量（人年）	7186	—
高校R&D人员占全社会R&D人员比重（%）	14.69	13.57
研究机构R&D人员占全社会R&D人员比重（%）	4.57	—
高技术产业R&D经费支出（亿元）	85.85	121.24
高技术产业R&D经费支出占全社会R&D经费比重（%）	10.91	13.49
高技术产业R&D经费支出占营业收入比重（%）	2.14	2.89
高技术产业引进技术经费支出（万元）	1769.90	289.20
高技术产业消化吸收经费支出（万元）	15572.40	9.80
高技术产业购买境内技术经费支出（万元）	19622.50	4893.30
高技术产业技术改造经费支出（万元）	139679.80	125885.10

湖南创新能力监测指标（4）

指标名称	2019	2020
高技术产业技术获取和技术改造经费支出占营业收入比重（%）	0.44	0.31
高技术产业新产品研发经费支出（亿元）	122.19	135.56
高技术产业新产品研发经费支出占新产品销售收入比重（%）	10.61	9.09
高技术产业R&D人员全时当量（人年）	19524	27314
高技术产业R&D人员占全社会R&D人员比重（%）	12.41	15.38
高新技术企业R&D人员全时当量（人年）	91025	98129
高新技术企业R&D人员占全社会R&D人员比重（%）	57.88	55.26
科学研究和技术服务业固定资产（亿元）	1064.17	1233.99
科学研究和技术服务业固定资产占比重（%）	2.80	3.02
开展创新活动的企业数（个）	11340	12229
开展创新活动的企业占比重（%）	68.46	67.05
实现创新的企业数（个）	8358	10057
实现创新企业占比重（%）	50.46	55.14
企业创新费用支出（亿元）	926.60	982.80
企业R&D经费支出（亿元）	593.15	664.53
企业R&D经费支出占创新费用支出比重（%）	64.01	67.62
企业R&D经费支出占全社会R&D经费比重（%）	75.35	73.94
企业R&D经费支出占营业收入比重（%）	1.56	1.71
企业引进技术经费支出（亿元）	12.17	5.34
企业消化吸收经费支出（亿元）	3.37	0.51
企业购买境内技术经费支出（亿元）	3.88	2.45
企业技术改造经费支出（亿元）	152.69	126.24
企业技术获取和技术改造经费支出（亿元）	172.12	134.53
企业技术获取和技术改造经费支出占营业收入比重（%）	0.45	0.35
企业科学研究经费支出占企业R&D经费支出比重（%）	5.97	5.63
研究机构来源于企业的R&D经费支出（亿元）	4.02	—
高校来源于企业的R&D经费支出（亿元）	16.20	28.38
研究机构和高校R&D经费支出中企业资金占比重（%）	19.09	—
企业平均吸纳技术成交额（万元）	207.54	287.10
企业R&D人员全时当量（人年）	106946	121470

湖南创新能力监测指标（5）

指标名称	2019	2020
企业R&D研究人员全时当量（人年）	38911	60565
企业R&D研究人员占全社会R&D研究人员比重（%）	52.49	75.47
万名企业就业人员中R&D人员数（人年）	346.77	388.02
有R&D活动的企业数（个）	7122	7969
有R&D活动的企业占工业企业比重（%）	43.00	43.69
有研究机构的企业数（个）	1772	1701
有研究机构的企业占工业企业比重（%）	10.70	9.33
企业专利申请数（件）	30900	36209
企业发明专利申请数（件）	13356	15169
企业发明专利拥有量（件）	39642	39805
万名企业就业人员发明专利拥有量（件）	128.54	127.15
发明专利申请数（件）	39104	48530
实用新型专利申请数（件）	48462	60879
外观设计专利申请数（件）	18547	19164
研究机构专利申请数（件）	614	—
研究机构发明专利申请数（件）	470	—
高校专利申请数（件）	15843	15069
高校发明专利申请数（件）	8487	7116
万人发明专利申请数（件）	5.89	7.30
亿元R&D经费支出发明专利申请数（件）	49.68	54.00
发明专利授权数（件）	8479	11537
实用新型专利授权数（件）	32699	49052
外观设计专利授权数（件）	13507	18134
万人发明专利授权数（件）	1.28	1.74
亿元R&D经费支出发明专利授权数（件）	10.77	12.84
发明专利拥有量（件）	46736	56285
实用新型专利拥有量（件）	110785	145696
外观设计专利拥有量（件）	37450	47740
研究机构发明专利拥有量（件）	2012	—
高校发明专利拥有量（件）	13352	16449

湖南创新能力监测指标（6）

指标名称	2019	2020
万人发明专利拥有量（件）	7.04	8.47
国内科技论文数（篇）	13609	14136
万人国内科技论文数（篇）	2.05	2.13
SCI 收录科技论文数（篇）	16345	17544
EI 收录科技论文数（篇）	10687	13043
CPCI-S 收录科技论文数（篇）	1173	849
万人国际科技论文数（篇）	4.25	4.73
技术市场成交合同数（项）	9023	11741
技术市场输出技术成交额（亿元）	490.69	735.95
万人输出技术成交额（万元）	739.00	1107.47
国外技术引进合同数（项）	94	56
国外技术引进合同成交额（亿美元）	3.61	0.93
万人国外技术引进合同成交额（万美元）	5.43	1.41
国外技术引进合同成交额中技术经费（亿美元）	2.14	0.96
国外技术引进合同成交额中技术经费占比重（%）	59.26	103.17
百万人技术国际收入（万美元）	179.86	198.82
高技术产业有效发明专利数（件）	7647	8586
万名高技术产业就业人员有效发明专利数（件）	208.24	192.93
高技术产业营业收入（亿元）	4015.77	4196.00
高技术产业营业收入占工业营业收入比重（%）	10.59	10.78
高技术产业新产品销售收入（亿元）	1151.85	1492.10
高技术产业新产品销售收入占营业收入比重（%）	28.68	35.56
万元地区生产总值高技术产业营业收入（万元）	0.10	0.10
新产品销售收入（亿元）	8105.36	8387.90
新产品销售收入占营业收入比重（%）	21.38	21.55
商品出口额（亿美元）	263.28	306.68
商品出口额与地区生产总值比值（万美元/亿元）	66.00	73.82
高技术产品出口额（亿美元）	60.37	67.37
高技术产品出口额占商品出口额比重（%）	22.93	21.97

湖南创新能力监测指标（7）

指标名称	2019	2020
第三产业增加值（亿元）	20845.20	21352.70
第三产业增加值占地区生产总值比重（%）	52.25	51.40
高新技术企业数（个）	6209	8525
高新技术企业年末从业人员数（万人）	117.64	135.55
高新技术企业营业收入（亿元）	16251.81	17920.64
高新技术企业技术收入（亿元）	2123.58	2437.93
高新技术企业技术收入占营业收入比重（%）	13.07	13.60
高新技术企业净利润（亿元）	881.51	1001.19
高新技术企业利润率（%）	5.42	5.59
高新技术企业出口总额（亿元）	886.59	964.33
劳动生产率（万元/人）	9.71	11.27
固定资本形成总额（亿元）	18814.42	19566.82
资本生产率（万元/万元）	0.29	0.29
综合能耗产出率（元/千克标准煤）	17.66	18.02
空气达到二级以上天数（天）	306	332
空气达到二级以上天数占比重（%）	83.90	90.83
废水中化学需氧量排放量（万吨）	31.22	147.64
废水中化学需氧量排放降低率（%）	-1.70	-372.92
二氧化硫排放量（万吨）	19.13	10.24
二氧化硫排放降低率（%）	16.62	46.48
万元地区生产总值用水量（立方米）	83.77	73.02
万元地区生产总值用水量降低率（%）	9.46	12.83
废水中氨氮排放量（万吨）	2.97	7.14
废水中氨氮排放降低率（%）	4.21	-140.67
固体废物产生量（万吨）	7510	4360
固体废物综合利用量（万吨）	5206	3270
固体废物综合治理率（%）	82.30	87.35
生活垃圾无害化处理率（%）	99.98	100.00
污水处理率（%）	97.09	97.79
建成区绿化覆盖率（%）	41.24	41.51

广东创新能力监测指标（1）

指标名称	2019	2020
大专以上学历人数（万人）	1530.77	1978.29
万人大专以上学历人数（人）	1438.99	1699.86
高等学校数（个）	154	154
高校在校学生数（万人）	343.57	400.82
十万人高校在校学生数（人）	2751.00	3175.13
高校（机构）硕士毕业生数（人）	27093	32618
十万人硕士毕业生数（人）	21.69	25.84
高校（机构）博士毕业生数（人）	3085	3393
十万人博士毕业生数（人）	2.47	2.69
研究机构数（个）	187	—
科技企业孵化器管理机构从业人员数（人）	11713	11422
国家级孵化器管理机构从业人员数（人）	2473	2658
国家大学科技园管理机构从业人员数（人）	53	59
火炬计划特色产业基地企业从业人员数（人）	2348622	2429237
国家级示范生产力促进中心人员数（人）	900	907
众创空间服务人员数（人）	7988	8439
众创空间数（个）	952	993
科技企业孵化器数（个）	1013	1079
国家级科技企业孵化器数（个）	150	171
科技企业孵化器在孵企业数（个）	32918	34504
科技企业孵化器累计毕业企业数（个）	18858	23314
科技企业孵化器总收入（亿元）	107.50	114.04
企业研究开发费用加计扣除减免税额（亿元）	329.94	383.23
高新技术企业减免税额（亿元）	337.27	339.77
高新技术企业减免税额占全国比重（%）	23.69	20.72
信息传输、软件和信息技术服务业固定资产投资（亿元）	537.65	618.32
信息传输、软件和信息技术服务业固定资产投资占比重（%）	1.17	1.25
邮政业务总量（亿元）	4403.44	5807.81
电信业务总量（亿元）	12046.36	15025.30
邮电业务总量与地区生产总值比值（万元/亿元）	1523.31	1874.30
固定电话和移动电话用户数（万户）	18836.33	17668.79

广东创新能力监测指标（2）

指标名称	2019	2020
百人固定电话和移动电话用户数（户）	150.82	139.97
移动互联网用户数（万户）	14200.29	14251.39
万人移动互联网用户数（万户）	1.14	1.13
有效商标注册数（万件）	447.71	543.00
百万人有效商标注册数（件）	35848.42	43014.65
地区生产总值（亿元）	107986.90	111151.60
第二产业增加值（亿元）	43368.20	43868.10
第二产业增加值占地区生产总值比重（%）	40.16	39.47
工业增加值（亿元）	39141.80	39353.90
工业增加值占地区生产总值比重（%）	36.25	35.41
装备制造业营业收入（亿元）	75912.45	80991.60
装备制造业营业收入占营业收入比重（%）	51.74	54.02
人均地区生产总值（元）	94448	88521
城镇登记失业人员数（万人）	36.87	73.87
城镇登记失业率（%）	2.25	2.53
客运量（亿人）	14.23	7.94
旅客周转量（亿人公里）	2125.72	1190.91
货运量（亿吨）	35.84	34.46
货物周转量（亿吨公里）	27373.67	27211.12
研究与试验发展（R&D）经费支出（亿元）	3098.49	3479.88
R&D经费支出与地区生产总值之比（%）	2.87	3.13
R&D经费中基础研究经费支出（亿元）	141.86	204.10
R&D经费中应用研究经费支出（亿元）	247.28	319.89
R&D经费中试验发展经费支出（亿元）	2709.36	2955.90
R&D经费中基础研究经费支出占比重（%）	4.58	5.87
R&D经费中应用研究经费支出占比重（%）	7.98	9.19
R&D经费中试验发展经费支出占比重（%）	87.44	84.94
R&D经费中政府资金经费支出（亿元）	397.26	440.57
R&D经费中企业资金经费支出（亿元）	2649.95	2988.29
R&D经费中政府资金经费支出占比重（%）	12.82	12.66
R&D经费中企业资金经费支出占比重（%）	85.52	85.87
高校R&D经费支出（亿元）	185.78	202.94

广东创新能力监测指标（3）

指标名称	2019	2020
研究机构R&D经费支出（亿元）	112.16	—
高校R&D经费支出占全社会R&D经费比重（%）	6.00	5.83
研究机构R&D经费支出占全社会R&D经费比重（%）	3.62	—
高新技术企业R&D经费支出（亿元）	2894.92	3179.36
高新技术企业R&D经费支出占全社会R&D经费比重（%）	93.43	91.36
财政性教育经费支出（亿元）	3210.51	3510.56
财政性教育经费支出与地区生产总值比值（万元/亿元）	297.31	315.84
地方财政科技支出（亿元）	1168.79	955.73
地方财政科技支出占地方财政支出比重（%）	6.76	5.48
地方财政科技支出与地区生产总值比值（万元/亿元）	108.23	85.98
R&D人员全时当量（人年）	803208	872238
万人R&D人员全时当量（人年）	64.31	69.10
R&D人员中基础研究人员数（人年）	30104	38655
R&D人员中应用研究人员数（人年）	58978	69225
R&D人员中试验发展人员数（人年）	714161	764360
R&D人员中基础研究人员占比重（%）	3.75	4.43
R&D人员中应用研究人员占比重（%）	7.34	7.94
R&D人员中试验发展人员占比重（%）	88.91	87.63
R&D研究人员全时当量（人年）	280061	295901
R&D研究人员占全社会R&D人员比重（%）	34.87	33.92
高校R&D人员全时当量（人年）	36914	39633
研究机构R&D人员全时当量（人年）	18240	—
高校R&D人员占全社会R&D人员比重（%）	4.60	4.54
研究机构R&D人员占全社会R&D人员比重（%）	2.27	—
高技术产业R&D经费支出（亿元）	1204.03	1388.19
高技术产业R&D经费支出占全社会R&D经费比重（%）	38.86	39.89
高技术产业R&D经费支出占营业收入比重（%）	2.58	2.77
高技术产业引进技术经费支出（万元）	756215.80	1540640.10
高技术产业消化吸收经费支出（万元）	5876.10	44.10
高技术产业购买境内技术经费支出（万元）	2253307.10	1880785.70
高技术产业技术改造经费支出（万元）	2169100.00	2608647.70

广东创新能力监测指标（4）

指标名称	2019	2020
高技术产业技术获取和技术改造经费支出占营业收入比重（%）	1.11	1.20
高技术产业新产品研发经费支出（亿元）	2165.25	2348.06
高技术产业新产品研发经费支出占新产品销售收入比重（%）	9.84	10.05
高技术产业R&D人员全时当量（人年）	277561	320479
高技术产业R&D人员占全社会R&D人员比重（%）	34.56	36.74
高新技术企业R&D人员全时当量（人年）	646014	694675
高新技术企业R&D人员占全社会R&D人员比重（%）	80.43	79.64
科学研究和技术服务业固定资产（亿元）	246.05	231.78
科学研究和技术服务业固定资产占比重（%）	0.53	0.47
开展创新活动的企业数（个）	34819	37093
开展创新活动的企业占比重（%）	62.87	63.43
实现创新的企业数（个）	32440	34671
实现创新企业占比重（%）	58.58	59.29
企业创新费用支出（亿元）	4556.00	5033.90
企业R&D经费支出（亿元）	2314.86	2499.95
企业R&D经费支出占创新费用支出比重（%）	50.81	49.66
企业R&D经费支出占全社会R&D经费比重（%）	74.71	71.84
企业R&D经费支出占营业收入比重（%）	1.58	1.67
企业引进技术经费支出（亿元）	142.55	211.15
企业消化吸收经费支出（亿元）	2.16	2.99
企业购买境内技术经费支出（亿元）	259.74	233.89
企业技术改造经费支出（亿元）	564.63	668.89
企业技术获取和技术改造经费支出（亿元）	969.08	1116.91
企业技术获取和技术改造经费支出占营业收入比重（%）	0.66	0.74
企业科学研究经费支出占企业R&D经费支出比重（%）	3.69	5.36
研究机构来源于企业的R&D经费支出（亿元）	5.57	—
高校来源于企业的R&D经费支出（亿元）	33.29	54.40
研究机构和高校R&D经费支出中企业资金占比重（%）	13.04	—
企业平均吸纳技术成交额（万元）	564.27	736.33
企业R&D人员全时当量（人年）	642490	700017

广东创新能力监测指标（5）

指标名称	2019	2020
企业R&D研究人员全时当量（人年）	186054	246889
企业R&D研究人员占全社会R&D研究人员比重（%）	66.43	83.44
万名企业就业人员中R&D人员数（人年）	463.70	534.97
有R&D活动的企业数（个）	20922	23081
有R&D活动的企业占工业企业比重（%）	37.77	39.47
有研究机构的企业数（个）	23592	25602
有研究机构的企业占工业企业比重（%）	42.59	43.78
企业专利申请数（件）	272616	305665
企业发明专利申请数（件）	121320	127497
企业发明专利拥有量（件）	375515	435509
万名企业就业人员发明专利拥有量（件）	271.02	332.83
发明专利申请数（件）	203311	215926
实用新型专利申请数（件）	369143	470055
外观设计专利申请数（件）	235246	281223
研究机构专利申请数（件）	4351	—
研究机构发明专利申请数（件）	2995	—
高校专利申请数（件）	27042	23378
高校发明专利申请数（件）	16514	14980
万人发明专利申请数（件）	16.28	17.10
亿元R&D经费支出发明专利申请数（件）	65.62	62.05
发明专利授权数（件）	59742	70695
实用新型专利授权数（件）	282741	380882
外观设计专利授权数（件）	184907	258148
万人发明专利授权数（件）	4.78	5.60
亿元R&D经费支出发明专利授权数（件）	19.28	20.32
发明专利拥有量（件）	295869	350501
实用新型专利拥有量（件）	960233	1235185
外观设计专利拥有量（件）	547773	710575
研究机构发明专利拥有量（件）	8316	—
高校发明专利拥有量（件）	20938	27405

广东创新能力监测指标（6）

指标名称	2019	2020
万人发明专利拥有量（件）	23.69	27.77
国内科技论文数（篇）	28718	28530
万人国内科技论文数（篇）	2.30	2.26
SCI 收录科技论文数（篇）	32633	36204
EI 收录科技论文数（篇）	13606	19493
CPCI-S 收录科技论文数（篇）	3914	2295
万人国际科技论文数（篇）	4.02	4.59
技术市场成交合同数（项）	33321	39485
技术市场输出技术成交额（亿元）	2223.08	3267.21
万人输出技术成交额（万元）	1780.03	2588.18
国外技术引进合同数（项）	514	476
国外技术引进合同成交额（亿美元）	66.06	90.41
万人国外技术引进合同成交额（万美元）	52.89	71.62
国外技术引进合同成交额中技术经费（亿美元）	64.48	90.37
国外技术引进合同成交额中技术经费占比重（%）	97.61	99.96
百万人技术国际收入（万美元）	10287.47	12126.56
高技术产业有效发明专利数（件）	230537	271200
万名高技术产业就业人员有效发明专利数（件）	604.91	675.41
高技术产业营业收入（亿元）	46723.44	50184.50
高技术产业营业收入占工业营业收入比重（%）	31.84	33.47
高技术产业新产品销售收入（亿元）	22005.08	23358.38
高技术产业新产品销售收入占营业收入比重（%）	47.10	46.55
万元地区生产总值高技术产业营业收入（万元）	0.43	0.45
新产品销售收入（亿元）	42970.06	44313.05
新产品销售收入占营业收入比重（%）	29.29	29.56
商品出口额（亿美元）	7199.15	7561.02
商品出口额与地区生产总值比值（万美元/亿元）	666.67	680.24
高技术产品出口额（亿美元）	2192.90	2173.02
高技术产品出口额占商品出口额比重（%）	30.46	28.74

广东创新能力监测指标（7）

指标名称	2019	2020
第三产业增加值（亿元）	60268.10	62550.80
第三产业增加值占地区生产总值比重（%）	55.81	56.28
高新技术企业数（个）	49991	52797
高新技术企业年末从业人员数（万人）	707.73	764.86
高新技术企业营业收入（亿元）	82884.37	93069.59
高新技术企业技术收入（亿元）	8905.86	11688.05
高新技术企业技术收入占营业收入比重（%）	10.74	12.56
高新技术企业净利润（亿元）	5672.10	6936.90
高新技术企业利润率（%）	6.84	7.45
高新技术企业出口总额（亿元）	15323.11	17205.40
劳动生产率（万元/人）	12.68	13.17
固定资本形成总额（亿元）	44218.42	43766.51
资本生产率（万元/万元）	0.49	0.50
综合能耗产出率（元/千克标准煤）	24.96	25.25
空气达到二级以上天数（天）	331	347
空气达到二级以上天数占比重（%）	90.80	94.69
废水中化学需氧量排放量（万吨）	63.48	161.31
废水中化学需氧量排放降低率（%）	1.47	-154.11
二氧化硫排放量（万吨）	12.04	11.69
二氧化硫排放降低率（%）	20.24	2.96
万元地区生产总值用水量（立方米）	38.29	36.57
万元地区生产总值用水量降低率（%）	11.50	4.49
废水中氨氮排放量（万吨）	4.48	9.64
废水中氨氮排放降低率（%）	9.18	-115.01
固体废物产生量（万吨）	10111	6944
固体废物综合利用量（万吨）	7331	5631
固体废物综合治理率（%）	81.65	94.87
生活垃圾无害化处理率（%）	99.95	99.95
污水处理率（%）	96.72	97.66
建成区绿化覆盖率（%）	43.31	43.49

广西创新能力监测指标（1）

指标名称	2019	2020
大专以上学历人数（万人）	426.15	541.66
万人大专以上学历人数（人）	945.63	1184.52
高等学校数（个）	78	82
高校在校学生数（万人）	143.83	155.94
十万人高校在校学生数（人）	2887.00	3107.26
高校（机构）硕士毕业生数（人）	9668	10839
十万人硕士毕业生数（人）	19.41	21.60
高校（机构）博士毕业生数（人）	199	298
十万人博士毕业生数（人）	0.40	0.59
研究机构数（个）	108	—
科技企业孵化器管理机构从业人员数（人）	1114	1212
国家级孵化器管理机构从业人员数（人）	292	340
国家大学科技园管理机构从业人员数（人）	19	22
火炬计划特色产业基地企业从业人员数（人）	8966	10344
国家级示范生产力促进中心人员数（人）	241	238
众创空间服务人员数（人）	1837	1218
众创空间数（个）	136	121
科技企业孵化器数（个）	106	116
国家级科技企业孵化器数（个）	15	19
科技企业孵化器在孵企业数（个）	3417	4281
科技企业孵化器累计毕业企业数（个）	1952	2410
科技企业孵化器总收入（亿元）	3.91	4.71
企业研究开发费用加计扣除减免税额（亿元）	11.88	19.11
高新技术企业减免税额（亿元）	7.55	10.57
高新技术企业减免税额占全国比重（%）	0.53	0.64
信息传输、软件和信息技术服务业固定资产投资（亿元）	319.47	450.14
信息传输、软件和信息技术服务业固定资产投资占比重（%）	1.32	1.79
邮政业务总量（亿元）	159.44	215.30
电信业务总量（亿元）	3587.75	4826.86
邮电业务总量与地区生产总值比值（万元/亿元）	1764.46	2279.36
固定电话和移动电话用户数（万户）	5458.17	5666.54

广西创新能力监测指标（2）

指标名称	2019	2020
百人固定电话和移动电话用户数（户）	109.56	112.91
移动互联网用户数（万户）	4450.21	4799.26
万人移动互联网用户数（万户）	0.89	0.96
有效商标注册数（万件）	23.56	29.58
百万人有效商标注册数（件）	4728.38	5893.06
地区生产总值（亿元）	21237.10	22120.90
第二产业增加值（亿元）	7046.40	7046.80
第二产业增加值占地区生产总值比重（%）	33.18	31.86
工业增加值（亿元）	5246.60	5172.80
工业增加值占地区生产总值比重（%）	24.70	23.38
装备制造业营业收入（亿元）	4162.55	4011.64
装备制造业营业收入占营业收入比重（%）	23.87	22.73
人均地区生产总值（元）	42964	44237
城镇登记失业人员数（万人）	19.66	22.89
城镇登记失业率（%）	2.60	2.77
客运量（亿人）	4.71	3.49
旅客周转量（亿人公里）	817.45	553.96
货运量（亿吨）	18.30	18.74
货物周转量（亿吨公里）	3989.18	4159.61
研究与试验发展（R&D）经费支出（亿元）	167.13	173.23
R&D经费支出与地区生产总值之比（%）	0.79	0.78
R&D经费中基础研究经费支出（亿元）	14.99	11.77
R&D经费中应用研究经费支出（亿元）	16.86	17.54
R&D经费中试验发展经费支出（亿元）	135.28	143.92
R&D经费中基础研究经费支出占比重（%）	8.97	6.79
R&D经费中应用研究经费支出占比重（%）	10.09	10.13
R&D经费中试验发展经费支出占比重（%）	80.94	83.08
R&D经费中政府资金经费支出（亿元）	45.05	38.79
R&D经费中企业资金经费支出（亿元）	116.15	129.28
R&D经费中政府资金经费支出占比重（%）	26.96	22.39
R&D经费中企业资金经费支出占比重（%）	69.50	74.63
高校R&D经费支出（亿元）	23.72	19.10

广西创新能力监测指标（3）

指标名称	2019	2020
研究机构R&D经费支出（亿元）	19.49	—
高校R&D经费支出占全社会R&D经费比重（%）	14.19	11.02
研究机构R&D经费支出占全社会R&D经费比重（%）	11.66	—
高新技术企业R&D经费支出（亿元）	104.00	116.02
高新技术企业R&D经费支出占全社会R&D经费比重（%）	62.23	66.98
财政性教育经费支出（亿元）	1014.52	1061.10
财政性教育经费支出与地区生产总值比值（万元/亿元）	477.71	479.68
地方财政科技支出（亿元）	72.33	66.26
地方财政科技支出占地方财政支出比重（%）	1.24	1.07
地方财政科技支出与地区生产总值比值（万元/亿元）	34.06	29.96
R&D人员全时当量（人年）	47420	45821
万人R&D人员全时当量（人年）	9.52	9.13
R&D人员中基础研究人员数（人年）	8436	8404
R&D人员中应用研究人员数（人年）	10923	9385
R&D人员中试验发展人员数（人年）	28061	28031
R&D人员中基础研究人员占比重（%）	17.79	18.34
R&D人员中应用研究人员占比重（%）	23.03	20.48
R&D人员中试验发展人员占比重（%）	59.17	61.18
R&D研究人员全时当量（人年）	26068	25981
R&D研究人员占全社会R&D人员比重（%）	54.97	56.70
高校R&D人员全时当量（人年）	13218	14561
研究机构R&D人员全时当量（人年）	4462	—
高校R&D人员占全社会R&D人员比重（%）	27.87	31.78
研究机构R&D人员占全社会R&D人员比重（%）	9.41	—
高技术产业R&D经费支出（亿元）	4.95	8.30
高技术产业R&D经费支出占全社会R&D经费比重（%）	2.96	4.79
高技术产业R&D经费支出占营业收入比重（%）	0.32	0.58
高技术产业引进技术经费支出（万元）	42.90	457.90
高技术产业消化吸收经费支出（万元）	401.50	0
高技术产业购买境内技术经费支出（万元）	4108.60	244.40
高技术产业技术改造经费支出（万元）	7985.30	9429.40

广西创新能力监测指标（4）

指标名称	2019	2020
高技术产业技术获取和技术改造经费支出占营业收入比重（%）	0.08	0.07
高技术产业新产品研发经费支出（亿元）	8.69	12.09
高技术产业新产品研发经费支出占新产品销售收入比重（%）	4.78	7.27
高技术产业R&D人员全时当量（人年）	1879	2626
高技术产业R&D人员占全社会R&D人员比重（%）	3.96	5.73
高新技术企业R&D人员全时当量（人年）	24169	26629
高新技术企业R&D人员占全社会R&D人员比重（%）	50.97	58.12
科学研究和技术服务业固定资产（亿元）	199.87	165.85
科学研究和技术服务业固定资产占比重（%）	0.83	0.66
开展创新活动的企业数（个）	2236	2474
开展创新活动的企业占比重（%）	36.21	34.89
实现创新的企业数（个）	2101	2301
实现创新企业占比重（%）	34.02	32.45
企业创新费用支出（亿元）	329.00	382.90
企业R&D经费支出（亿元）	104.47	113.33
企业R&D经费支出占创新费用支出比重（%）	31.76	29.60
企业R&D经费支出占全社会R&D经费比重（%）	62.51	65.42
企业R&D经费支出占营业收入比重（%）	0.60	0.64
企业引进技术经费支出（亿元）	0.67	0.71
企业消化吸收经费支出（亿元）	0.04	0.00
企业购买境内技术经费支出（亿元）	2.00	2.09
企业技术改造经费支出（亿元）	174.88	179.22
企业技术获取和技术改造经费支出（亿元）	177.59	182.02
企业技术获取和技术改造经费支出占营业收入比重（%）	1.02	1.03
企业科学研究经费支出占企业R&D经费支出比重（%）	1.19	0.67
研究机构来源于企业的R&D经费支出（亿元）	0.20	—
高校来源于企业的R&D经费支出（亿元）	1.50	3.04
研究机构和高校R&D经费支出中企业资金占比重（%）	3.93	—
企业平均吸纳技术成交额（万元）	512.08	667.67
企业R&D人员全时当量（人年）	22102	20407

广西创新能力监测指标（5）

指标名称	2019	2020
企业R&D研究人员全时当量（人年）	8348	10937
企业R&D研究人员占全社会R&D研究人员比重（%）	32.02	42.10
万名企业就业人员中R&D人员数（人年）	176.79	162.19
有R&D活动的企业数（个）	615	857
有R&D活动的企业占工业企业比重（%）	9.94	12.07
有研究机构的企业数（个）	263	389
有研究机构的企业占工业企业比重（%）	4.25	5.48
企业专利申请数（件）	6373	7546
企业发明专利申请数（件）	2634	2803
企业发明专利拥有量（件）	8176	8667
万名企业就业人员发明专利拥有量（件）	65.40	68.88
发明专利申请数（件）	12412	12854
实用新型专利申请数（件）	22026	30786
外观设计专利申请数（件）	7462	8072
研究机构专利申请数（件）	1059	—
研究机构发明专利申请数（件）	571	—
高校专利申请数（件）	5944	7973
高校发明专利申请数（件）	2896	3693
万人发明专利申请数（件）	2.49	2.56
亿元R&D经费支出发明专利申请数（件）	74.26	74.20
发明专利授权数（件）	3413	3521
实用新型专利授权数（件）	14130	23061
外观设计专利授权数（件）	5144	7888
万人发明专利授权数（件）	0.69	0.70
亿元R&D经费支出发明专利授权数（件）	20.42	20.33
发明专利拥有量（件）	22347	24776
实用新型专利拥有量（件）	42207	59510
外观设计专利拥有量（件）	13696	18581
研究机构发明专利拥有量（件）	1468	—
高校发明专利拥有量（件）	6703	7262

广西创新能力监测指标（6）

指标名称	2019	2020
万人发明专利拥有量（件）	4.49	4.94
国内科技论文数（篇）	8403	8790
万人国内科技论文数（篇）	1.69	1.75
SCI 收录科技论文数（篇）	4063	4788
EI 收录科技论文数（篇）	1951	2660
CPCI-S 收录科技论文数（篇）	331	280
万人国际科技论文数（篇）	1.27	1.54
技术市场成交合同数（项）	2647	3404
技术市场输出技术成交额（亿元）	77.56	91.67
万人输出技术成交额（万元）	155.67	182.65
国外技术引进合同数（项）	35	26
国外技术引进合同成交额（亿美元）	1.64	0.17
万人国外技术引进合同成交额（万美元）	3.29	0.33
国外技术引进合同成交额中技术经费（亿美元）	1.64	0.34
国外技术引进合同成交额中技术经费占比重（%）	100.00	203.68
百万人技术国际收入（万美元）	58.05	56.53
高技术产业有效发明专利数（件）	1335	1268
万名高技术产业就业人员有效发明专利数（件）	111.27	95.78
高技术产业营业收入（亿元）	1535.67	1437.84
高技术产业营业收入占工业营业收入比重（%）	8.80	8.15
高技术产业新产品销售收入（亿元）	181.61	166.22
高技术产业新产品销售收入占营业收入比重（%）	11.83	11.56
万元地区生产总值高技术产业营业收入（万元）	0.07	0.06
新产品销售收入（亿元）	1838.24	2571.30
新产品销售收入占营业收入比重（%）	10.54	14.57
商品出口额（亿美元）	193.23	212.28
商品出口额与地区生产总值比值（万美元/亿元）	90.99	95.96
高技术产品出口额（亿美元）	76.62	95.11
高技术产品出口额占商品出口额比重（%）	39.65	44.80

广西创新能力监测指标（7）

指标名称	2019	2020
第三产业增加值（亿元）	10801.00	11428.10
第三产业增加值占地区生产总值比重（%）	50.86	51.66
高新技术企业数（个）	2366	2739
高新技术企业年末从业人员数（万人）	41.02	46.05
高新技术企业营业收入（亿元）	7037.82	8306.12
高新技术企业技术收入（亿元）	591.28	1144.90
高新技术企业技术收入占营业收入比重（%）	8.40	13.78
高新技术企业净利润（亿元）	225.39	329.78
高新技术企业利润率（%）	3.20	3.97
高新技术企业出口总额（亿元）	269.55	352.33
劳动生产率（万元/人）	7.05	8.15
固定资本形成总额（亿元）	10319.08	10510.04
资本生产率（万元/万元）	0.20	0.20
综合能耗产出率（元/千克标准煤）	18.15	17.97
空气达到二级以上天数（天）	335	357
空气达到二级以上天数占比重（%）	91.78	97.67
废水中化学需氧量排放量（万吨）	32.73	103.04
废水中化学需氧量排放降低率（%）	-1.73	-214.84
二氧化硫排放量（万吨）	9.51	8.78
二氧化硫排放降低率（%）	5.47	7.67
万元地区生产总值用水量（立方米）	133.45	117.84
万元地区生产总值用水量降低率（%）	5.63	11.69
废水中氨氮排放量（万吨）	2.47	7.25
废水中氨氮排放降低率（%）	-1.48	-193.15
固体废物产生量（万吨）	10278	9030
固体废物综合利用量（万吨）	5408	4389
固体废物综合治理率（%）	65.64	64.06
生活垃圾无害化处理率（%）	100.00	100.00
污水处理率（%）	97.47	98.99
建成区绿化覆盖率（%）	40.76	41.30

海南创新能力监测指标（1）

指标名称	2019	2020
大专以上学历人数（万人）	127.56	140.32
万人大专以上学历人数（人）	1470.15	1506.19
高等学校数（个）	20	21
高校在校学生数（万人）	24.85	27.96
十万人高校在校学生数（人）	2497.00	2764.23
高校（机构）硕士毕业生数（人）	1597	2063
十万人硕士毕业生数（人）	16.05	20.39
高校（机构）博士毕业生数（人）	47	69
十万人博士毕业生数（人）	0.47	0.68
研究机构数（个）	28	—
科技企业孵化器管理机构从业人员数（人）	192	163
国家级孵化器管理机构从业人员数（人）	102	105
国家大学科技园管理机构从业人员数（人）	21	33
火炬计划特色产业基地企业从业人员数（人）	0	0
国家级示范生产力促进中心人员数（人）	0	0
众创空间服务人员数（人）	260	218
众创空间数（个）	24	19
科技企业孵化器数（个）	8	8
国家级科技企业孵化器数（个）	2	3
科技企业孵化器在孵企业数（个）	754	603
科技企业孵化器累计毕业企业数（个）	171	237
科技企业孵化器总收入（亿元）	0.68	0.90
企业研究开发费用加计扣除减免税额（亿元）	2.87	2.57
高新技术企业减免税额（亿元）	4.37	3.11
高新技术企业减免税额占全国比重（%）	0.31	0.19
信息传输、软件和信息技术服务业固定资产投资（亿元）	69.33	88.25
信息传输、软件和信息技术服务业固定资产投资占比重（%）	2.12	2.49
邮政业务总量（亿元）	25.37	31.25
电信业务总量（亿元）	873.99	1146.73
邮电业务总量与地区生产总值比值（万元/亿元）	1687.10	2116.31
固定电话和移动电话用户数（万户）	1306.73	1301.59

海南创新能力监测指标（2）

指标名称	2019	2020
百人固定电话和移动电话用户数（户）	131.33	128.66
移动互联网用户数（万户）	931.51	963.97
万人移动互联网用户数（万户）	0.94	0.95
有效商标注册数（万件）	9.99	12.07
百万人有效商标注册数（件）	10038.69	11932.81
地区生产总值（亿元）	5330.80	5566.20
第二产业增加值（亿元）	1083.80	1072.20
第二产业增加值占地区生产总值比重（%）	20.33	19.26
工业增加值（亿元）	597.90	557.40
工业增加值占地区生产总值比重（%）	11.22	10.01
装备制造业营业收入（亿元）	81.24	78.69
装备制造业营业收入占营业收入比重（%）	3.51	3.63
人均地区生产总值（元）	56740	55438
城镇登记失业人员数（万人）	5.57	7.92
城镇登记失业率（%）	2.25	2.78
客运量（亿人）	1.42	0.79
旅客周转量（亿人公里）	130.36	74.65
货运量（亿吨）	1.85	2.07
货物周转量（亿吨公里）	1648.03	3683.00
研究与试验发展（R&D）经费支出（亿元）	29.91	36.63
R&D经费支出与地区生产总值之比（%）	0.56	0.66
R&D经费中基础研究经费支出（亿元）	5.71	7.21
R&D经费中应用研究经费支出（亿元）	7.36	6.96
R&D经费中试验发展经费支出（亿元）	16.84	22.45
R&D经费中基础研究经费支出占比重（%）	19.10	19.70
R&D经费中应用研究经费支出占比重（%）	24.60	18.99
R&D经费中试验发展经费支出占比重（%）	56.30	61.31
R&D经费中政府资金经费支出（亿元）	12.99	21.22
R&D经费中企业资金经费支出（亿元）	14.43	14.25
R&D经费中政府资金经费支出占比重（%）	43.44	57.94
R&D经费中企业资金经费支出占比重（%）	48.25	38.92
高校R&D经费支出（亿元）	2.70	4.60

海南创新能力监测指标（3）

指标名称	2019	2020
研究机构R&D经费支出（亿元）	12.30	—
高校R&D经费支出占全社会R&D经费比重（%）	9.04	12.56
研究机构R&D经费支出占全社会R&D经费比重（%）	41.11	—
高新技术企业R&D经费支出（亿元）	8.69	12.21
高新技术企业R&D经费支出占全社会R&D经费比重（%）	29.07	33.34
财政性教育经费支出（亿元）	273.50	295.84
财政性教育经费支出与地区生产总值比值（万元/亿元）	513.06	531.49
地方财政科技支出（亿元）	30.10	35.67
地方财政科技支出占地方财政支出比重（%）	1.62	1.81
地方财政科技支出与地区生产总值比值（万元/亿元）	56.47	64.07
R&D人员全时当量（人年）	8903	8961
万人R&D人员全时当量（人年）	8.95	8.86
R&D人员中基础研究人员数（人年）	1779	2077
R&D人员中应用研究人员数（人年）	2398	1774
R&D人员中试验发展人员数（人年）	4728	5110
R&D人员中基础研究人员占比重（%）	19.98	23.18
R&D人员中应用研究人员占比重（%）	26.94	19.80
R&D人员中试验发展人员占比重（%）	53.10	57.02
R&D研究人员全时当量（人年）	4935	4927
R&D研究人员占全社会R&D人员比重（%）	55.43	54.98
高校R&D人员全时当量（人年）	1709	2007
研究机构R&D人员全时当量（人年）	2266	—
高校R&D人员占全社会R&D人员比重（%）	19.20	22.39
研究机构R&D人员占全社会R&D人员比重（%）	25.45	—
高技术产业R&D经费支出（亿元）	3.99	4.58
高技术产业R&D经费支出占全社会R&D经费比重（%）	13.34	12.50
高技术产业R&D经费支出占营业收入比重（%）	1.54	1.88
高技术产业引进技术经费支出（万元）	0	0
高技术产业消化吸收经费支出（万元）	0	0
高技术产业购买境内技术经费支出（万元）	1635.00	1485.00
高技术产业技术改造经费支出（万元）	3407.40	2987.00

海南创新能力监测指标（4）

指标名称	2019	2020
高技术产业技术获取和技术改造经费支出占营业收入比重（%）	0.20	0.18
高技术产业新产品研发经费支出（亿元）	6.53	7.71
高技术产业新产品研发经费支出占新产品销售收入比重（%）	80.01	54.23
高技术产业R&D人员全时当量（人年）	616	692
高技术产业R&D人员占全社会R&D人员比重（%）	6.92	7.72
高新技术企业R&D人员全时当量（人年）	2624	2915
高新技术企业R&D人员占全社会R&D人员比重（%）	29.47	32.53
科学研究和技术服务业固定资产（亿元）	28.39	28.61
科学研究和技术服务业固定资产占比重（%）	0.87	0.81
开展创新活动的企业数（个）	199	230
开展创新活动的企业占比重（%）	48.30	46.65
实现创新的企业数（个）	175	208
实现创新企业占比重（%）	42.48	42.19
企业创新费用支出（亿元）	22.90	25.40
企业R&D经费支出（亿元）	10.82	11.70
企业R&D经费支出占创新费用支出比重（%）	47.23	46.07
企业R&D经费支出占全社会R&D经费比重（%）	36.16	31.95
企业R&D经费支出占营业收入比重（%）	0.47	0.54
企业引进技术经费支出（亿元）	0	0
企业消化吸收经费支出（亿元）	0	0
企业购买境内技术经费支出（亿元）	0.62	0.20
企业技术改造经费支出（亿元）	1.67	2.35
企业技术获取和技术改造经费支出（亿元）	2.29	2.56
企业技术获取和技术改造经费支出占营业收入比重（%）	0.10	0.12
企业科学研究经费支出占企业R&D经费支出比重（%）	0.30	0.31
研究机构来源于企业的R&D经费支出（亿元）	0.14	—
高校来源于企业的R&D经费支出（亿元）	0.28	0.84
研究机构和高校R&D经费支出中企业资金占比重（%）	2.80	—
企业平均吸纳技术成交额（万元）	1724.40	1619.28
企业R&D人员全时当量（人年）	1779	2050

海南创新能力监测指标（5）

指标名称	2019	2020
企业R&D研究人员全时当量（人年）	603	1147
企业R&D研究人员占全社会R&D研究人员比重（%）	12.22	23.28
万名企业就业人员中R&D人员数（人年）	167.67	184.85
有R&D活动的企业数（个）	76	88
有R&D活动的企业占工业企业比重（%）	18.45	17.85
有研究机构的企业数（个）	33	43
有研究机构的企业占工业企业比重（%）	8.01	8.72
企业专利申请数（件）	734	926
企业发明专利申请数（件）	269	411
企业发明专利拥有量（件）	1501	1875
万名企业就业人员发明专利拥有量（件）	141.47	169.07
发明专利申请数（件）	2183	2618
实用新型专利申请数（件）	6073	10704
外观设计专利申请数（件）	1046	1038
研究机构专利申请数（件）	350	—
研究机构发明专利申请数（件）	225	—
高校专利申请数（件）	541	2097
高校发明专利申请数（件）	284	428
万人发明专利申请数（件）	2.19	2.59
亿元R&D经费支出发明专利申请数（件）	72.99	71.48
发明专利授权数（件）	530	721
实用新型专利授权数（件）	3065	7027
外观设计专利授权数（件）	828	830
万人发明专利授权数（件）	0.53	0.71
亿元R&D经费支出发明专利授权数（件）	17.72	19.69
发明专利拥有量（件）	3150	4274
实用新型专利拥有量（件）	7901	14332
外观设计专利拥有量（件）	2352	2669
研究机构发明专利拥有量（件）	879	—
高校发明专利拥有量（件）	374	525

海南创新能力监测指标（6）

指标名称	2019	2020
万人发明专利拥有量（件）	3.17	4.22
国内科技论文数（篇）	3625	3715
万人国内科技论文数（篇）	3.64	3.67
SCI 收录科技论文数（篇）	1319	1450
EI 收录科技论文数（篇）	412	477
CPCI-S 收录科技论文数（篇）	101	63
万人国际科技论文数（篇）	1.84	1.97
技术市场成交合同数（项）	398	529
技术市场输出技术成交额（亿元）	9.11	20.19
万人输出技术成交额（万元）	91.53	199.57
国外技术引进合同数（项）	3	3
国外技术引进合同成交额（亿美元）	0.86	0.05
万人国外技术引进合同成交额（万美元）	8.68	0.46
国外技术引进合同成交额中技术经费（亿美元）	0.81	0.05
国外技术引进合同成交额中技术经费占比重（%）	94.16	100.00
百万人技术国际收入（万美元）	505.16	699.98
高技术产业有效发明专利数（件）	690	737
万名高技术产业就业人员有效发明专利数（件）	358.16	352.04
高技术产业营业收入（亿元）	258.45	243.07
高技术产业营业收入占工业营业收入比重（%）	11.18	11.23
高技术产业新产品销售收入（亿元）	8.16	14.22
高技术产业新产品销售收入占营业收入比重（%）	3.16	5.85
万元地区生产总值高技术产业营业收入（万元）	0.05	0.04
新产品销售收入（亿元）	93.55	134.73
新产品销售收入占营业收入比重（%）	4.05	6.22
商品出口额（亿美元）	48.49	40.07
商品出口额与地区生产总值比值（万美元/亿元）	90.96	71.98
高技术产品出口额（亿美元）	6.44	3.11
高技术产品出口额占商品出口额比重（%）	13.27	7.76

海南创新能力监测指标（7）

指标名称	2019	2020
第三产业增加值（亿元）	3168.10	3358.00
第三产业增加值占地区生产总值比重（%）	59.43	60.33
高新技术企业数（个）	563	1003
高新技术企业年末从业人员数（万人）	6.77	8.07
高新技术企业营业收入（亿元）	766.12	866.70
高新技术企业技术收入（亿元）	78.03	108.44
高新技术企业技术收入占营业收入比重（%）	10.19	12.51
高新技术企业净利润（亿元）	51.13	52.32
高新技术企业利润率（%）	6.67	6.04
高新技术企业出口总额（亿元）	37.94	39.57
劳动生产率（万元/人）	7.13	7.99
固定资本形成总额（亿元）	3215.34	3330.92
资本生产率（万元/万元）	0.24	0.24
综合能耗产出率（元/千克标准煤）	17.69	18.25
空气达到二级以上天数（天）	352	362
空气达到二级以上天数占比重（%）	96.37	98.97
废水中化学需氧量排放量（万吨）	4.49	17.28
废水中化学需氧量排放降低率（%）	9.34	-284.98
二氧化硫排放量（万吨）	0.69	0.59
二氧化硫排放降低率（%）	15.05	14.31
万元地区生产总值用水量（立方米）	87.40	79.53
万元地区生产总值用水量降低率（%）	6.36	9.00
废水中氨氮排放量（万吨）	0.47	0.81
废水中氨氮排放降低率（%）	4.55	-70.71
固体废物产生量（万吨）	609	714
固体废物综合利用量（万吨）	398	484
固体废物综合治理率（%）	98.19	99.80
生活垃圾无害化处理率（%）	100.00	100.00
污水处理率（%）	93.71	98.68
建成区绿化覆盖率（%）	41.75	40.62

重庆创新能力监测指标（1）

指标名称	2019	2020
大专以上学历人数（万人）	448.72	494.02
万人大专以上学历人数（人）	1541.85	1635.96
高等学校数（个）	65	68
高校在校学生数（万人）	103.87	110.34
十万人高校在校学生数（人）	3258.00	3438.46
高校（机构）硕士毕业生数（人）	15567	18165
十万人硕士毕业生数（人）	48.83	56.61
高校（机构）博士毕业生数（人）	1110	1144
十万人博士毕业生数（人）	3.48	3.57
研究机构数（个）	31	—
科技企业孵化器管理机构从业人员数（人）	938	1263
国家级孵化器管理机构从业人员数（人）	275	294
国家大学科技园管理机构从业人员数（人）	28	29
火炬计划特色产业基地企业从业人员数（人）	135601	205461
国家级示范生产力促进中心人员数（人）	162	152
众创空间服务人员数（人）	2523	2666
众创空间数（个）	214	258
科技企业孵化器数（个）	77	116
国家级科技企业孵化器数（个）	19	22
科技企业孵化器在孵企业数（个）	2733	3650
科技企业孵化器累计毕业企业数（个）	2756	2912
科技企业孵化器总收入（亿元）	3.08	6.28
企业研究开发费用加计扣除减免税额（亿元）	24.02	24.79
高新技术企业减免税额（亿元）	4.20	6.50
高新技术企业减免税额占全国比重（%）	0.30	0.40
信息传输、软件和信息技术服务业固定资产投资（亿元）	113.15	192.70
信息传输、软件和信息技术服务业固定资产投资占比重（%）	0.57	0.94
邮政业务总量（亿元）	166.31	202.10
电信业务总量（亿元）	2603.00	3190.23
邮电业务总量与地区生产总值比值（万元/亿元）	1173.15	1354.69
固定电话和移动电话用户数（万户）	4282.99	4240.17

重庆创新能力监测指标（2）

指标名称	2019	2020
百人固定电话和移动电话用户数（户）	134.35	132.14
移动互联网用户数（万户）	3016.09	3117.18
万人移动互联网用户数（万户）	0.95	0.97
有效商标注册数（万件）	48.46	57.70
百万人有效商标注册数（件）	15201.63	17980.34
地区生产总值（亿元）	23605.80	25041.40
第二产业增加值（亿元）	9392.00	9969.60
第二产业增加值占地区生产总值比重（%）	39.79	39.81
工业增加值（亿元）	6551.80	6990.80
工业增加值占地区生产总值比重（%）	27.76	27.92
装备制造业营业收入（亿元）	11786.98	13222.60
装备制造业营业收入占营业收入比重（%）	54.97	57.36
人均地区生产总值（元）	75828	78294
城镇登记失业人员数（万人）	17.46	29.59
城镇登记失业率（%）	2.62	4.49
客运量（亿人）	6.02	3.72
旅客周转量（亿人公里）	487.95	271.11
货运量（亿吨）	11.30	12.17
货物周转量（亿吨公里）	3614.15	3527.39
研究与试验发展（R&D）经费支出（亿元）	469.57	526.79
R&D经费支出与地区生产总值之比（%）	1.99	2.10
R&D经费中基础研究经费支出（亿元）	28.15	23.25
R&D经费中应用研究经费支出（亿元）	45.91	66.75
R&D经费中试验发展经费支出（亿元）	395.51	436.79
R&D经费中基础研究经费支出占比重（%）	5.99	4.41
R&D经费中应用研究经费支出占比重（%）	9.78	12.67
R&D经费中试验发展经费支出占比重（%）	84.23	82.92
R&D经费中政府资金经费支出（亿元）	77.81	77.24
R&D经费中企业资金经费支出（亿元）	373.36	427.82
R&D经费中政府资金经费支出占比重（%）	16.57	14.66
R&D经费中企业资金经费支出占比重（%）	79.51	81.21
高校R&D经费支出（亿元）	46.25	48.60

重庆创新能力监测指标（3）

指标名称	2019	2020
研究机构R&D经费支出（亿元）	35.11	—
高校R&D经费支出占全社会R&D经费比重（%）	9.85	9.22
研究机构R&D经费支出占全社会R&D经费比重（%）	7.48	—
高新技术企业R&D经费支出（亿元）	215.61	225.28
高新技术企业R&D经费支出占全社会R&D经费比重（%）	45.92	42.77
财政性教育经费支出（亿元）	728.26	754.97
财政性教育经费支出与地区生产总值比值（万元/亿元）	308.51	301.49
地方财政科技支出（亿元）	79.23	82.87
地方财政科技支出占地方财政支出比重（%）	1.63	1.69
地方财政科技支出与地区生产总值比值（万元/亿元）	33.57	33.09
R&D人员全时当量（人年）	97602	105712
万人R&D人员全时当量（人年）	30.62	32.94
R&D人员中基础研究人员数（人年）	7955	7525
R&D人员中应用研究人员数（人年）	15603	17411
R&D人员中试验发展人员数（人年）	74049	80777
R&D人员中基础研究人员占比重（%）	8.15	7.12
R&D人员中应用研究人员占比重（%）	15.99	16.47
R&D人员中试验发展人员占比重（%）	75.87	76.41
R&D研究人员全时当量（人年）	44130	47445
R&D研究人员占全社会R&D人员比重（%）	45.21	44.88
高校R&D人员全时当量（人年）	12120	12644
研究机构R&D人员全时当量（人年）	10183	—
高校R&D人员占全社会R&D人员比重（%）	12.42	11.96
研究机构R&D人员占全社会R&D人员比重（%）	10.43	—
高技术产业R&D经费支出（亿元）	68.86	86.36
高技术产业R&D经费支出占全社会R&D经费比重（%）	14.67	16.39
高技术产业R&D经费支出占营业收入比重（%）	1.19	1.33
高技术产业引进技术经费支出（万元）	9056.70	21139.90
高技术产业消化吸收经费支出（万元）	0	0
高技术产业购买境内技术经费支出（万元）	8788.70	6056.80
高技术产业技术改造经费支出（万元）	75051.20	41181.10

重庆创新能力监测指标（4）

指标名称	2019	2020
高技术产业技术获取和技术改造经费支出占营业收入比重（%）	0.16	0.11
高技术产业新产品研发经费支出（亿元）	77.67	94.09
高技术产业新产品研发经费支出占新产品销售收入比重（%）	5.84	5.48
高技术产业R&D人员全时当量（人年）	14334	17339
高技术产业R&D人员占全社会R&D人员比重（%）	14.69	16.40
高新技术企业R&D人员全时当量（人年）	48057	53071
高新技术企业R&D人员占全社会R&D人员比重（%）	49.24	50.20
科学研究和技术服务业固定资产（亿元）	63.19	87.71
科学研究和技术服务业固定资产占比重（%）	0.32	0.43
开展创新活动的企业数（个）	4156	4419
开展创新活动的企业占比重（%）	62.11	63.72
实现创新的企业数（个）	3893	4142
实现创新企业占比重（%）	58.18	59.73
企业创新费用支出（亿元）	472.70	528.20
企业R&D经费支出（亿元）	335.89	372.56
企业R&D经费支出占创新费用支出比重（%）	71.06	70.53
企业R&D经费支出占全社会R&D经费比重（%）	71.53	70.72
企业R&D经费支出占营业收入比重（%）	1.57	1.62
企业引进技术经费支出（亿元）	9.90	18.04
企业消化吸收经费支出（亿元）	0.49	0.59
企业购买境内技术经费支出（亿元）	1.82	1.14
企业技术改造经费支出（亿元）	72.33	70.24
企业技术获取和技术改造经费支出（亿元）	84.54	90.02
企业技术获取和技术改造经费支出占营业收入比重（%）	0.39	0.39
企业科学研究经费支出占企业R&D经费支出比重（%）	1.39	2.13
研究机构来源于企业的R&D经费支出（亿元）	1.32	—
高校来源于企业的R&D经费支出（亿元）	11.92	22.01
研究机构和高校R&D经费支出中企业资金占比重（%）	16.28	—
企业平均吸纳技术成交额（万元）	376.93	325.03
企业R&D人员全时当量（人年）	62424	69843

重庆创新能力监测指标（5）

指标名称	2019	2020
企业R&D研究人员全时当量（人年）	20603	32153
企业R&D研究人员占全社会R&D研究人员比重（%）	46.69	67.77
万名企业就业人员中R&D人员数（人年）	403.26	431.77
有R&D活动的企业数（个）	2581	2878
有R&D活动的企业占工业企业比重（%）	38.56	41.48
有研究机构的企业数（个）	995	1907
有研究机构的企业占工业企业比重（%）	14.86	27.49
企业专利申请数（件）	16650	19736
企业发明专利申请数（件）	5565	6300
企业发明专利拥有量（件）	18281	20650
万名企业就业人员发明专利拥有量（件）	118.09	127.66
发明专利申请数（件）	20103	22273
实用新型专利申请数（件）	39566	53616
外观设计专利申请数（件）	7602	7937
研究机构专利申请数（件）	938	—
研究机构发明专利申请数（件）	668	—
高校专利申请数（件）	6920	10513
高校发明专利申请数（件）	4711	6113
万人发明专利申请数（件）	6.31	6.94
亿元R&D经费支出发明专利申请数（件）	42.81	42.28
发明专利授权数（件）	6988	7637
实用新型专利授权数（件）	30648	40021
外观设计专利授权数（件）	6236	7719
万人发明专利授权数（件）	2.19	2.38
亿元R&D经费支出发明专利授权数（件）	14.88	14.50
发明专利拥有量（件）	32443	35353
实用新型专利拥有量（件）	100880	124806
外观设计专利拥有量（件）	24853	27181
研究机构发明专利拥有量（件）	1826	—
高校发明专利拥有量（件）	11621	9498

重庆创新能力监测指标（6）

指标名称	2019	2020
万人发明专利拥有量（件）	10.18	11.02
国内科技论文数（篇）	12122	12306
万人国内科技论文数（篇）	3.80	3.83
SCI 收录科技论文数（篇）	10070	10853
EI 收录科技论文数（篇）	6113	7623
CPCI-S 收录科技论文数（篇）	979	698
万人国际科技论文数（篇）	5.38	5.98
技术市场成交合同数（项）	3760	3515
技术市场输出技术成交额（亿元）	56.65	117.79
万人输出技术成交额（万元）	177.70	367.06
国外技术引进合同数（项）	158	125
国外技术引进合同成交额（亿美元）	7.59	18.59
万人国外技术引进合同成交额（万美元）	23.80	57.95
国外技术引进合同成交额中技术经费（亿美元）	7.50	18.55
国外技术引进合同成交额中技术经费占比重（%）	98.89	99.76
百万人技术国际收入（万美元）	1474.78	2264.29
高技术产业有效发明专利数（件）	4211	5236
万名高技术产业就业人员有效发明专利数（件）	129.36	124.36
高技术产业营业收入（亿元）	5777.27	6472.11
高技术产业营业收入占工业营业收入比重（%）	26.94	28.08
高技术产业新产品销售收入（亿元）	1330.40	1717.86
高技术产业新产品销售收入占营业收入比重（%）	23.03	26.54
万元地区生产总值高技术产业营业收入（万元）	0.24	0.26
新产品销售收入（亿元）	4365.41	5880.67
新产品销售收入占营业收入比重（%）	20.36	25.51
商品出口额（亿美元）	497.18	550.27
商品出口额与地区生产总值比值（万美元/亿元）	210.62	219.74
高技术产品出口额（亿美元）	389.75	454.77
高技术产品出口额占商品出口额比重（%）	78.39	82.64

重庆创新能力监测指标（7）

指标名称	2019	2020
第三产业增加值（亿元）	12662.20	13268.30
第三产业增加值占地区生产总值比重（%）	53.64	52.99
高新技术企业数（个）	3105	4183
高新技术企业年末从业人员数（万人）	69.26	82.64
高新技术企业营业收入（亿元）	9176.30	11347.85
高新技术企业技术收入（亿元）	733.35	1095.61
高新技术企业技术收入占营业收入比重（%）	7.99	9.65
高新技术企业净利润（亿元）	251.45	521.75
高新技术企业利润率（%）	2.74	4.60
高新技术企业出口总额（亿元）	648.01	900.34
劳动生产率（万元/人）	11.58	12.24
固定资本形成总额（亿元）	11648.01	12050.12
资本生产率（万元/万元）	0.34	0.33
综合能耗产出率（元/千克标准煤）	15.60	16.23
空气达到二级以上天数（天）	309	331
空气达到二级以上天数占比重（%）	84.66	90.44
废水中化学需氧量排放量（万吨）	5.15	32.06
废水中化学需氧量排放降低率（%）	3.97	-522.42
二氧化硫排放量（万吨）	7.50	6.75
二氧化硫排放降低率（%）	18.29	9.90
万元地区生产总值用水量（立方米）	32.41	28.04
万元地区生产总值用水量降低率（%）	14.52	13.49
废水中氨氮排放量（万吨）	0.49	2.01
废水中氨氮排放降低率（%）	9.00	-314.28
固体废物产生量（万吨）	2730	2272
固体废物综合利用量（万吨）	1935	1909
固体废物综合治理率（%）	89.41	100.00
生活垃圾无害化处理率（%）	88.82	93.84
污水处理率（%）	97.19	98.17
建成区绿化覆盖率（%）	41.82	43.05

四川创新能力监测指标（1）

指标名称	2019	2020
大专以上学历人数（万人）	1103.46	1110.08
万人大专以上学历人数（人）	1413.60	1409.89
高等学校数（个）	126	132
高校在校学生数（万人）	212.62	230.55
十万人高校在校学生数（人）	2546.00	2754.24
高校（机构）硕士毕业生数（人）	25973	31068
十万人硕士毕业生数（人）	31.10	37.12
高校（机构）博士毕业生数（人）	2531	2506
十万人博士毕业生数（人）	3.03	2.99
研究机构数（个）	160	—
科技企业孵化器管理机构从业人员数（人）	2244	2546
国家级孵化器管理机构从业人员数（人）	577	647
国家大学科技园管理机构从业人员数（人）	140	146
火炬计划特色产业基地企业从业人员数（人）	72143	68048
国家级示范生产力促进中心人员数（人）	286	267
众创空间服务人员数（人）	2050	2593
众创空间数（个）	175	255
科技企业孵化器数（个）	168	192
国家级科技企业孵化器数（个）	34	40
科技企业孵化器在孵企业数（个）	8190	8977
科技企业孵化器累计毕业企业数（个）	5464	6533
科技企业孵化器总收入（亿元）	14.31	17.12
企业研究开发费用加计扣除减免税额（亿元）	22.23	33.66
高新技术企业减免税额（亿元）	15.37	20.10
高新技术企业减免税额占全国比重（%）	1.08	1.23
信息传输、软件和信息技术服务业固定资产投资（亿元）	507.09	552.58
信息传输、软件和信息技术服务业固定资产投资占比重（%）	1.36	1.44
邮政业务总量（亿元）	447.76	537.70
电信业务总量（亿元）	5164.95	7526.73
邮电业务总量与地区生产总值比值（万元/亿元）	1210.58	1662.71
固定电话和移动电话用户数（万户）	11315.29	11009.54

四川创新能力监测指标（2）

指标名称	2019	2020
百人固定电话和移动电话用户数（户）	135.50	131.52
移动互联网用户数（万户）	7277.70	7521.36
万人移动互联网用户数（万户）	0.87	0.90
有效商标注册数（万件）	83.37	101.41
百万人有效商标注册数（件）	9983.14	12114.95
地区生产总值（亿元）	46363.80	48501.60
第二产业增加值（亿元）	17187.90	17505.60
第二产业增加值占地区生产总值比重（%）	37.07	36.09
工业增加值（亿元）	13165.90	13401.00
工业增加值占地区生产总值比重（%）	28.40	27.63
装备制造业营业收入（亿元）	12909.82	14822.87
装备制造业营业收入占营业收入比重（%）	29.26	31.83
人均地区生产总值（元）	55472	58009
城镇登记失业人员数（万人）	50.40	54.44
城镇登记失业率（%）	3.31	3.63
客运量（亿人）	9.17	5.75
旅客周转量（亿人公里）	872.68	560.29
货运量（亿吨）	17.73	17.19
货物周转量（亿吨公里）	2710.83	2861.32
研究与试验发展（R&D）经费支出（亿元）	870.95	1055.28
R&D经费支出与地区生产总值之比（%）	1.88	2.18
R&D经费中基础研究经费支出（亿元）	51.15	59.58
R&D经费中应用研究经费支出（亿元）	128.40	144.04
R&D经费中试验发展经费支出（亿元）	691.40	851.66
R&D经费中基础研究经费支出占比重（%）	5.87	5.65
R&D经费中应用研究经费支出占比重（%）	14.74	13.65
R&D经费中试验发展经费支出占比重（%）	79.38	80.70
R&D经费中政府资金经费支出（亿元）	318.11	420.20
R&D经费中企业资金经费支出（亿元）	510.45	570.72
R&D经费中政府资金经费支出占比重（%）	36.52	39.82
R&D经费中企业资金经费支出占比重（%）	58.61	54.08
高校R&D经费支出（亿元）	78.59	85.19

四川创新能力监测指标（3）

指标名称	2019	2020
研究机构R&D经费支出（亿元）	285.92	—
高校R&D经费支出占全社会R&D经费比重（%）	9.02	8.07
研究机构R&D经费支出占全社会R&D经费比重（%）	32.83	—
高新技术企业R&D经费支出（亿元）	265.02	354.17
高新技术企业R&D经费支出占全社会R&D经费比重（%）	30.43	33.56
财政性教育经费支出（亿元）	1578.88	1686.16
财政性教育经费支出与地区生产总值比值（万元/亿元）	340.54	347.65
地方财政科技支出（亿元）	184.95	181.70
地方财政科技支出占地方财政支出比重（%）	1.79	1.62
地方财政科技支出与地区生产总值比值（万元/亿元）	39.89	37.46
R&D人员全时当量（人年）	170777	189829
万人R&D人员全时当量（人年）	20.45	22.68
R&D人员中基础研究人员数（人年）	16127	16372
R&D人员中应用研究人员数（人年）	33042	32414
R&D人员中试验发展人员数（人年）	121625	141044
R&D人员中基础研究人员占比重（%）	9.44	8.62
R&D人员中应用研究人员占比重（%）	19.35	17.08
R&D人员中试验发展人员占比重（%）	71.22	74.30
R&D研究人员全时当量（人年）	91965	99173
R&D研究人员占全社会R&D人员比重（%）	53.85	52.24
高校R&D人员全时当量（人年）	27127	29463
研究机构R&D人员全时当量（人年）	39091	—
高校R&D人员占全社会R&D人员比重（%）	15.88	15.52
研究机构R&D人员占全社会R&D人员比重（%）	22.89	—
高技术产业R&D经费支出（亿元）	134.82	163.35
高技术产业R&D经费支出占全社会R&D经费比重（%）	15.48	15.48
高技术产业R&D经费支出占营业收入比重（%）	1.74	1.73
高技术产业引进技术经费支出（万元）	34647.40	36288.20
高技术产业消化吸收经费支出（万元）	2836.20	1252.10
高技术产业购买境内技术经费支出（万元）	46479.00	32518.30
高技术产业技术改造经费支出（万元）	329917.80	363594.00

四川创新能力监测指标（4）

指标名称	2019	2020
高技术产业技术获取和技术改造经费支出占营业收入比重（%）	0.53	0.46
高技术产业新产品研发经费支出（亿元）	165.11	199.40
高技术产业新产品研发经费支出占新产品销售收入比重（%）	10.48	11.04
高技术产业R&D人员全时当量（人年）	27133	30781
高技术产业R&D人员占全社会R&D人员比重（%）	15.89	16.22
高新技术企业R&D人员全时当量（人年）	75748	99946
高新技术企业R&D人员占全社会R&D人员比重（%）	44.36	52.65
科学研究和技术服务业固定资产（亿元）	243.72	187.24
科学研究和技术服务业固定资产占比重（%）	0.65	0.49
开展创新活动的企业数（个）	7219	7889
开展创新活动的企业占比重（%）	49.44	51.63
实现创新的企业数（个）	6797	7546
实现创新企业占比重（%）	46.55	49.39
企业创新费用支出（亿元）	630.30	689.50
企业R&D经费支出（亿元）	387.86	427.64
企业R&D经费支出占创新费用支出比重（%）	61.54	62.02
企业R&D经费支出占全社会R&D经费比重（%）	44.53	40.52
企业R&D经费支出占营业收入比重（%）	0.88	0.92
企业引进技术经费支出（亿元）	6.37	4.72
企业消化吸收经费支出（亿元）	1.14	0.26
企业购买境内技术经费支出（亿元）	8.64	5.83
企业技术改造经费支出（亿元）	111.12	110.86
企业技术获取和技术改造经费支出（亿元）	127.27	121.67
企业技术获取和技术改造经费支出占营业收入比重（%）	0.29	0.26
企业科学研究经费支出占企业R&D经费支出比重（%）	3.53	4.78
研究机构来源于企业的R&D经费支出（亿元）	9.40	—
高校来源于企业的R&D经费支出（亿元）	27.20	40.13
研究机构和高校R&D经费支出中企业资金占比重（%）	10.04	—
企业平均吸纳技术成交额（万元）	558.07	573.02
企业R&D人员全时当量（人年）	78289	90128

四川创新能力监测指标（5）

指标名称	2019	2020
企业R&D研究人员全时当量（人年）	28177	50129
企业R&D研究人员占全社会R&D研究人员比重（%）	30.64	50.55
万名企业就业人员中R&D人员数（人年）	261.96	298.28
有R&D活动的企业数（个）	3448	4385
有R&D活动的企业占工业企业比重（%）	23.62	28.70
有研究机构的企业数（个）	1237	1485
有研究机构的企业占工业企业比重（%）	8.47	9.72
企业专利申请数（件）	29678	34536
企业发明专利申请数（件）	11250	13439
企业发明专利拥有量（件）	39658	42114
万名企业就业人员发明专利拥有量（件）	132.70	139.38
发明专利申请数（件）	39539	41417
实用新型专利申请数（件）	71474	97251
外观设计专利申请数（件）	20516	21368
研究机构专利申请数（件）	3625	—
研究机构发明专利申请数（件）	2904	—
高校专利申请数（件）	15546	13550
高校发明专利申请数（件）	7979	6132
万人发明专利申请数（件）	4.73	4.95
亿元R&D经费支出发明专利申请数（件）	45.40	39.25
发明专利授权数（件）	12053	14187
实用新型专利授权数（件）	51521	73927
外观设计专利授权数（件）	18492	20272
万人发明专利授权数（件）	1.44	1.69
亿元R&D经费支出发明专利授权数（件）	13.84	13.44
发明专利拥有量（件）	60231	70421
实用新型专利拥有量（件）	175550	227165
外观设计专利拥有量（件）	56492	61244
研究机构发明专利拥有量（件）	7938	—
高校发明专利拥有量（件）	15684	18232

四川创新能力监测指标（6）

指标名称	2019	2020
万人发明专利拥有量（件）	7.21	8.41
国内科技论文数（篇）	23216	23763
万人国内科技论文数（篇）	2.78	2.84
SCI 收录科技论文数（篇）	20505	22077
EI 收录科技论文数（篇）	12217	15592
CPCI-S 收录科技论文数（篇）	2618	1739
万人国际科技论文数（篇）	4.23	4.71
技术市场成交合同数（项）	13203	20415
技术市场输出技术成交额（亿元）	1211.95	1244.59
万人输出技术成交额（万元）	1451.27	1486.84
国外技术引进合同数（项）	185	177
国外技术引进合同成交额（亿美元）	3.66	8.23
万人国外技术引进合同成交额（万美元）	4.39	9.84
国外技术引进合同成交额中技术经费（亿美元）	3.55	8.22
国外技术引进合同成交额中技术经费占比重（%）	96.88	99.86
百万人技术国际收入（万美元）	2534.94	2970.37
高技术产业有效发明专利数（件）	13595	17326
万名高技术产业就业人员有效发明专利数（件）	251.68	277.40
高技术产业营业收入（亿元）	7761.08	9433.53
高技术产业营业收入占工业营业收入比重（%）	17.59	20.26
高技术产业新产品销售收入（亿元）	1574.87	1806.81
高技术产业新产品销售收入占营业收入比重（%）	20.29	19.15
万元地区生产总值高技术产业营业收入（万元）	0.17	0.19
新产品销售收入（亿元）	4211.83	4969.91
新产品销售收入占营业收入比重（%）	9.55	10.67
商品出口额（亿美元）	527.81	658.18
商品出口额与地区生产总值比值（万美元/亿元）	113.84	135.70
高技术产品出口额（亿美元）	389.32	516.48
高技术产品出口额占商品出口额比重（%）	73.76	78.47

四川创新能力监测指标（7）

指标名称	2019	2020
第三产业增加值（亿元）	24368.30	25439.20
第三产业增加值占地区生产总值比重（%）	52.56	52.45
高新技术企业数（个）	5594	8061
高新技术企业年末从业人员数（万人）	94.31	114.30
高新技术企业营业收入（亿元）	10664.02	14560.90
高新技术企业技术收入（亿元）	2167.66	3416.73
高新技术企业技术收入占营业收入比重（%）	20.33	23.47
高新技术企业净利润（亿元）	590.83	685.20
高新技术企业利润率（%）	5.54	4.71
高新技术企业出口总额（亿元）	645.20	1487.19
劳动生产率（万元/人）	7.93	8.48
固定资本形成总额（亿元）	21570.39	22554.53
资本生产率（万元/万元）	0.43	0.42
综合能耗产出率（元/千克标准煤）	14.65	14.92
空气达到二级以上天数（天）	312	315
空气达到二级以上天数占比重（%）	85.52	85.94
废水中化学需氧量排放量（万吨）	32.94	130.46
废水中化学需氧量排放降低率（%）	-0.97	-296.03
二氧化硫排放量（万吨）	18.82	16.31
二氧化硫排放降低率（%）	1.84	13.29
万元地区生产总值用水量（立方米）	54.14	48.75
万元地区生产总值用水量降低率（%）	14.99	9.97
废水中氨氮排放量（万吨）	3.39	8.02
废水中氨氮排放降低率（%）	-0.77	-136.19
固体废物产生量（万吨）	18722	14903
固体废物综合利用量（万吨）	7632	5656
固体废物综合治理率（%）	52.68	55.15
生活垃圾无害化处理率（%）	99.82	99.99
污水处理率（%）	95.29	96.86
建成区绿化覆盖率（%）	41.85	42.48

贵州创新能力监测指标（1）

指标名称	2019	2020
大专以上学历人数（万人）	273.85	422.33
万人大专以上学历人数（人）	832.07	1207.43
高等学校数（个）	72	75
高校在校学生数（万人）	94.39	102.41
十万人高校在校学生数（人）	2453.00	2654.50
高校（机构）硕士毕业生数（人）	5447	6809
十万人硕士毕业生数（人）	14.16	17.65
高校（机构）博士毕业生数（人）	112	133
十万人博士毕业生数（人）	0.29	0.34
研究机构数（个）	76	—
科技企业孵化器管理机构从业人员数（人）	1051	1045
国家级孵化器管理机构从业人员数（人）	268	290
国家大学科技园管理机构从业人员数（人）	29	28
火炬计划特色产业基地企业从业人员数（人）	87031	86667
国家级示范生产力促进中心人员数（人）	112	103
众创空间服务人员数（人）	1332	1087
众创空间数（个）	82	78
科技企业孵化器数（个）	42	47
国家级科技企业孵化器数（个）	8	9
科技企业孵化器在孵企业数（个）	1251	1300
科技企业孵化器累计毕业企业数（个）	789	996
科技企业孵化器总收入（亿元）	9.12	9.76
企业研究开发费用加计扣除减免税额（亿元）	3.68	6.11
高新技术企业减免税额（亿元）	3.60	4.92
高新技术企业减免税额占全国比重（%）	0.25	0.30
信息传输、软件和信息技术服务业固定资产投资（亿元）	156.90	206.20
信息传输、软件和信息技术服务业固定资产投资占比重（%）	0.88	1.12
邮政业务总量（亿元）	76.05	85.48
电信业务总量（亿元）	3874.72	5077.83
邮电业务总量与地区生产总值比值（万元/亿元）	2355.95	2890.92
固定电话和移动电话用户数（万户）	4279.46	4316.65

贵州创新能力监测指标（2）

指标名称	2019	2020
百人固定电话和移动电话用户数（户）	111.21	111.89
移动互联网用户数（万户）	3520.08	3597.39
万人移动互联网用户数（万户）	0.91	0.93
有效商标注册数（万件）	21.22	26.69
百万人有效商标注册数（件）	5514.55	6917.41
地区生产总值（亿元）	16769.30	17860.40
第二产业增加值（亿元）	5971.50	6263.00
第二产业增加值占地区生产总值比重（%）	35.61	35.07
工业增加值（亿元）	4459.00	4666.20
工业增加值占地区生产总值比重（%）	26.59	26.13
装备制造业营业收入（亿元）	1314.68	1168.78
装备制造业营业收入占营业收入比重（%）	13.46	12.51
人均地区生产总值（元）	46433	46355
城镇登记失业人员数（万人）	15.33	19.50
城镇登记失业率（%）	3.11	3.75
客运量（亿人）	9.38	4.01
旅客周转量（亿人公里）	832.94	524.47
货运量（亿吨）	8.34	8.64
货物周转量（亿吨公里）	1235.32	1265.11
研究与试验发展（R&D）经费支出（亿元）	144.68	161.71
R&D经费支出与地区生产总值之比（%）	0.86	0.91
R&D经费中基础研究经费支出（亿元）	13.97	14.72
R&D经费中应用研究经费支出（亿元）	20.35	20.86
R&D经费中试验发展经费支出（亿元）	110.37	126.13
R&D经费中基础研究经费支出占比重（%）	9.66	9.10
R&D经费中应用研究经费支出占比重（%）	14.06	12.90
R&D经费中试验发展经费支出占比重（%）	76.28	78.00
R&D经费中政府资金经费支出（亿元）	35.72	43.46
R&D经费中企业资金经费支出（亿元）	105.02	115.00
R&D经费中政府资金经费支出占比重（%）	24.68	26.87
R&D经费中企业资金经费支出占比重（%）	72.58	71.11
高校R&D经费支出（亿元）	17.53	17.96

贵州创新能力监测指标（3）

指标名称	2019	2020
研究机构R&D经费支出（亿元）	14.49	—
高校R&D经费支出占全社会R&D经费比重（%）	12.12	11.11
研究机构R&D经费支出占全社会R&D经费比重（%）	10.02	—
高新技术企业R&D经费支出（亿元）	45.04	58.71
高新技术企业R&D经费支出占全社会R&D经费比重（%）	31.13	36.31
财政性教育经费支出（亿元）	1067.62	1073.34
财政性教育经费支出与地区生产总值比值（万元/亿元）	636.65	600.96
地方财政科技支出（亿元）	114.13	113.19
地方财政科技支出占地方财政支出比重（%）	1.92	1.97
地方财政科技支出与地区生产总值比值（万元/亿元）	68.06	63.38
R&D人员全时当量（人年）	37757	41496
万人R&D人员全时当量（人年）	9.81	10.76
R&D人员中基础研究人员数（人年）	5282	6068
R&D人员中应用研究人员数（人年）	6689	7234
R&D人员中试验发展人员数（人年）	25791	28194
R&D人员中基础研究人员占比重（%）	13.99	14.62
R&D人员中应用研究人员占比重（%）	17.71	17.43
R&D人员中试验发展人员占比重（%）	68.31	67.94
R&D研究人员全时当量（人年）	17106	19198
R&D研究人员占全社会R&D人员比重（%）	45.31	46.26
高校R&D人员全时当量（人年）	5693	6509
研究机构R&D人员全时当量（人年）	4037	—
高校R&D人员占全社会R&D人员比重（%）	15.08	15.68
研究机构R&D人员占全社会R&D人员比重（%）	10.69	—
高技术产业R&D经费支出（亿元）	24.85	32.98
高技术产业R&D经费支出占全社会R&D经费比重（%）	17.18	20.39
高技术产业R&D经费支出占营业收入比重（%）	2.16	3.38
高技术产业引进技术经费支出（万元）	1211.50	669.00
高技术产业消化吸收经费支出（万元）	81.10	0
高技术产业购买境内技术经费支出（万元）	2661.60	2304.40
高技术产业技术改造经费支出（万元）	139997.80	104601.60

贵州创新能力监测指标（4）

指标名称	2019	2020
高技术产业技术获取和技术改造经费支出占营业收入比重（%）	1.25	1.10
高技术产业新产品研发经费支出（亿元）	27.15	37.26
高技术产业新产品研发经费支出占新产品销售收入比重（%）	14.24	15.27
高技术产业R&D人员全时当量（人年）	5601	7483
高技术产业R&D人员占全社会R&D人员比重（%）	14.83	18.03
高新技术企业R&D人员全时当量（人年）	13448	15784
高新技术企业R&D人员占全社会R&D人员比重（%）	35.62	38.04
科学研究和技术服务业固定资产（亿元）	81.77	83.68
科学研究和技术服务业固定资产占比重（%）	0.46	0.45
开展创新活动的企业数（个）	2500	2337
开展创新活动的企业占比重（%）	53.35	52.14
实现创新的企业数（个）	2161	2281
实现创新企业占比重（%）	46.12	50.89
企业创新费用支出（亿元）	182.90	171.40
企业R&D经费支出（亿元）	91.02	105.36
企业R&D经费支出占创新费用支出比重（%）	49.77	61.47
企业R&D经费支出占全社会R&D经费比重（%）	62.91	65.15
企业R&D经费支出占营业收入比重（%）	0.93	1.13
企业引进技术经费支出（亿元）	0.12	0.07
企业消化吸收经费支出（亿元）	0.01	0.00
企业购买境内技术经费支出（亿元）	12.41	1.40
企业技术改造经费支出（亿元）	48.28	39.25
企业技术获取和技术改造经费支出（亿元）	60.82	40.71
企业技术获取和技术改造经费支出占营业收入比重（%）	0.62	0.44
企业科学研究经费支出占企业R&D经费支出比重（%）	6.40	7.41
研究机构来源于企业的R&D经费支出（亿元）	0.09	—
高校来源于企业的R&D经费支出（亿元）	2.41	3.55
研究机构和高校R&D经费支出中企业资金占比重（%）	7.82	—
企业平均吸纳技术成交额（万元）	851.30	1240.78
企业R&D人员全时当量（人年）	23164	26261

贵州创新能力监测指标（5）

指标名称	2019	2020
企业R&D研究人员全时当量（人年）	6872	12200
企业R&D研究人员占全社会R&D研究人员比重（%）	40.17	63.55
万名企业就业人员中R&D人员数（人年）	288.58	340.87
有R&D活动的企业数（个）	1078	1267
有R&D活动的企业占工业企业比重（%）	23.00	28.27
有研究机构的企业数（个）	520	603
有研究机构的企业占工业企业比重（%）	11.10	13.45
企业专利申请数（件）	6919	7227
企业发明专利申请数（件）	2985	3475
企业发明专利拥有量（件）	7740	8487
万名企业就业人员发明专利拥有量（件）	96.42	110.16
发明专利申请数（件）	10770	10693
实用新型专利申请数（件）	28364	33180
外观设计专利申请数（件）	5194	5327
研究机构专利申请数（件）	407	—
研究机构发明专利申请数（件）	292	—
高校专利申请数（件）	4412	4183
高校发明专利申请数（件）	1714	1033
万人发明专利申请数（件）	2.80	2.77
亿元R&D经费支出发明专利申请数（件）	74.44	66.12
发明专利授权数（件）	1900	2268
实用新型专利授权数（件）	19392	27714
外观设计专利授权数（件）	3437	4989
万人发明专利授权数（件）	0.49	0.59
亿元R&D经费支出发明专利授权数（件）	13.13	14.03
发明专利拥有量（件）	11218	12558
实用新型专利拥有量（件）	49697	69322
外观设计专利拥有量（件）	9583	12280
研究机构发明专利拥有量（件）	762	—
高校发明专利拥有量（件）	1845	2100

贵州创新能力监测指标（6）

指标名称	2019	2020
万人发明专利拥有量（件）	2.92	3.26
国内科技论文数（篇）	6875	6723
万人国内科技论文数（篇）	1.79	1.74
SCI 收录科技论文数（篇）	2598	3056
EI 收录科技论文数（篇）	1066	1431
CPCI-S 收录科技论文数（篇）	219	97
万人国际科技论文数（篇）	1.01	1.19
技术市场成交合同数（项）	2906	3437
技术市场输出技术成交额（亿元）	227.18	249.11
万人输出技术成交额（万元）	590.37	645.73
国外技术引进合同数（项）	8	6
国外技术引进合同成交额（亿美元）	0.17	0.07
万人国外技术引进合同成交额（万美元）	0.43	0.19
国外技术引进合同成交额中技术经费（亿美元）	0.17	0.07
国外技术引进合同成交额中技术经费占比重（%）	100.00	100.00
百万人技术国际收入（万美元）	74.29	174.04
高技术产业有效发明专利数（件）	3044	3078
万名高技术产业就业人员有效发明专利数（件）	257.41	275.17
高技术产业营业收入（亿元）	1150.63	975.46
高技术产业营业收入占工业营业收入比重（%）	11.78	10.44
高技术产业新产品销售收入（亿元）	190.66	243.98
高技术产业新产品销售收入占营业收入比重（%）	16.57	25.01
万元地区生产总值高技术产业营业收入（万元）	0.07	0.05
新产品销售收入（亿元）	818.83	876.09
新产品销售收入占营业收入比重（%）	8.39	9.38
商品出口额（亿美元）	52.10	59.02
商品出口额与地区生产总值比值（万美元/亿元）	31.07	33.05
高技术产品出口额（亿美元）	14.30	24.70
高技术产品出口额占商品出口额比重（%）	27.46	41.85

贵州创新能力监测指标（7）

指标名称	2019	2020
第三产业增加值（亿元）	8517.30	9057.50
第三产业增加值占地区生产总值比重（%）	50.79	50.71
高新技术企业数（个）	1620	1838
高新技术企业年末从业人员数（万人）	21.61	21.72
高新技术企业营业收入（亿元）	2436.58	2586.03
高新技术企业技术收入（亿元）	216.69	329.35
高新技术企业技术收入占营业收入比重（%）	8.89	12.74
高新技术企业净利润（亿元）	68.19	117.86
高新技术企业利润率（%）	2.80	4.56
高新技术企业出口总额（亿元）	73.90	70.48
劳动生产率（万元/人）	5.82	6.59
固定资本形成总额（亿元）	10860.60	11510.22
资本生产率（万元/万元）	0.23	0.22
综合能耗产出率（元/千克标准煤）	9.30	9.54
空气达到二级以上天数（天）	351	363
空气达到二级以上天数占比重（%）	96.16	99.07
废水中化学需氧量排放量（万吨）	12.42	116.78
废水中化学需氧量排放降低率（%）	-1.78	-840.03
二氧化硫排放量（万吨）	23.37	17.74
二氧化硫排放降低率（%）	28.21	24.09
万元地区生产总值用水量（立方米）	64.46	50.54
万元地区生产总值用水量降低率（%）	10.63	21.59
废水中氨氮排放量（万吨）	1.56	2.89
废水中氨氮排放降低率（%）	-9.05	-85.22
固体废物产生量（万吨）	12734	9516
固体废物综合利用量（万吨）	7078	6610
固体废物综合治理率（%）	69.96	85.15
生活垃圾无害化处理率（%）	96.59	97.85
污水处理率（%）	96.84	97.44
建成区绿化覆盖率（%）	39.42	40.94

云南创新能力监测指标（1）

指标名称	2019	2020
大专以上学历人数（万人）	506.03	547.67
万人大专以上学历人数（人）	1127.75	1256.51
高等学校数（个）	81	82
高校在校学生数（万人）	113.18	125.07
十万人高校在校学生数（人）	2401.00	2648.46
高校（机构）硕士毕业生数（人）	10390	12453
十万人硕士毕业生数（人）	22.04	26.37
高校（机构）博士毕业生数（人）	405	419
十万人博士毕业生数（人）	0.86	0.89
研究机构数（个）	112	—
科技企业孵化器管理机构从业人员数（人）	632	659
国家级孵化器管理机构从业人员数（人）	256	270
国家大学科技园管理机构从业人员数（人）	73	55
火炬计划特色产业基地企业从业人员数（人）	24896	28232
国家级示范生产力促进中心人员数（人）	59	44
众创空间服务人员数（人）	1893	2063
众创空间数（个）	122	133
科技企业孵化器数（个）	40	44
国家级科技企业孵化器数（个）	13	15
科技企业孵化器在孵企业数（个）	2280	2397
科技企业孵化器累计毕业企业数（个）	1416	1699
科技企业孵化器总收入（亿元）	1.67	1.58
企业研究开发费用加计扣除减免税额（亿元）	5.39	8.57
高新技术企业减免税额（亿元）	4.87	6.63
高新技术企业减免税额占全国比重（%）	0.34	0.40
信息传输、软件和信息技术服务业固定资产投资（亿元）	103.61	137.53
信息传输、软件和信息技术服务业固定资产投资占比重（%）	0.46	0.57
邮政业务总量（亿元）	118.32	158.10
电信业务总量（亿元）	4185.22	5647.84
邮电业务总量与地区生产总值比值（万元/亿元）	1853.07	2364.39
固定电话和移动电话用户数（万户）	5150.79	5227.94

云南创新能力监测指标（2）

指标名称	2019	2020
百人固定电话和移动电话用户数（户）	109.27	110.71
移动互联网用户数（万户）	3829.35	3945.40
万人移动互联网用户数（万户）	0.81	0.84
有效商标注册数（万件）	36.01	43.51
百万人有效商标注册数（件）	7638.12	9212.93
地区生产总值（亿元）	23223.80	24555.70
第二产业增加值（亿元）	8060.40	8387.50
第二产业增加值占地区生产总值比重（%）	34.71	34.16
工业增加值（亿元）	5400.50	5579.40
工业增加值占地区生产总值比重（%）	23.25	22.72
装备制造业营业收入（亿元）	1105.43	1350.84
装备制造业营业收入占营业收入比重（%）	7.53	9.04
人均地区生产总值（元）	47944	52047
城镇登记失业人员数（万人）	22.93	31.86
城镇登记失业率（%）	3.25	3.92
客运量（亿人）	3.84	2.42
旅客周转量（亿人公里）	441.48	263.72
货运量（亿吨）	12.27	12.11
货物周转量（亿吨公里）	1552.05	1579.74
研究与试验发展（R&D）经费支出（亿元）	220.05	245.99
R&D经费支出与地区生产总值之比（%）	0.95	1.00
R&D经费中基础研究经费支出（亿元）	21.65	27.26
R&D经费中应用研究经费支出（亿元）	23.71	29.51
R&D经费中试验发展经费支出（亿元）	174.68	189.22
R&D经费中基础研究经费支出占比重（%）	9.84	11.08
R&D经费中应用研究经费支出占比重（%）	10.78	11.99
R&D经费中试验发展经费支出占比重（%）	79.38	76.92
R&D经费中政府资金经费支出（亿元）	55.53	56.75
R&D经费中企业资金经费支出（亿元）	153.89	177.70
R&D经费中政府资金经费支出占比重（%）	25.24	23.07
R&D经费中企业资金经费支出占比重（%）	69.94	72.24
高校R&D经费支出（亿元）	16.27	20.80

云南创新能力监测指标（3）

指标名称	2019	2020
研究机构R&D经费支出（亿元）	35.84	—
高校R&D经费支出占全社会R&D经费比重（%）	7.39	8.46
研究机构R&D经费支出占全社会R&D经费比重（%）	16.29	—
高新技术企业R&D经费支出（亿元）	94.81	105.40
高新技术企业R&D经费支出占全社会R&D经费比重（%）	43.09	42.85
财政性教育经费支出（亿元）	1069.85	1162.02
财政性教育经费支出与地区生产总值比值（万元/亿元）	460.67	473.22
地方财政科技支出（亿元）	59.00	64.94
地方财政科技支出占地方财政支出比重（%）	0.87	0.93
地方财政科技支出与地区生产总值比值（万元/亿元）	25.41	26.44
R&D人员全时当量（人年）	57157	60369
万人R&D人员全时当量（人年）	12.12	12.78
R&D人员中基础研究人员数（人年）	9705	10895
R&D人员中应用研究人员数（人年）	8940	9712
R&D人员中试验发展人员数（人年）	38520	39762
R&D人员中基础研究人员占比重（%）	16.98	18.05
R&D人员中应用研究人员占比重（%）	15.64	16.09
R&D人员中试验发展人员占比重（%）	67.39	65.87
R&D研究人员全时当量（人年）	27502	29204
R&D研究人员占全社会R&D人员比重（%）	48.12	48.38
高校R&D人员全时当量（人年）	9473	10772
研究机构R&D人员全时当量（人年）	7369	—
高校R&D人员占全社会R&D人员比重（%）	16.57	17.84
研究机构R&D人员占全社会R&D人员比重（%）	12.89	—
高技术产业R&D经费支出（亿元）	9.01	16.66
高技术产业R&D经费支出占全社会R&D经费比重（%）	4.09	6.77
高技术产业R&D经费支出占营业收入比重（%）	1.05	1.40
高技术产业引进技术经费支出（万元）	2993.80	748.70
高技术产业消化吸收经费支出（万元）	0	0
高技术产业购买境内技术经费支出（万元）	1434.10	0
高技术产业技术改造经费支出（万元）	8895.10	6310.70

云南创新能力监测指标（4）

指标名称	2019	2020
高技术产业技术获取和技术改造经费支出占营业收入比重（%）	0.16	0.06
高技术产业新产品研发经费支出（亿元）	11.91	16.31
高技术产业新产品研发经费支出占新产品销售收入比重（%）	10.67	4.09
高技术产业R&D人员全时当量（人年）	4080	5157
高技术产业R&D人员占全社会R&D人员比重（%）	7.14	8.54
高新技术企业R&D人员全时当量（人年）	18066	20573
高新技术企业R&D人员占全社会R&D人员比重（%）	31.61	34.08
科学研究和技术服务业固定资产（亿元）	20.63	36.30
科学研究和技术服务业固定资产占比重（%）	0.09	0.15
开展创新活动的企业数（个）	2321	2242
开展创新活动的企业占比重（%）	53.16	50.94
实现创新的企业数（个）	2145	2180
实现创新企业占比重（%）	49.13	49.53
企业创新费用支出（亿元）	259.70	243.70
企业R&D经费支出（亿元）	129.77	145.15
企业R&D经费支出占创新费用支出比重（%）	49.97	59.56
企业R&D经费支出占全社会R&D经费比重（%）	58.98	59.01
企业R&D经费支出占营业收入比重（%）	0.88	0.97
企业引进技术经费支出（亿元）	8.33	0.79
企业消化吸收经费支出（亿元）	0.10	0.02
企业购买境内技术经费支出（亿元）	11.67	7.56
企业技术改造经费支出（亿元）	70.00	65.01
企业技术获取和技术改造经费支出（亿元）	90.10	73.38
企业技术获取和技术改造经费支出占营业收入比重（%）	0.61	0.49
企业科学研究经费支出占企业R&D经费支出比重（%）	1.86	3.23
研究机构来源于企业的R&D经费支出（亿元）	1.25	—
高校来源于企业的R&D经费支出（亿元）	1.80	2.24
研究机构和高校R&D经费支出中企业资金占比重（%）	5.85	—
企业平均吸纳技术成交额（万元）	492.46	755.18
企业R&D人员全时当量（人年）	29440	28894

云南创新能力监测指标（5）

指标名称	2019	2020
企业R&D研究人员全时当量（人年）	8303	11954
企业R&D研究人员占全社会R&D研究人员比重（%）	30.19	40.93
万名企业就业人员中R&D人员数（人年）	347.21	359.38
有R&D活动的企业数（个）	1243	1206
有R&D活动的企业占工业企业比重（%）	28.47	27.40
有研究机构的企业数（个）	465	437
有研究机构的企业占工业企业比重（%）	10.65	9.93
企业专利申请数（件）	7611	9451
企业发明专利申请数（件）	2665	3131
企业发明专利拥有量（件）	10131	9515
万名企业就业人员发明专利拥有量（件）	119.48	118.35
发明专利申请数（件）	8996	9753
实用新型专利申请数（件）	22765	31684
外观设计专利申请数（件）	3451	3716
研究机构专利申请数（件）	775	—
研究机构发明专利申请数（件）	524	—
高校专利申请数（件）	3848	4634
高校发明专利申请数（件）	1726	1585
万人发明专利申请数（件）	1.91	2.07
亿元R&D经费支出发明专利申请数（件）	40.88	39.65
发明专利授权数（件）	2174	2458
实用新型专利授权数（件）	17405	23095
外观设计专利授权数（件）	2745	3390
万人发明专利授权数（件）	0.46	0.52
亿元R&D经费支出发明专利授权数（件）	9.88	9.99
发明专利拥有量（件）	13703	15575
实用新型专利拥有量（件）	52261	67215
外观设计专利拥有量（件）	8932	10584
研究机构发明专利拥有量（件）	1835	—
高校发明专利拥有量（件）	4419	5253

云南创新能力监测指标（6）

指标名称	2019	2020
万人发明专利拥有量（件）	2.91	3.30
国内科技论文数（篇）	8371	8723
万人国内科技论文数（篇）	1.78	1.85
SCI 收录科技论文数（篇）	4584	5018
EI 收录科技论文数（篇）	2007	2642
CPCI-S 收录科技论文数（篇）	390	288
万人国际科技论文数（篇）	1.48	1.68
技术市场成交合同数（项）	3324	3325
技术市场输出技术成交额（亿元）	82.70	49.95
万人输出技术成交额（万元）	175.44	105.78
国外技术引进合同数（项）	41	50
国外技术引进合同成交额（亿美元）	0.10	0.13
万人国外技术引进合同成交额（万美元）	0.21	0.28
国外技术引进合同成交额中技术经费（亿美元）	0.10	0.13
国外技术引进合同成交额中技术经费占比重（%）	100.00	100.00
百万人技术国际收入（万美元）	205.13	218.75
高技术产业有效发明专利数（件）	1237	1426
万名高技术产业就业人员有效发明专利数（件）	202.33	215.85
高技术产业营业收入（亿元）	854.15	1192.75
高技术产业营业收入占工业营业收入比重（%）	5.82	7.98
高技术产业新产品销售收入（亿元）	111.62	398.55
高技术产业新产品销售收入占营业收入比重（%）	13.07	33.41
万元地区生产总值高技术产业营业收入（万元）	0.04	0.05
新产品销售收入（亿元）	939.55	1216.10
新产品销售收入占营业收入比重（%）	6.40	8.14
商品出口额（亿美元）	144.75	170.42
商品出口额与地区生产总值比值（万美元/亿元）	62.33	69.40
高技术产品出口额（亿美元）	27.85	23.30
高技术产品出口额占商品出口额比重（%）	19.24	13.67

云南创新能力监测指标（7）

指标名称	2019	2020
第三产业增加值（亿元）	12125.70	12556.50
第三产业增加值占地区生产总值比重（%）	52.21	51.13
高新技术企业数（个）	1454	1671
高新技术企业年末从业人员数（万人）	23.74	26.46
高新技术企业营业收入（亿元）	4450.56	5357.51
高新技术企业技术收入（亿元）	420.57	510.48
高新技术企业技术收入占营业收入比重（%）	9.45	9.53
高新技术企业净利润（亿元）	264.66	358.32
高新技术企业利润率（%）	5.95	6.69
高新技术企业出口总额（亿元）	80.88	57.85
劳动生产率（万元/人）	5.73	6.35
固定资本形成总额（亿元）	20287.38	21376.93
资本生产率（万元/万元）	0.18	0.18
综合能耗产出率（元/千克标准煤）	12.57	12.24
空气达到二级以上天数（天）	355	364
空气达到二级以上天数占比重（%）	97.14	99.49
废水中化学需氧量排放量（万吨）	11.06	68.60
废水中化学需氧量排放降低率（%）	-2.73	-520.10
二氧化硫排放量（万吨）	23.58	17.66
二氧化硫排放降低率（%）	4.69	25.09
万元地区生产总值用水量（立方米）	66.70	63.62
万元地区生产总值用水量降低率（%）	23.40	4.62
废水中氨氮排放量（万吨）	1.30	2.79
废水中氨氮排放降低率（%）	-3.89	-115.10
固体废物产生量（万吨）	20797	17473
固体废物综合利用量（万吨）	10694	9060
固体废物综合治理率（%）	87.06	78.30
生活垃圾无害化处理率（%）	99.77	99.99
污水处理率（%）	95.73	97.63
建成区绿化覆盖率（%）	39.73	40.46

西藏创新能力监测指标（1）

指标名称	2019	2020
大专以上学历人数（万人）	26.67	40.20
万人大专以上学历人数（人）	849.67	1226.92
高等学校数（个）	7	7
高校在校学生数（万人）	5.73	5.96
十万人高校在校学生数（人）	1588.00	1629.09
高校（机构）硕士毕业生数（人）	563	672
十万人硕士毕业生数（人）	15.60	18.38
高校（机构）博士毕业生数（人）	14	22
十万人博士毕业生数（人）	0.39	0.60
研究机构数（个）	18	—
科技企业孵化器管理机构从业人员数（人）	8	61
国家级孵化器管理机构从业人员数（人）	8	18
国家大学科技园管理机构从业人员数（人）	0	0
火炬计划特色产业基地企业从业人员数（人）	0	0
国家级示范生产力促进中心人员数（人）	14	14
众创空间服务人员数（人）	13	328
众创空间数（个）	2	22
科技企业孵化器数（个）	1	4
国家级科技企业孵化器数（个）	1	2
科技企业孵化器在孵企业数（个）	17	123
科技企业孵化器累计毕业企业数（个）	60	100
科技企业孵化器总收入（亿元）	0	0.07
企业研究开发费用加计扣除减免税额（亿元）	0.00	0.12
高新技术企业减免税额（亿元）	0.00	0
高新技术企业减免税额占全国比重（%）	0.00	0
信息传输、软件和信息技术服务业固定资产投资（亿元）	5.33	15.10
信息传输、软件和信息技术服务业固定资产投资占比重（%）	0.25	0.68
邮政业务总量（亿元）	4.79	4.99
电信业务总量（亿元）	301.37	429.09
邮电业务总量与地区生产总值比值（万元/亿元）	1803.31	2281.40
固定电话和移动电话用户数（万户）	393.12	397.65

西藏创新能力监测指标（2）

指标名称	2019	2020
百人固定电话和移动电话用户数（户）	108.90	108.77
移动互联网用户数（万户）	267.34	279.11
万人移动互联网用户数（万户）	0.74	0.76
有效商标注册数（万件）	3.08	3.72
百万人有效商标注册数（件）	8521.61	10169.63
地区生产总值（亿元）	1697.80	1902.70
第二产业增加值（亿元）	635.60	714.90
第二产业增加值占地区生产总值比重（%）	37.44	37.57
工业增加值（亿元）	131.70	158.60
工业增加值占地区生产总值比重（%）	7.76	8.34
装备制造业营业收入（亿元）	0.57	0.75
装备制造业营业收入占营业收入比重（%）	0.19	0.23
人均地区生产总值（元）	48902	52280
城镇登记失业人员数（万人）	2.14	2.09
城镇登记失业率（%）	2.86	2.90
客运量（亿人）	0.14	0.08
旅客周转量（亿人公里）	45.31	26.96
货运量（亿吨）	0.40	0.41
货物周转量（亿吨公里）	154.38	156.53
研究与试验发展（R&D）经费支出（亿元）	4.33	4.37
R&D经费支出与地区生产总值之比（%）	0.26	0.23
R&D经费中基础研究经费支出（亿元）	0.86	0.85
R&D经费中应用研究经费支出（亿元）	1.33	1.11
R&D经费中试验发展经费支出（亿元）	2.15	2.41
R&D经费中基础研究经费支出占比重（%）	19.78	19.52
R&D经费中应用研究经费支出占比重（%）	30.68	25.39
R&D经费中试验发展经费支出占比重（%）	49.55	55.09
R&D经费中政府资金经费支出（亿元）	3.32	3.23
R&D经费中企业资金经费支出（亿元）	0.80	1.02
R&D经费中政府资金经费支出占比重（%）	76.62	73.94
R&D经费中企业资金经费支出占比重（%）	18.53	23.30
高校R&D经费支出（亿元）	0.91	0.71

西藏创新能力监测指标（3）

指标名称	2019	2020
研究机构R&D经费支出（亿元）	2.02	—
高校R&D经费支出占全社会R&D经费比重（%）	20.92	16.33
研究机构R&D经费支出占全社会R&D经费比重（%）	46.55	—
高新技术企业R&D经费支出（亿元）	3.25	3.68
高新技术企业R&D经费支出占全社会R&D经费比重（%）	75.09	84.31
财政性教育经费支出（亿元）	263.26	273.89
财政性教育经费支出与地区生产总值比值（万元/亿元）	1550.59	1439.49
地方财政科技支出（亿元）	7.28	8.99
地方财政科技支出占地方财政支出比重（%）	0.33	0.41
地方财政科技支出与地区生产总值比值（万元/亿元）	42.89	47.24
R&D人员全时当量（人年）	1751	1579
万人R&D人员全时当量（人年）	4.85	4.32
R&D人员中基础研究人员数（人年）	492	481
R&D人员中应用研究人员数（人年）	603	501
R&D人员中试验发展人员数（人年）	656	597
R&D人员中基础研究人员占比重（%）	28.12	30.49
R&D人员中应用研究人员占比重（%）	34.42	31.70
R&D人员中试验发展人员占比重（%）	37.47	37.82
R&D研究人员全时当量（人年）	1225	1175
R&D研究人员占全社会R&D人员比重（%）	69.98	74.39
高校R&D人员全时当量（人年）	510	435
研究机构R&D人员全时当量（人年）	664	—
高校R&D人员占全社会R&D人员比重（%）	29.13	27.53
研究机构R&D人员占全社会R&D人员比重（%）	37.92	—
高技术产业R&D经费支出（亿元）	0.40	0.46
高技术产业R&D经费支出占全社会R&D经费比重（%）	9.14	10.59
高技术产业R&D经费支出占营业收入比重（%）	2.45	2.69
高技术产业引进技术经费支出（万元）	0	0
高技术产业消化吸收经费支出（万元）	0	0
高技术产业购买境内技术经费支出（万元）	0	0
高技术产业技术改造经费支出（万元）	0	0

西藏创新能力监测指标（4）

指标名称	2019	2020
高技术产业技术获取和技术改造经费支出占营业收入比重（%）	0	0
高技术产业新产品研发经费支出（亿元）	0.38	0.43
高技术产业新产品研发经费支出占新产品销售收入比重（%）	0	0
高技术产业R&D人员全时当量（人年）	29	62
高技术产业R&D人员占全社会R&D人员比重（%）	1.66	3.94
高新技术企业R&D人员全时当量（人年）	631	398
高新技术企业R&D人员占全社会R&D人员比重（%）	36.04	25.21
科学研究和技术服务业固定资产（亿元）	13.80	12.35
科学研究和技术服务业固定资产占比重（%）	0.65	0.55
开展创新活动的企业数（个）	73	73
开展创新活动的企业占比重（%）	49.32	43.71
实现创新的企业数（个）	68	67
实现创新企业占比重（%）	45.95	40.12
企业创新费用支出（亿元）	1.40	2.30
企业R&D经费支出（亿元）	0.56	0.89
企业R&D经费支出占创新费用支出比重（%）	39.81	38.89
企业R&D经费支出占全社会R&D经费比重（%）	12.86	20.47
企业R&D经费支出占营业收入比重（%）	0.19	0.27
企业引进技术经费支出（亿元）	0.01	0
企业消化吸收经费支出（亿元）	0	0
企业购买境内技术经费支出（亿元）	0	0
企业技术改造经费支出（亿元）	0.00	0
企业技术获取和技术改造经费支出（亿元）	0.01	0
企业技术获取和技术改造经费支出占营业收入比重（%）	0.00	0
企业科学研究经费支出占企业R&D经费支出比重（%）	0	7.39
研究机构来源于企业的R&D经费支出（亿元）	0	—
高校来源于企业的R&D经费支出（亿元）	0.10	0.07
研究机构和高校R&D经费支出中企业资金占比重（%）	3.54	—
企业平均吸纳技术成交额（万元）	7582.94	4859.97
企业R&D人员全时当量（人年）	264	190

西藏创新能力监测指标（5）

指标名称	2019	2020
企业R&D研究人员全时当量（人年）	128	127
企业R&D研究人员占全社会R&D研究人员比重（%）	10.45	10.81
万名企业就业人员中R&D人员数（人年）	118.92	82.25
有R&D活动的企业数（个）	9	12
有R&D活动的企业占工业企业比重（%）	6.08	7.19
有研究机构的企业数（个）	5	3
有研究机构的企业占工业企业比重（%）	3.38	1.80
企业专利申请数（件）	51	92
企业发明专利申请数（件）	32	29
企业发明专利拥有量（件）	156	185
万名企业就业人员发明专利拥有量（件）	70.27	80.09
发明专利申请数（件）	456	477
实用新型专利申请数（件）	1296	1366
外观设计专利申请数（件）	552	453
研究机构专利申请数（件）	42	—
研究机构发明专利申请数（件）	11	—
高校专利申请数（件）	62	75
高校发明专利申请数（件）	21	21
万人发明专利申请数（件）	1.26	1.30
亿元R&D经费支出发明专利申请数（件）	105.20	109.17
发明专利授权数（件）	79	96
实用新型专利授权数（件）	625	1049
外观设计专利授权数（件）	316	557
万人发明专利授权数（件）	0.22	0.26
亿元R&D经费支出发明专利授权数（件）	18.23	21.97
发明专利拥有量（件）	688	766
实用新型专利拥有量（件）	1264	2109
外观设计专利拥有量（件）	827	1215
研究机构发明专利拥有量（件）	39	—
高校发明专利拥有量（件）	28	22

西藏创新能力监测指标（6）

指标名称	2019	2020
万人发明专利拥有量（件）	1.91	2.10
国内科技论文数（篇）	410	421
万人国内科技论文数（篇）	1.14	1.15
SCI 收录科技论文数（篇）	79	87
EI 收录科技论文数（篇）	20	9
CPCI-S 收录科技论文数（篇）	8	4
万人国际科技论文数（篇）	0.30	0.27
技术市场成交合同数（项）	40	67
技术市场输出技术成交额（亿元）	0.96	0.78
万人输出技术成交额（万元）	26.53	21.29
国外技术引进合同数（项）	1	0
国外技术引进合同成交额（亿美元）	0	0
万人国外技术引进合同成交额（万美元）	0	0
国外技术引进合同成交额中技术经费（亿美元）	0	0
国外技术引进合同成交额中技术经费占比重（%）	0	0
百万人技术国际收入（万美元）	7.20	1.52
高技术产业有效发明专利数（件）	74	85
万名高技术产业就业人员有效发明专利数（件）	402.61	453.58
高技术产业营业收入（亿元）	16.18	17.22
高技术产业营业收入占工业营业收入比重（%）	5.47	5.19
高技术产业新产品销售收入（亿元）	0	0
高技术产业新产品销售收入占营业收入比重（%）	0	0
万元地区生产总值高技术产业营业收入（万元）	0.01	0.01
新产品销售收入（亿元）	23.01	3.45
新产品销售收入占营业收入比重（%）	7.77	1.04
商品出口额（亿美元）	5.55	2.52
商品出口额与地区生产总值比值（万美元/亿元）	32.69	13.25
高技术产品出口额（亿美元）	0.14	0.06
高技术产品出口额占商品出口额比重（%）	2.56	2.49

西藏创新能力监测指标（7）

指标名称	2019	2020
第三产业增加值（亿元）	924.00	1037.50
第三产业增加值占地区生产总值比重（%）	54.42	54.53
高新技术企业数（个）	66	87
高新技术企业年末从业人员数（万人）	1.68	1.92
高新技术企业营业收入（亿元）	231.34	247.16
高新技术企业技术收入（亿元）	40.41	41.03
高新技术企业技术收入占营业收入比重（%）	17.47	16.60
高新技术企业净利润（亿元）	41.44	47.41
高新技术企业利润率（%）	17.91	19.18
高新技术企业出口总额（亿元）	2.56	2.85
劳动生产率（万元/人）	4.62	7.03
固定资本形成总额（亿元）	1709.14	1916.22
资本生产率（万元/万元）	0.18	0.16
综合能耗产出率（元/千克标准煤）	0	0
空气达到二级以上天数（天）	362	365
空气达到二级以上天数占比重（%）	99.24	99.76
废水中化学需氧量排放量（万吨）	1.82	53.05
废水中化学需氧量排放降低率（%）	-3.33	-2809.45
二氧化硫排放量（万吨）	0.34	0.57
二氧化硫排放降低率（%）	5.01	-68.08
万元地区生产总值用水量（立方米）	188.48	169.23
万元地区生产总值用水量降低率（%）	12.15	10.21
废水中氨氮排放量（万吨）	0.22	0.51
废水中氨氮排放降低率（%）	-8.26	-126.01
固体废物产生量（万吨）	3238	1940
固体废物综合利用量（万吨）	129	185
固体废物综合治理率（%）	10.84	9.59
生活垃圾无害化处理率（%）	98.34	99.63
污水处理率（%）	94.94	96.28
建成区绿化覆盖率（%）	37.61	38.06

陕西创新能力监测指标（1）

指标名称	2019	2020
大专以上学历人数（万人）	495.90	727.20
万人大专以上学历人数（人）	1370.66	1975.10
高等学校数（个）	95	96
高校在校学生数（万人）	150.35	163.42
十万人高校在校学生数（人）	3812.00	4132.22
高校（机构）硕士毕业生数（人）	29427	34446
十万人硕士毕业生数（人）	74.61	87.10
高校（机构）博士毕业生数（人）	3043	2942
十万人博士毕业生数（人）	7.72	7.44
研究机构数（个）	103	—
科技企业孵化器管理机构从业人员数（人）	2370	2778
国家级孵化器管理机构从业人员数（人）	952	1049
国家大学科技园管理机构从业人员数（人）	86	95
火炬计划特色产业基地企业从业人员数（人）	162086	175294
国家级示范生产力促进中心人员数（人）	387	313
众创空间服务人员数（人）	3449	3812
众创空间数（个）	284	298
科技企业孵化器数（个）	122	151
国家级科技企业孵化器数（个）	33	36
科技企业孵化器在孵企业数（个）	4730	5171
科技企业孵化器累计毕业企业数（个）	4728	5503
科技企业孵化器总收入（亿元）	14.57	17.96
企业研究开发费用加计扣除减免税额（亿元）	16.03	27.26
高新技术企业减免税额（亿元）	8.51	14.28
高新技术企业减免税额占全国比重（%）	0.60	0.87
信息传输、软件和信息技术服务业固定资产投资（亿元）	173.11	240.42
信息传输、软件和信息技术服务业固定资产投资占比重（%）	0.65	0.87
邮政业务总量（亿元）	193.12	236.78
电信业务总量（亿元）	3366.91	4148.73
邮电业务总量与地区生产总值比值（万元/亿元）	1380.22	1685.82
固定电话和移动电话用户数（万户）	5282.23	5226.74

陕西创新能力监测指标（2）

指标名称	2019	2020
百人固定电话和移动电话用户数（户）	133.93	132.17
移动互联网用户数（万户）	3839.85	3876.23
万人移动互联网用户数（万户）	0.97	0.98
有效商标注册数（万件）	40.29	49.03
百万人有效商标注册数（件）	10216.63	12396.93
地区生产总值（亿元）	25793.20	26014.10
第二产业增加值（亿元）	11779.50	11222.00
第二产业增加值占地区生产总值比重（%）	45.67	43.14
工业增加值（亿元）	9459.90	8740.20
工业增加值占地区生产总值比重（%）	36.68	33.60
装备制造业营业收入（亿元）	6515.54	7023.59
装备制造业营业收入占营业收入比重（%）	25.04	28.76
人均地区生产总值（元）	66649	65867
城镇登记失业人员数（万人）	23.80	24.51
城镇登记失业率（%）	3.23	3.63
客运量（亿人）	7.08	3.68
旅客周转量（亿人公里）	803.83	452.58
货运量（亿吨）	15.47	16.53
货物周转量（亿吨公里）	3482.15	3697.35
研究与试验发展（R&D）经费支出（亿元）	584.58	632.33
R&D经费支出与地区生产总值之比（%）	2.27	2.43
R&D经费中基础研究经费支出（亿元）	36.06	40.15
R&D经费中应用研究经费支出（亿元）	105.40	111.16
R&D经费中试验发展经费支出（亿元）	443.12	481.02
R&D经费中基础研究经费支出占比重（%）	6.17	6.35
R&D经费中应用研究经费支出占比重（%）	18.03	17.58
R&D经费中试验发展经费支出占比重（%）	75.80	76.07
R&D经费中政府资金经费支出（亿元）	264.16	271.72
R&D经费中企业资金经费支出（亿元）	293.46	336.95
R&D经费中政府资金经费支出占比重（%）	45.19	42.97
R&D经费中企业资金经费支出占比重（%）	50.20	53.29
高校R&D经费支出（亿元）	62.97	61.64

陕西创新能力监测指标（3）

指标名称	2019	2020
研究机构R&D经费支出（亿元）	216.71	—
高校R&D经费支出占全社会R&D经费比重（%）	10.77	9.75
研究机构R&D经费支出占全社会R&D经费比重（%）	37.07	—
高新技术企业R&D经费支出（亿元）	288.22	291.66
高新技术企业R&D经费支出占全社会R&D经费比重（%）	49.30	46.12
财政性教育经费支出（亿元）	951.23	998.58
财政性教育经费支出与地区生产总值比值（万元/亿元）	368.79	383.86
地方财政科技支出（亿元）	71.38	56.45
地方财政科技支出占地方财政支出比重（%）	1.25	0.95
地方财政科技支出与地区生产总值比值（万元/亿元）	27.68	21.70
R&D人员全时当量（人年）	115319	118807
万人R&D人员全时当量（人年）	29.24	30.04
R&D人员中基础研究人员数（人年）	16931	17664
R&D人员中应用研究人员数（人年）	25077	23573
R&D人员中试验发展人员数（人年）	73329	77571
R&D人员中基础研究人员占比重（%）	14.68	14.87
R&D人员中应用研究人员占比重（%）	21.75	19.84
R&D人员中试验发展人员占比重（%）	63.59	65.29
R&D研究人员全时当量（人年）	73048	74459
R&D研究人员占全社会R&D人员比重（%）	63.34	62.67
高校R&D人员全时当量（人年）	26432	27730
研究机构R&D人员全时当量（人年）	31413	—
高校R&D人员占全社会R&D人员比重（%）	22.92	23.34
研究机构R&D人员占全社会R&D人员比重（%）	27.24	—
高技术产业R&D经费支出（亿元）	97.80	102.38
高技术产业R&D经费支出占全社会R&D经费比重（%）	16.73	16.19
高技术产业R&D经费支出占营业收入比重（%）	3.03	2.98
高技术产业引进技术经费支出（万元）	5346.40	607.50
高技术产业消化吸收经费支出（万元）	0	12.00
高技术产业购买境内技术经费支出（万元）	11809.70	5146.30
高技术产业技术改造经费支出（万元）	201658.50	154126.30

陕西创新能力监测指标（4）

指标名称	2019	2020
高技术产业技术获取和技术改造经费支出占营业收入比重（%）	0.68	0.47
高技术产业新产品研发经费支出（亿元）	121.57	142.21
高技术产业新产品研发经费支出占新产品销售收入比重（%）	19.29	25.92
高技术产业R&D人员全时当量（人年）	19707	21005
高技术产业R&D人员占全社会R&D人员比重（%）	17.09	17.68
高新技术企业R&D人员全时当量（人年）	78340	72323
高新技术企业R&D人员占全社会R&D人员比重（%）	67.93	60.87
科学研究和技术服务业固定资产（亿元）	205.19	220.12
科学研究和技术服务业固定资产占比重（%）	0.77	0.80
开展创新活动的企业数（个）	3540	3492
开展创新活动的企业占比重（%）	50.41	48.56
实现创新的企业数（个）	3313	3372
实现创新企业占比重（%）	47.18	46.89
企业创新费用支出（亿元）	375.50	423.00
企业R&D经费支出（亿元）	240.80	268.40
企业R&D经费支出占创新费用支出比重（%）	64.13	63.45
企业R&D经费支出占全社会R&D经费比重（%）	41.19	42.45
企业R&D经费支出占营业收入比重（%）	0.93	1.10
企业引进技术经费支出（亿元）	1.52	0.87
企业消化吸收经费支出（亿元）	0.04	0.04
企业购买境内技术经费支出（亿元）	3.63	384.40
企业技术改造经费支出（亿元）	48.66	46.58
企业技术获取和技术改造经费支出（亿元）	53.86	431.89
企业技术获取和技术改造经费支出占营业收入比重（%）	0.21	1.77
企业科学研究经费支出占企业R&D经费支出比重（%）	6.40	2.59
研究机构来源于企业的R&D经费支出（亿元）	6.56	—
高校来源于企业的R&D经费支出（亿元）	21.37	24.23
研究机构和高校R&D经费支出中企业资金占比重（%）	9.99	—
企业平均吸纳技术成交额（万元）	984.27	1306.17
企业R&D人员全时当量（人年）	42983	48809

陕西创新能力监测指标（5）

指标名称	2019	2020
企业R&D研究人员全时当量（人年）	18999	30082
企业R&D研究人员占全社会R&D研究人员比重（%）	26.01	40.40
万名企业就业人员中R&D人员数（人年）	254.88	299.44
有R&D活动的企业数（个）	1250	1480
有R&D活动的企业占工业企业比重（%）	17.76	20.54
有研究机构的企业数（个）	459	546
有研究机构的企业占工业企业比重（%）	6.52	7.58
企业专利申请数（件）	12797	15187
企业发明专利申请数（件）	5593	6445
企业发明专利拥有量（件）	18774	21932
万名企业就业人员发明专利拥有量（件）	111.33	134.55
发明专利申请数（件）	34812	38262
实用新型专利申请数（件）	40395	54902
外观设计专利申请数（件）	16880	6072
研究机构专利申请数（件）	4475	—
研究机构发明专利申请数（件）	3824	—
高校专利申请数（件）	18665	20001
高校发明专利申请数（件）	11717	12083
万人发明专利申请数（件）	8.83	9.68
亿元R&D经费支出发明专利申请数（件）	59.55	60.51
发明专利授权数（件）	9843	12122
实用新型专利授权数（件）	26574	42227
外观设计专利授权数（件）	7684	6175
万人发明专利授权数（件）	2.50	3.07
亿元R&D经费支出发明专利授权数（件）	16.84	19.17
发明专利拥有量（件）	46190	54646
实用新型专利拥有量（件）	82669	111940
外观设计专利拥有量（件）	17840	17470
研究机构发明专利拥有量（件）	8418	—
高校发明专利拥有量（件）	24457	30057

陕西创新能力监测指标（6）

指标名称	2019	2020
万人发明专利拥有量（件）	11.71	13.82
国内科技论文数（篇）	28676	27452
万人国内科技论文数（篇）	7.27	6.94
SCI 收录科技论文数（篇）	24440	25767
EI 收录科技论文数（篇）	17967	21740
CPCI-S 收录科技论文数（篇）	3683	2104
万人国际科技论文数（篇）	11.69	12.54
技术市场成交合同数（项）	52999	52035
技术市场输出技术成交额（亿元）	1467.35	1758.72
万人输出技术成交额（万元）	3720.45	4447.18
国外技术引进合同数（项）	10	20
国外技术引进合同成交额（亿美元）	1.65	0.52
万人国外技术引进合同成交额（万美元）	4.19	1.31
国外技术引进合同成交额中技术经费（亿美元）	1.37	0.50
国外技术引进合同成交额中技术经费占比重（%）	82.88	97.12
百万人技术国际收入（万美元）	1324.65	1291.19
高技术产业有效发明专利数（件）	7170	8662
万名高技术产业就业人员有效发明专利数（件）	265.51	317.11
高技术产业营业收入（亿元）	3225.90	3429.74
高技术产业营业收入占工业营业收入比重（%）	12.40	14.04
高技术产业新产品销售收入（亿元）	630.07	548.68
高技术产业新产品销售收入占营业收入比重（%）	19.53	16.00
万元地区生产总值高技术产业营业收入（万元）	0.13	0.13
新产品销售收入（亿元）	2566.04	2494.19
新产品销售收入占营业收入比重（%）	9.86	10.21
商品出口额（亿美元）	265.76	267.37
商品出口额与地区生产总值比值（万美元/亿元）	103.03	102.78
高技术产品出口额（亿美元）	210.25	218.28
高技术产品出口额占商品出口额比重（%）	79.12	81.64

陕西创新能力监测指标（7）

指标名称	2019	2020
第三产业增加值（亿元）	12022.60	12524.40
第三产业增加值占地区生产总值比重（%）	46.61	48.14
高新技术企业数（个）	4357	6126
高新技术企业年末从业人员数（万人）	66.86	80.59
高新技术企业营业收入（亿元）	9006.31	10989.23
高新技术企业技术收入（亿元）	1952.56	2402.98
高新技术企业技术收入占营业收入比重（%）	21.68	21.87
高新技术企业净利润（亿元）	490.06	632.01
高新技术企业利润率（%）	5.44	5.75
高新技术企业出口总额（亿元）	388.91	399.90
劳动生产率（万元/人）	11.01	11.07
固定资本形成总额（亿元）	16093.26	16292.26
资本生产率（万元/万元）	0.21	0.21
综合能耗产出率（元/千克标准煤）	15.74	16.04
空气达到二级以上天数（天）	262	278
空气达到二级以上天数占比重（%）	71.75	75.99
废水中化学需氧量排放量（万吨）	9.84	48.88
废水中化学需氧量排放降低率（%）	4.62	-396.66
二氧化硫排放量（万吨）	14.33	9.37
二氧化硫排放降低率（%）	2.69	34.60
万元地区生产总值用水量（立方米）	35.90	34.60
万元地区生产总值用水量降低率（%）	6.37	3.61
废水中氨氮排放量（万吨）	0.92	2.53
废水中氨氮排放降低率（%）	7.43	-173.41
固体废物产生量（万吨）	14846	12430
固体废物综合利用量（万吨）	5411	6443
固体废物综合治理率（%）	81.62	91.28
生活垃圾无害化处理率（%）	99.71	99.93
污水处理率（%）	95.54	96.79
建成区绿化覆盖率（%）	39.32	40.80

甘肃创新能力监测指标（1）

指标名称	2019	2020
大专以上学历人数（万人）	291.92	362.93
万人大专以上学历人数（人）	1192.77	1570.84
高等学校数（个）	49	50
高校在校学生数（万人）	60.12	65.68
十万人高校在校学生数（人）	2396.00	2626.85
高校（机构）硕士毕业生数（人）	9708	11128
十万人硕士毕业生数（人）	38.69	44.50
高校（机构）博士毕业生数（人）	690	733
十万人博士毕业生数（人）	2.75	2.93
研究机构数（个）	98	—
科技企业孵化器管理机构从业人员数（人）	1508	1320
国家级孵化器管理机构从业人员数（人）	259	255
国家大学科技园管理机构从业人员数（人）	36	47
火炬计划特色产业基地企业从业人员数（人）	21534	22567
国家级示范生产力促进中心人员数（人）	154	151
众创空间服务人员数（人）	3866	3075
众创空间数（个）	207	217
科技企业孵化器数（个）	79	77
国家级科技企业孵化器数（个）	10	12
科技企业孵化器在孵企业数（个）	2570	2513
科技企业孵化器累计毕业企业数（个）	1358	1588
科技企业孵化器总收入（亿元）	4.76	4.30
企业研究开发费用加计扣除减免税额（亿元）	3.38	6.30
高新技术企业减免税额（亿元）	1.39	3.28
高新技术企业减免税额占全国比重（%）	0.10	0.20
信息传输、软件和信息技术服务业固定资产投资（亿元）	56.04	65.28
信息传输、软件和信息技术服务业固定资产投资占比重（%）	0.96	1.04
邮政业务总量（亿元）	38.63	47.13
电信业务总量（亿元）	1958.88	2557.64
邮电业务总量与地区生产总值比值（万元/亿元）	2291.17	2900.73
固定电话和移动电话用户数（万户）	3082.92	2983.62

甘肃创新能力监测指标（2）

指标名称	2019	2020
百人固定电话和移动电话用户数（户）	122.87	119.32
移动互联网用户数（万户）	2323.06	2298.62
万人移动互联网用户数（万户）	0.93	0.92
有效商标注册数（万件）	9.89	12.38
百万人有效商标注册数（件）	3942.97	4951.91
地区生产总值（亿元）	8718.30	8979.70
第二产业增加值（亿元）	2862.40	2824.80
第二产业增加值占地区生产总值比重（%）	32.83	31.46
工业增加值（亿元）	2319.80	2265.40
工业增加值占地区生产总值比重（%）	26.61	25.23
装备制造业营业收入（亿元）	426.04	477.64
装备制造业营业收入占营业收入比重（%）	5.61	6.29
人均地区生产总值（元）	32995	35848
城镇登记失业人员数（万人）	10.83	12.20
城镇登记失业率（%）	3.00	3.27
客运量（亿人）	4.21	2.67
旅客周转量（亿人公里）	647.07	378.72
货运量（亿吨）	6.36	6.72
货物周转量（亿吨公里）	2496.28	2516.71
研究与试验发展（R&D）经费支出（亿元）	110.24	109.64
R&D经费支出与地区生产总值之比（%）	1.26	1.22
R&D经费中基础研究经费支出（亿元）	18.56	16.10
R&D经费中应用研究经费支出（亿元）	23.96	23.96
R&D经费中试验发展经费支出（亿元）	67.72	69.59
R&D经费中基础研究经费支出占比重（%）	16.84	14.68
R&D经费中应用研究经费支出占比重（%）	21.73	21.85
R&D经费中试验发展经费支出占比重（%）	61.43	63.47
R&D经费中政府资金经费支出（亿元）	53.35	39.82
R&D经费中企业资金经费支出（亿元）	51.90	64.55
R&D经费中政府资金经费支出占比重（%）	48.39	36.32
R&D经费中企业资金经费支出占比重（%）	47.08	58.88
高校R&D经费支出（亿元）	14.35	12.81

甘肃创新能力监测指标（3）

指标名称	2019	2020
研究机构R&D经费支出（亿元）	36.15	—
高校R&D经费支出占全社会R&D经费比重（%）	13.01	11.68
研究机构R&D经费支出占全社会R&D经费比重（%）	32.79	—
高新技术企业R&D经费支出（亿元）	9.96	15.10
高新技术企业R&D经费支出占全社会R&D经费比重（%）	9.03	13.77
财政性教育经费支出（亿元）	636.05	662.99
财政性教育经费支出与地区生产总值比值（万元/亿元）	729.56	738.32
地方财政科技支出（亿元）	29.39	32.07
地方财政科技支出占地方财政支出比重（%）	0.74	0.77
地方财政科技支出与地区生产总值比值（万元/亿元）	33.71	35.71
R&D人员全时当量（人年）	25956	26814
万人R&D人员全时当量（人年）	10.35	10.72
R&D人员中基础研究人员数（人年）	6270	6652
R&D人员中应用研究人员数（人年）	7008	7178
R&D人员中试验发展人员数（人年）	12678	12983
R&D人员中基础研究人员占比重（%）	24.16	24.81
R&D人员中应用研究人员占比重（%）	27.00	26.77
R&D人员中试验发展人员占比重（%）	48.84	48.42
R&D研究人员全时当量（人年）	17586	18533
R&D研究人员占全社会R&D人员比重（%）	67.75	69.12
高校R&D人员全时当量（人年）	7329	7642
研究机构R&D人员全时当量（人年）	6500	—
高校R&D人员占全社会R&D人员比重（%）	28.24	28.50
研究机构R&D人员占全社会R&D人员比重（%）	25.04	—
高技术产业R&D经费支出（亿元）	8.86	10.00
高技术产业R&D经费支出占全社会R&D经费比重（%）	8.04	9.12
高技术产业R&D经费支出占营业收入比重（%）	3.19	3.48
高技术产业引进技术经费支出（万元）	1015.00	899.60
高技术产业消化吸收经费支出（万元）	0	0
高技术产业购买境内技术经费支出（万元）	1039.70	68.00
高技术产业技术改造经费支出（万元）	1923.80	544.20

甘肃创新能力监测指标（4）

指标名称	2019	2020
高技术产业技术获取和技术改造经费支出占营业收入比重（%）	0.14	0.05
高技术产业新产品研发经费支出（亿元）	12.11	9.91
高技术产业新产品研发经费支出占新产品销售收入比重（%）	16.69	12.13
高技术产业R&D人员全时当量（人年）	1131	1446
高技术产业R&D人员占全社会R&D人员比重（%）	4.36	5.39
高新技术企业R&D人员全时当量（人年）	6343	7745
高新技术企业R&D人员占全社会R&D人员比重（%）	24.44	28.88
科学研究和技术服务业固定资产（亿元）	30.33	31.24
科学研究和技术服务业固定资产占比重（%）	0.52	0.50
开展创新活动的企业数（个）	911	944
开展创新活动的企业占比重（%）	50.14	48.56
实现创新的企业数（个）	810	895
实现创新企业占比重（%）	44.58	46.04
企业创新费用支出（亿元）	120.80	116.30
企业R&D经费支出（亿元）	50.55	52.13
企业R&D经费支出占创新费用支出比重（%）	41.85	44.83
企业R&D经费支出占全社会R&D经费比重（%）	45.86	47.55
企业R&D经费支出占营业收入比重（%）	0.67	0.69
企业引进技术经费支出（亿元）	0.10	0.09
企业消化吸收经费支出（亿元）	0	0
企业购买境内技术经费支出（亿元）	8.55	0.07
企业技术改造经费支出（亿元）	51.88	52.94
企业技术获取和技术改造经费支出（亿元）	60.53	53.10
企业技术获取和技术改造经费支出占营业收入比重（%）	0.80	0.70
企业科学研究经费支出占企业R&D经费支出比重（%）	3.90	3.91
研究机构来源于企业的R&D经费支出（亿元）	2.19	—
高校来源于企业的R&D经费支出（亿元）	3.37	5.42
研究机构和高校R&D经费支出中企业资金占比重（%）	11.01	—
企业平均吸纳技术成交额（万元）	1312.63	1206.86
企业R&D人员全时当量（人年）	8547	8614

甘肃创新能力监测指标（5）

指标名称	2019	2020
企业R&D研究人员全时当量（人年）	3669	5490
企业R&D研究人员占全社会R&D研究人员比重（%）	20.86	29.62
万名企业就业人员中R&D人员数（人年）	174.93	184.93
有R&D活动的企业数（个）	416	421
有R&D活动的企业占工业企业比重（%）	22.79	21.57
有研究机构的企业数（个）	133	133
有研究机构的企业占工业企业比重（%）	7.29	6.81
企业专利申请数（件）	3393	3829
企业发明专利申请数（件）	1292	1229
企业发明专利拥有量（件）	3413	4017
万名企业就业人员发明专利拥有量（件）	69.85	86.24
发明专利申请数（件）	6056	5684
实用新型专利申请数（件）	19226	22490
外观设计专利申请数（件）	2355	2558
研究机构专利申请数（件）	1041	—
研究机构发明专利申请数（件）	829	—
高校专利申请数（件）	3196	3386
高校发明专利申请数（件）	849	900
万人发明专利申请数（件）	2.41	2.27
亿元R&D经费支出发明专利申请数（件）	54.93	51.84
发明专利授权数（件）	1154	1446
实用新型专利授权数（件）	11722	17503
外观设计专利授权数（件）	2018	2042
万人发明专利授权数（件）	0.46	0.58
亿元R&D经费支出发明专利授权数（件）	10.47	13.19
发明专利拥有量（件）	7432	8310
实用新型专利拥有量（件）	29001	40094
外观设计专利拥有量（件）	4543	5370
研究机构发明专利拥有量（件）	2205	—
高校发明专利拥有量（件）	1663	2079

甘肃创新能力监测指标（6）

指标名称	2019	2020
万人发明专利拥有量（件）	2.96	3.32
国内科技论文数（篇）	8434	8859
万人国内科技论文数（篇）	3.36	3.54
SCI 收录科技论文数（篇）	5785	6292
EI 收录科技论文数（篇）	3338	4313
CPCI-S 收录科技论文数（篇）	347	267
万人国际科技论文数（篇）	3.77	4.35
技术市场成交合同数（项）	5921	7403
技术市场输出技术成交额（亿元）	196.42	233.16
万人输出技术成交额（万元）	782.85	932.43
国外技术引进合同数（项）	1	1
国外技术引进合同成交额（亿美元）	0.15	0
万人国外技术引进合同成交额（万美元）	0.60	0
国外技术引进合同成交额中技术经费（亿美元）	0.15	0
国外技术引进合同成交额中技术经费占比重（%）	100.00	0
百万人技术国际收入（万美元）	93.36	123.93
高技术产业有效发明专利数（件）	476	674
万名高技术产业就业人员有效发明专利数（件）	163.39	225.52
高技术产业营业收入（亿元）	277.79	287.40
高技术产业营业收入占工业营业收入比重（%）	3.66	3.79
高技术产业新产品销售收入（亿元）	72.55	81.69
高技术产业新产品销售收入占营业收入比重（%）	26.12	28.42
万元地区生产总值高技术产业营业收入（万元）	0.03	0.03
新产品销售收入（亿元）	552.71	578.03
新产品销售收入占营业收入比重（%）	7.28	7.62
商品出口额（亿美元）	22.14	18.09
商品出口额与地区生产总值比值（万美元/亿元）	25.40	20.15
高技术产品出口额（亿美元）	3.51	3.69
高技术产品出口额占商品出口额比重（%）	15.84	20.42

甘肃创新能力监测指标（7）

指标名称	2019	2020
第三产业增加值（亿元）	4796.60	4966.70
第三产业增加值占地区生产总值比重（%）	55.02	55.31
高新技术企业数（个）	1045	1215
高新技术企业年末从业人员数（万人）	15.67	17.05
高新技术企业营业收入（亿元）	1622.62	1983.22
高新技术企业技术收入（亿元）	137.82	183.83
高新技术企业技术收入占营业收入比重（%）	8.49	9.27
高新技术企业净利润（亿元）	94.01	117.90
高新技术企业利润率（%）	5.79	5.94
高新技术企业出口总额（亿元）	79.27	49.16
劳动生产率（万元/人）	5.52	6.68
固定资本形成总额（亿元）	4204.23	4235.42
资本生产率（万元/万元）	0.26	0.27
综合能耗产出率（元/千克标准煤）	10.59	10.61
空气达到二级以上天数（天）	338	339
空气达到二级以上天数占比重（%）	92.47	92.66
废水中化学需氧量排放量（万吨）	5.95	59.54
废水中化学需氧量排放降低率（%）	11.50	-900.27
二氧化硫排放量（万吨）	11.29	8.58
二氧化硫排放降低率（%）	10.03	24.05
万元地区生产总值用水量（立方米）	126.17	121.88
万元地区生产总值用水量降低率（%）	7.35	3.40
废水中氨氮排放量（万吨）	0.50	0.65
废水中氨氮排放降低率（%）	8.96	-31.14
固体废物产生量（万吨）	6485	5450
固体废物综合利用量（万吨）	2550	2804
固体废物综合治理率（%）	67.45	83.15
生活垃圾无害化处理率（%）	100.00	100.00
污水处理率（%）	97.11	97.18
建成区绿化覆盖率（%）	36.03	36.28

青海创新能力监测指标（1）

指标名称	2019	2020
大专以上学历人数（万人）	76.67	88.15
万人大专以上学历人数（人）	1375.34	1617.38
高等学校数（个）	12	12
高校在校学生数（万人）	8.77	8.89
十万人高校在校学生数（人）	1486.00	1499.41
高校（机构）硕士毕业生数（人）	1273	1640
十万人硕士毕业生数（人）	21.58	27.67
高校（机构）博士毕业生数（人）	15	16
十万人博士毕业生数（人）	0.25	0.27
研究机构数（个）	22	—
科技企业孵化器管理机构从业人员数（人）	372	272
国家级孵化器管理机构从业人员数（人）	247	162
国家大学科技园管理机构从业人员数（人）	14	23
火炬计划特色产业基地企业从业人员数（人）	0	0
国家级示范生产力促进中心人员数（人）	69	73
众创空间服务人员数（人）	420	309
众创空间数（个）	46	36
科技企业孵化器数（个）	14	15
国家级科技企业孵化器数（个）	6	7
科技企业孵化器在孵企业数（个）	471	528
科技企业孵化器累计毕业企业数（个）	502	662
科技企业孵化器总收入（亿元）	2.14	1.00
企业研究开发费用加计扣除减免税额（亿元）	0.92	1.78
高新技术企业减免税额（亿元）	1.12	0.64
高新技术企业减免税额占全国比重（%）	0.08	0.04
信息传输、软件和信息技术服务业固定资产投资（亿元）	106.51	38.82
信息传输、软件和信息技术服务业固定资产投资占比重（%）	2.48	1.03
邮政业务总量（亿元）	8.10	9.59
电信业务总量（亿元）	636.98	827.54
邮电业务总量与地区生产总值比值（万元/亿元）	2193.32	2781.34
固定电话和移动电话用户数（万户）	798.41	791.46

青海创新能力监测指标（2）

指标名称	2019	2020
百人固定电话和移动电话用户数（户）	135.32	133.52
移动互联网用户数（万户）	564.67	581.12
万人移动互联网用户数（万户）	0.96	0.98
有效商标注册数（万件）	4.06	4.85
百万人有效商标注册数（件）	6880.00	8184.39
地区生产总值（亿元）	2941.10	3009.80
第二产业增加值（亿元）	1153.90	1143.20
第二产业增加值占地区生产总值比重（%）	39.23	37.98
工业增加值（亿元）	821.90	792.20
工业增加值占地区生产总值比重（%）	27.95	26.32
装备制造业营业收入（亿元）	156.83	157.78
装备制造业营业收入占营业收入比重（%）	6.55	6.46
人均地区生产总值（元）	48570	50845
城镇登记失业人员数（万人）	3.10	3.06
城镇登记失业率（%）	2.24	2.13
客运量（亿人）	0.63	0.41
旅客周转量（亿人公里）	128.23	88.62
货运量（亿吨）	1.51	1.45
货物周转量（亿吨公里）	398.43	415.74
研究与试验发展（R&D）经费支出（亿元）	20.57	21.32
R&D经费支出与地区生产总值之比（%）	0.70	0.71
R&D经费中基础研究经费支出（亿元）	2.29	2.12
R&D经费中应用研究经费支出（亿元）	4.36	3.65
R&D经费中试验发展经费支出（亿元）	13.92	15.55
R&D经费中基础研究经费支出占比重（%）	11.14	9.93
R&D经费中应用研究经费支出占比重（%）	21.19	17.10
R&D经费中试验发展经费支出占比重（%）	67.67	72.97
R&D经费中政府资金经费支出（亿元）	7.39	7.49
R&D经费中企业资金经费支出（亿元）	12.70	13.68
R&D经费中政府资金经费支出占比重（%）	35.95	35.15
R&D经费中企业资金经费支出占比重（%）	61.73	64.19
高校R&D经费支出（亿元）	2.44	1.66

青海创新能力监测指标（3）

指标名称	2019	2020
研究机构R&D经费支出（亿元）	4.02	—
高校R&D经费支出占全社会R&D经费比重（%）	11.88	7.78
研究机构R&D经费支出占全社会R&D经费比重（%）	19.55	—
高新技术企业R&D经费支出（亿元）	6.55	4.73
高新技术企业R&D经费支出占全社会R&D经费比重（%）	31.86	22.20
财政性教育经费支出（亿元）	221.37	218.14
财政性教育经费支出与地区生产总值比值（万元/亿元）	752.67	724.76
地方财政科技支出（亿元）	10.37	10.56
地方财政科技支出占地方财政支出比重（%）	0.56	0.55
地方财政科技支出与地区生产总值比值（万元/亿元）	35.25	35.10
R&D人员全时当量（人年）	5476	4423
万人R&D人员全时当量（人年）	9.28	7.46
R&D人员中基础研究人员数（人年）	788	721
R&D人员中应用研究人员数（人年）	1304	1069
R&D人员中试验发展人员数（人年）	3386	2634
R&D人员中基础研究人员占比重（%）	14.38	16.31
R&D人员中应用研究人员占比重（%）	23.81	24.17
R&D人员中试验发展人员占比重（%）	61.83	59.54
R&D研究人员全时当量（人年）	2872	2399
R&D研究人员占全社会R&D人员比重（%）	52.45	54.24
高校R&D人员全时当量（人年）	664	731
研究机构R&D人员全时当量（人年）	956	—
高校R&D人员占全社会R&D人员比重（%）	12.12	16.52
研究机构R&D人员占全社会R&D人员比重（%）	17.46	—
高技术产业R&D经费支出（亿元）	1.41	1.37
高技术产业R&D经费支出占全社会R&D经费比重（%）	6.88	6.43
高技术产业R&D经费支出占营业收入比重（%）	1.08	1.08
高技术产业引进技术经费支出（万元）	0	0
高技术产业消化吸收经费支出（万元）	0	0
高技术产业购买境内技术经费支出（万元）	0	1054.70
高技术产业技术改造经费支出（万元）	1086.10	1054.70

青海创新能力监测指标（4）

指标名称	2019	2020
高技术产业技术获取和技术改造经费支出占营业收入比重（%）	0.08	0.17
高技术产业新产品研发经费支出（亿元）	2.62	1.74
高技术产业新产品研发经费支出占新产品销售收入比重（%）	8.34	3.34
高技术产业R&D人员全时当量（人年）	446	293
高技术产业R&D人员占全社会R&D人员比重（%）	8.15	6.63
高新技术企业R&D人员全时当量（人年）	2077	2157
高新技术企业R&D人员占全社会R&D人员比重（%）	37.93	48.76
科学研究和技术服务业固定资产（亿元）	34.38	27.00
科学研究和技术服务业固定资产占比重（%）	0.80	0.71
开展创新活动的企业数（个）	268	228
开展创新活动的企业占比重（%）	45.89	39.38
实现创新的企业数（个）	250	227
实现创新企业占比重（%）	42.81	39.21
企业创新费用支出（亿元）	25.00	24.80
企业R&D经费支出（亿元）	9.37	10.37
企业R&D经费支出占创新费用支出比重（%）	37.48	41.81
企业R&D经费支出占全社会R&D经费比重（%）	45.56	48.65
企业R&D经费支出占营业收入比重（%）	0.39	0.42
企业引进技术经费支出（亿元）	0.09	0.00
企业消化吸收经费支出（亿元）	0	0
企业购买境内技术经费支出（亿元）	0.01	0.20
企业技术改造经费支出（亿元）	7.01	6.10
企业技术获取和技术改造经费支出（亿元）	7.10	6.31
企业技术获取和技术改造经费支出占营业收入比重（%）	0.30	0.26
企业科学研究经费支出占企业R&D经费支出比重（%）	4.69	1.56
研究机构来源于企业的R&D经费支出（亿元）	0.20	—
高校来源于企业的R&D经费支出（亿元）	0.24	0.28
研究机构和高校R&D经费支出中企业资金占比重（%）	6.87	—
企业平均吸纳技术成交额（万元）	1791.72	1452.22
企业R&D人员全时当量（人年）	2379	1557

青海创新能力监测指标（5）

指标名称	2019	2020
企业R&D研究人员全时当量（人年）	943	1105
企业R&D研究人员占全社会R&D研究人员比重（%）	32.83	46.06
万名企业就业人员中R&D人员数（人年）	148.04	106.64
有R&D活动的企业数（个）	99	74
有R&D活动的企业占工业企业比重（%）	16.92	12.76
有研究机构的企业数（个）	29	33
有研究机构的企业占工业企业比重（%）	4.96	5.69
企业专利申请数（件）	1088	1423
企业发明专利申请数（件）	438	494
企业发明专利拥有量（件）	760	1061
万名企业就业人员发明专利拥有量（件）	47.29	72.67
发明专利申请数（件）	1232	1417
实用新型专利申请数（件）	3396	4970
外观设计专利申请数（件）	389	349
研究机构专利申请数（件）	133	—
研究机构发明专利申请数（件）	120	—
高校专利申请数（件）	562	597
高校发明专利申请数（件）	218	150
万人发明专利申请数（件）	2.09	2.39
亿元R&D经费支出发明专利申请数（件）	59.90	66.48
发明专利授权数（件）	292	333
实用新型专利授权数（件）	2452	4050
外观设计专利授权数（件）	302	310
万人发明专利授权数（件）	0.49	0.56
亿元R&D经费支出发明专利授权数（件）	14.20	15.62
发明专利拥有量（件）	1636	1848
实用新型专利拥有量（件）	6303	9478
外观设计专利拥有量（件）	1008	1094
研究机构发明专利拥有量（件）	534	—
高校发明专利拥有量（件）	134	154

青海创新能力监测指标（6）

指标名称	2019	2020
万人发明专利拥有量（件）	2.77	3.12
国内科技论文数（篇）	2205	1930
万人国内科技论文数（篇）	3.74	3.26
SCI 收录科技论文数（篇）	503	608
EI 收录科技论文数（篇）	200	593
CPCI-S 收录科技论文数（篇）	47	35
万人国际科技论文数（篇）	1.27	2.09
技术市场成交合同数（项）	836	1073
技术市场输出技术成交额（亿元）	9.10	10.56
万人输出技术成交额（万元）	154.18	178.19
国外技术引进合同数（项）	0	0
国外技术引进合同成交额（亿美元）	0	0
万人国外技术引进合同成交额（万美元）	0	0
国外技术引进合同成交额中技术经费（亿美元）	0	0
国外技术引进合同成交额中技术经费占比重（%）	0	0
百万人技术国际收入（万美元）	38.47	120.30
高技术产业有效发明专利数（件）	155	262
万名高技术产业就业人员有效发明专利数（件）	123.94	240.83
高技术产业营业收入（亿元）	131.35	126.93
高技术产业营业收入占工业营业收入比重（%）	5.48	5.19
高技术产业新产品销售收入（亿元）	31.43	52.20
高技术产业新产品销售收入占营业收入比重（%）	23.93	41.13
万元地区生产总值高技术产业营业收入（万元）	0.04	0.04
新产品销售收入（亿元）	123.39	209.46
新产品销售收入占营业收入比重（%）	5.15	8.57
商品出口额（亿美元）	2.30	1.82
商品出口额与地区生产总值比值（万美元/亿元）	7.84	6.06
高技术产品出口额（亿美元）	0.04	0.06
高技术产品出口额占商品出口额比重（%）	1.90	3.18

青海创新能力监测指标（7）

指标名称	2019	2020
第三产业增加值（亿元）	1485.30	1528.60
第三产业增加值占地区生产总值比重（%）	50.50	50.79
高新技术企业数（个）	176	211
高新技术企业年末从业人员数（万人）	4.93	4.63
高新技术企业营业收入（亿元）	698.34	762.30
高新技术企业技术收入（亿元）	202.07	251.73
高新技术企业技术收入占营业收入比重（%）	28.94	33.02
高新技术企业净利润（亿元）	-552.39	34.53
高新技术企业利润率（%）	-79.10	4.53
高新技术企业出口总额（亿元）	2.27	1.40
劳动生产率（万元/人）	9.01	10.82
固定资本形成总额（亿元）	2430.29	2350.38
资本生产率（万元/万元）	0.12	0.12
综合能耗产出率（元/千克标准煤）	7.04	7.29
空气达到二级以上天数（天）	347	332
空气达到二级以上天数占比重（%）	95.11	90.72
废水中化学需氧量排放量（万吨）	1.97	8.57
废水中化学需氧量排放降低率（%）	10.49	-335.75
二氧化硫排放量（万吨）	4.32	4.01
二氧化硫排放降低率（%）	7.02	7.19
万元地区生产总值用水量（立方米）	88.34	80.84
万元地区生产总值用水量降低率（%）	3.03	8.49
废水中氨氮排放量（万吨）	0.28	0.54
废水中氨氮排放降低率（%）	17.87	-92.61
固体废物产生量（万吨）	15603	15724
固体废物综合利用量（万吨）	8685	6892
固体废物综合治理率（%）	57.70	45.12
生活垃圾无害化处理率（%）	96.28	99.29
污水处理率（%）	95.15	95.31
建成区绿化覆盖率（%）	35.21	35.90

宁夏创新能力监测指标（1）

指标名称	2019	2020
大专以上学历人数（万人）	89.49	124.89
万人大专以上学历人数（人）	1413.81	1886.05
高等学校数（个）	19	20
高校在校学生数（万人）	18.51	19.40
十万人高校在校学生数（人）	2581.00	2691.38
高校（机构）硕士毕业生数（人）	1936	2171
十万人硕士毕业生数（人）	27.00	30.11
高校（机构）博士毕业生数（人）	61	47
十万人博士毕业生数（人）	0.85	0.65
研究机构数（个）	18	—
科技企业孵化器管理机构从业人员数（人）	239	404
国家级孵化器管理机构从业人员数（人）	85	115
国家大学科技园管理机构从业人员数（人）	14	14
火炬计划特色产业基地企业从业人员数（人）	12739	11410
国家级示范生产力促进中心人员数（人）	58	54
众创空间服务人员数（人）	55	64
众创空间数（个）	6	6
科技企业孵化器数（个）	15	23
国家级科技企业孵化器数（个）	4	5
科技企业孵化器在孵企业数（个）	558	767
科技企业孵化器累计毕业企业数（个）	387	644
科技企业孵化器总收入（亿元）	0.51	0.88
企业研究开发费用加计扣除减免税额（亿元）	4.69	5.50
高新技术企业减免税额（亿元）	0.70	1.57
高新技术企业减免税额占全国比重（%）	0.05	0.10
信息传输、软件和信息技术服务业固定资产投资（亿元）	42.83	38.32
信息传输、软件和信息技术服务业固定资产投资占比重（%）	1.60	1.38
邮政业务总量（亿元）	19.98	24.98
电信业务总量（亿元）	743.92	924.34
邮电业务总量与地区生产总值比值（万元/亿元）	2037.90	2399.52
固定电话和移动电话用户数（万户）	882.22	890.63

宁夏创新能力监测指标（2）

指标名称	2019	2020
百人固定电话和移动电话用户数（户）	123.04	123.54
移动互联网用户数（万户）	685.74	712.71
万人移动互联网用户数（万户）	0.96	0.99
有效商标注册数（万件）	5.56	6.72
百万人有效商标注册数（件）	7760.39	9321.41
地区生产总值（亿元）	3748.50	3956.30
第二产业增加值（亿元）	1587.10	1629.30
第二产业增加值占地区生产总值比重（%）	42.34	41.18
工业增加值（亿元）	1272.50	1306.50
工业增加值占地区生产总值比重（%）	33.95	33.02
装备制造业营业收入（亿元）	327.37	422.03
装备制造业营业收入占营业收入比重（%）	6.63	8.79
人均地区生产总值（元）	54217	55021
城镇登记失业人员数（万人）	5.05	5.60
城镇登记失业率（%）	3.74	3.92
客运量（亿人）	0.58	0.36
旅客周转量（亿人公里）	87.04	52.51
货运量（亿吨）	4.25	4.28
货物周转量（亿吨公里）	650.99	698.29
研究与试验发展（R&D）经费支出（亿元）	54.51	59.64
R&D经费支出与地区生产总值之比（%）	1.45	1.51
R&D经费中基础研究经费支出（亿元）	3.95	3.29
R&D经费中应用研究经费支出（亿元）	5.84	5.74
R&D经费中试验发展经费支出（亿元）	44.71	50.62
R&D经费中基础研究经费支出占比重（%）	7.25	5.51
R&D经费中应用研究经费支出占比重（%）	10.72	9.62
R&D经费中试验发展经费支出占比重（%）	82.03	84.87
R&D经费中政府资金经费支出（亿元）	13.27	13.17
R&D经费中企业资金经费支出（亿元）	40.14	45.77
R&D经费中政府资金经费支出占比重（%）	24.35	22.08
R&D经费中企业资金经费支出占比重（%）	73.64	76.74
高校R&D经费支出（亿元）	6.05	6.24

宁夏创新能力监测指标（3）

指标名称	2019	2020
研究机构R&D经费支出（亿元）	3.14	—
高校R&D经费支出占全社会R&D经费比重（%）	11.10	10.47
研究机构R&D经费支出占全社会R&D经费比重（%）	5.76	—
高新技术企业R&D经费支出（亿元）	15.73	17.40
高新技术企业R&D经费支出占全社会R&D经费比重（%）	28.85	29.17
财政性教育经费支出（亿元）	179.33	208.42
财政性教育经费支出与地区生产总值比值（万元/亿元）	478.40	526.81
地方财政科技支出（亿元）	31.26	27.91
地方财政科技支出占地方财政支出比重（%）	2.17	1.89
地方财政科技支出与地区生产总值比值（万元/亿元）	83.39	70.54
R&D人员全时当量（人年）	12016	12169
万人R&D人员全时当量（人年）	16.76	16.88
R&D人员中基础研究人员数（人年）	1559	1311
R&D人员中应用研究人员数（人年）	1755	1450
R&D人员中试验发展人员数（人年）	8704	9409
R&D人员中基础研究人员占比重（%）	12.98	10.77
R&D人员中应用研究人员占比重（%）	14.61	11.91
R&D人员中试验发展人员占比重（%）	72.43	77.32
R&D研究人员全时当量（人年）	5106	5483
R&D研究人员占全社会R&D人员比重（%）	42.49	45.06
高校R&D人员全时当量（人年）	1915	1824
研究机构R&D人员全时当量（人年）	648	—
高校R&D人员占全社会R&D人员比重（%）	15.94	14.99
研究机构R&D人员占全社会R&D人员比重（%）	5.39	—
高技术产业R&D经费支出（亿元）	8.98	8.55
高技术产业R&D经费支出占全社会R&D经费比重（%）	16.48	14.33
高技术产业R&D经费支出占营业收入比重（%）	4.94	3.80
高技术产业引进技术经费支出（万元）	0	0
高技术产业消化吸收经费支出（万元）	0	0
高技术产业购买境内技术经费支出（万元）	0	0
高技术产业技术改造经费支出（万元）	8075.40	4317.50

宁夏创新能力监测指标（4）

指标名称	2019	2020
高技术产业技术获取和技术改造经费支出占营业收入比重（%）	0.44	0.19
高技术产业新产品研发经费支出（亿元）	6.62	8.70
高技术产业新产品研发经费支出占新产品销售收入比重（%）	5.87	6.61
高技术产业R&D人员全时当量（人年）	1009	1227
高技术产业R&D人员占全社会R&D人员比重（%）	8.40	10.08
高新技术企业R&D人员全时当量（人年）	2889	4065
高新技术企业R&D人员占全社会R&D人员比重（%）	24.04	33.41
科学研究和技术服务业固定资产（亿元）	9.28	20.60
科学研究和技术服务业固定资产占比重（%）	0.35	0.74
开展创新活动的企业数（个）	640	697
开展创新活动的企业占比重（%）	53.51	56.16
实现创新的企业数（个）	594	693
实现创新企业占比重（%）	49.67	55.84
企业创新费用支出（亿元）	94.10	92.90
企业R&D经费支出（亿元）	41.57	45.35
企业R&D经费支出占创新费用支出比重（%）	44.18	48.81
企业R&D经费支出占全社会R&D经费比重（%）	76.27	76.04
企业R&D经费支出占营业收入比重（%）	0.84	0.94
企业引进技术经费支出（亿元）	0.00	0
企业消化吸收经费支出（亿元）	0	0.06
企业购买境内技术经费支出（亿元）	0.14	1.77
企业技术改造经费支出（亿元）	41.70	34.26
企业技术获取和技术改造经费支出（亿元）	41.84	36.09
企业技术获取和技术改造经费支出占营业收入比重（%）	0.85	0.75
企业科学研究经费支出占企业R&D经费支出比重（%）	2.41	0.31
研究机构来源于企业的R&D经费支出（亿元）	0.01	—
高校来源于企业的R&D经费支出（亿元）	0.75	1.05
研究机构和高校R&D经费支出中企业资金占比重（%）	8.20	—
企业平均吸纳技术成交额（万元）	424.51	914.38
企业R&D人员全时当量（人年）	8073	8333

宁夏创新能力监测指标（5）

指标名称	2019	2020
企业R&D研究人员全时当量（人年）	2238	4252
企业R&D研究人员占全社会R&D研究人员比重（%）	43.83	77.55
万名企业就业人员中R&D人员数（人年）	272.09	280.10
有R&D活动的企业数（个）	361	422
有R&D活动的企业占工业企业比重（%）	30.18	34.00
有研究机构的企业数（个）	239	217
有研究机构的企业占工业企业比重（%）	19.98	17.49
企业专利申请数（件）	2885	3774
企业发明专利申请数（件）	1087	1408
企业发明专利拥有量（件）	2777	3126
万名企业就业人员发明专利拥有量（件）	93.60	105.08
发明专利申请数（件）	2525	2574
实用新型专利申请数（件）	6249	9006
外观设计专利申请数（件）	501	592
研究机构专利申请数（件）	185	—
研究机构发明专利申请数（件）	55	—
高校专利申请数（件）	646	708
高校发明专利申请数（件）	263	247
万人发明专利申请数（件）	3.52	3.57
亿元R&D经费支出发明专利申请数（件）	46.33	43.16
发明专利授权数（件）	598	703
实用新型专利授权数（件）	4644	6477
外观设计专利授权数（件）	313	530
万人发明专利授权数（件）	0.83	0.98
亿元R&D经费支出发明专利授权数（件）	10.97	11.79
发明专利拥有量（件）	3205	3691
实用新型专利拥有量（件）	12632	16817
外观设计专利拥有量（件）	1104	1381
研究机构发明专利拥有量（件）	97	—
高校发明专利拥有量（件）	158	400

宁夏创新能力监测指标（6）

指标名称	2019	2020
万人发明专利拥有量（件）	4.47	5.12
国内科技论文数（篇）	1974	2146
万人国内科技论文数（篇）	2.75	2.98
SCI 收录科技论文数（篇）	719	848
EI 收录科技论文数（篇）	327	530
CPCI-S 收录科技论文数（篇）	66	62
万人国际科技论文数（篇）	1.55	2.00
技术市场成交合同数（项）	1922	1864
技术市场输出技术成交额（亿元）	14.90	16.81
万人输出技术成交额（万元）	207.86	233.11
国外技术引进合同数（项）	3	10
国外技术引进合同成交额（亿美元）	0.05	0.75
万人国外技术引进合同成交额（万美元）	0.73	10.40
国外技术引进合同成交额中技术经费（亿美元）	0.05	0.75
国外技术引进合同成交额中技术经费占比重（%）	100.00	100.00
百万人技术国际收入（万美元）	66.90	104.27
高技术产业有效发明专利数（件）	190	284
万名高技术产业就业人员有效发明专利数（件）	119.48	144.47
高技术产业营业收入（亿元）	181.99	225.19
高技术产业营业收入占工业营业收入比重（%）	3.69	4.69
高技术产业新产品销售收入（亿元）	112.87	131.69
高技术产业新产品销售收入占营业收入比重（%）	62.02	58.48
万元地区生产总值高技术产业营业收入（万元）	0.05	0.06
新产品销售收入（亿元）	447.69	459.20
新产品销售收入占营业收入比重（%）	9.07	9.56
商品出口额（亿美元）	27.84	22.39
商品出口额与地区生产总值比值（万美元/亿元）	74.26	56.60
高技术产品出口额（亿美元）	1.65	1.39
高技术产品出口额占商品出口额比重（%）	5.91	6.22

宁夏创新能力监测指标（7）

指标名称	2019	2020
第三产业增加值（亿元）	1881.40	1989.00
第三产业增加值占地区生产总值比重（%）	50.19	50.27
高新技术企业数（个）	201	288
高新技术企业年末从业人员数（万人）	5.23	6.67
高新技术企业营业收入（亿元）	559.27	836.88
高新技术企业技术收入（亿元）	7.81	14.18
高新技术企业技术收入占营业收入比重（%）	1.40	1.69
高新技术企业净利润（亿元）	38.08	63.59
高新技术企业利润率（%）	6.81	7.60
高新技术企业出口总额（亿元）	41.05	43.42
劳动生产率（万元/人）	9.32	10.85
固定资本形成总额（亿元）	4071.44	3840.76
资本生产率（万元/万元）	0.12	0.12
综合能耗产出率（元/千克标准煤）	4.52	4.53
空气达到二级以上天数（天）	323	310
空气达到二级以上天数占比重（%）	88.61	84.82
废水中化学需氧量排放量（万吨）	9.01	22.03
废水中化学需氧量排放降低率（%）	1.87	-144.55
二氧化硫排放量（万吨）	12.50	7.16
二氧化硫排放降低率（%）	4.29	42.75
万元地区生产总值用水量（立方米）	186.48	179.06
万元地区生产总值用水量降低率（%）	-4.37	3.98
废水中氨氮排放量（万吨）	0.33	0.34
废水中氨氮排放降低率（%）	14.13	-3.58
固体废物产生量（万吨）	6423	6738
固体废物综合利用量（万吨）	2552	3117
固体废物综合治理率（%）	85.99	95.76
生活垃圾无害化处理率（%）	99.89	99.96
污水处理率（%）	95.85	96.74
建成区绿化覆盖率（%）	41.34	41.95

新疆创新能力监测指标（1）

指标名称	2019	2020
大专以上学历人数（万人）	340.13	427.48
万人大专以上学历人数（人）	1487.69	1779.56
高等学校数（个）	54	56
高校在校学生数（万人）	53.89	60.38
十万人高校在校学生数（人）	2106.00	2330.92
高校（机构）硕士毕业生数（人）	6423	7399
十万人硕士毕业生数（人）	25.10	28.56
高校（机构）博士毕业生数（人）	220	241
十万人博士毕业生数（人）	0.86	0.93
研究机构数（个）	102	—
科技企业孵化器管理机构从业人员数（人）	513	443
国家级孵化器管理机构从业人员数（人）	187	195
国家大学科技园管理机构从业人员数（人）	15	14
火炬计划特色产业基地企业从业人员数（人）	47565	47671
国家级示范生产力促进中心人员数（人）	285	282
众创空间服务人员数（人）	710	678
众创空间数（个）	63	62
科技企业孵化器数（个）	29	29
国家级科技企业孵化器数（个）	9	10
科技企业孵化器在孵企业数（个）	1690	1608
科技企业孵化器累计毕业企业数（个）	811	946
科技企业孵化器总收入（亿元）	2.51	2.02
企业研究开发费用加计扣除减免税额（亿元）	2.33	5.97
高新技术企业减免税额（亿元）	4.51	5.88
高新技术企业减免税额占全国比重（%）	0.32	0.36
信息传输、软件和信息技术服务业固定资产投资（亿元）	150.38	123.94
信息传输、软件和信息技术服务业固定资产投资占比重（%）	1.66	1.18
邮政业务总量（亿元）	43.02	45.97
电信业务总量（亿元）	2006.00	3092.05
邮电业务总量与地区生产总值比值（万元/亿元）	1506.96	2273.81
固定电话和移动电话用户数（万户）	3161.89	3249.88

新疆创新能力监测指标（2）

指标名称	2019	2020
百人固定电话和移动电话用户数（户）	123.56	125.45
移动互联网用户数（万户）	2138.19	2359.17
万人移动互联网用户数（万户）	0.84	0.91
有效商标注册数（万件）	18.60	22.20
百万人有效商标注册数（件）	7266.67	8569.62
地区生产总值（亿元）	13597.10	13800.70
第二产业增加值（亿元）	4784.40	4786.70
第二产业增加值占地区生产总值比重（%）	35.19	34.68
工业增加值（亿元）	3831.00	3683.00
工业增加值占地区生产总值比重（%）	28.18	26.69
装备制造业营业收入（亿元）	640.43	948.76
装备制造业营业收入占营业收入比重（%）	5.56	8.12
人均地区生产总值（元）	54280	53606
城镇登记失业人员数（万人）	8.36	9.37
城镇登记失业率（%）	2.14	2.39
客运量（亿人）	2.03	0.70
旅客周转量（亿人公里）	414.53	184.97
货运量（亿吨）	8.44	5.78
货物周转量（亿吨公里）	1948.19	1708.03
研究与试验发展（R&D）经费支出（亿元）	64.10	61.57
R&D经费支出与地区生产总值之比（%）	0.47	0.45
R&D经费中基础研究经费支出（亿元）	6.84	8.36
R&D经费中应用研究经费支出（亿元）	8.43	8.10
R&D经费中试验发展经费支出（亿元）	48.84	45.10
R&D经费中基础研究经费支出占比重（%）	10.66	13.59
R&D经费中应用研究经费支出占比重（%）	13.15	13.15
R&D经费中试验发展经费支出占比重（%）	76.19	73.26
R&D经费中政府资金经费支出（亿元）	16.93	17.95
R&D经费中企业资金经费支出（亿元）	46.44	42.54
R&D经费中政府资金经费支出占比重（%）	26.42	29.16
R&D经费中企业资金经费支出占比重（%）	72.45	69.10
高校R&D经费支出（亿元）	4.42	5.07

新疆创新能力监测指标（3）

指标名称	2019	2020
研究机构R&D经费支出（亿元）	10.98	—
高校R&D经费支出占全社会R&D经费比重（%）	6.90	8.23
研究机构R&D经费支出占全社会R&D经费比重（%）	17.13	—
高新技术企业R&D经费支出（亿元）	14.11	26.12
高新技术企业R&D经费支出占全社会R&D经费比重（%）	22.01	42.42
财政性教育经费支出（亿元）	863.07	908.11
财政性教育经费支出与地区生产总值比值（万元/亿元）	634.74	658.02
地方财政科技支出（亿元）	40.81	41.25
地方财政科技支出占地方财政支出比重（%）	0.77	0.75
地方财政科技支出与地区生产总值比值（万元/亿元）	30.02	29.89
R&D人员全时当量（人年）	13820	14109
万人R&D人员全时当量（人年）	5.40	5.45
R&D人员中基础研究人员数（人年）	3366	3573
R&D人员中应用研究人员数（人年）	3861	3730
R&D人员中试验发展人员数（人年）	6594	6806
R&D人员中基础研究人员占比重（%）	24.36	25.32
R&D人员中应用研究人员占比重（%）	27.94	26.44
R&D人员中试验发展人员占比重（%）	47.71	48.24
R&D研究人员全时当量（人年）	9010	9443
R&D研究人员占全社会R&D人员比重（%）	65.20	66.93
高校R&D人员全时当量（人年）	3538	3862
研究机构R&D人员全时当量（人年）	3300	—
高校R&D人员占全社会R&D人员比重（%）	25.60	27.37
研究机构R&D人员占全社会R&D人员比重（%）	23.88	—
高技术产业R&D经费支出（亿元）	2.20	2.62
高技术产业R&D经费支出占全社会R&D经费比重（%）	3.44	4.26
高技术产业R&D经费支出占营业收入比重（%）	2.02	1.51
高技术产业引进技术经费支出（万元）	0	0
高技术产业消化吸收经费支出（万元）	0	0
高技术产业购买境内技术经费支出（万元）	2394.70	486.50
高技术产业技术改造经费支出（万元）	2151.00	217.20

新疆创新能力监测指标（4）

指标名称	2019	2020
高技术产业技术获取和技术改造经费支出占营业收入比重（%）	0.42	0.04
高技术产业新产品研发经费支出（亿元）	1.60	1.57
高技术产业新产品研发经费支出占新产品销售收入比重（%）	10.24	16.10
高技术产业R&D人员全时当量（人年）	327	414
高技术产业R&D人员占全社会R&D人员比重（%）	2.37	2.93
高新技术企业R&D人员全时当量（人年）	4167	4542
高新技术企业R&D人员占全社会R&D人员比重（%）	30.15	32.19
科学研究和技术服务业固定资产（亿元）	23.68	38.01
科学研究和技术服务业固定资产占比重（%）	0.26	0.36
开展创新活动的企业数（个）	1134	1068
开展创新活动的企业占比重（%）	35.85	29.63
实现创新的企业数（个）	1062	1019
实现创新企业占比重（%）	33.58	28.27
企业创新费用支出（亿元）	107.50	106.30
企业R&D经费支出（亿元）	44.13	39.19
企业R&D经费支出占创新费用支出比重（%）	41.06	36.87
企业R&D经费支出占全社会R&D经费比重（%）	68.85	63.66
企业R&D经费支出占营业收入比重（%）	0.38	0.34
企业引进技术经费支出（亿元）	0.04	1.24
企业消化吸收经费支出（亿元）	0.00	0.00
企业购买境内技术经费支出（亿元）	0.36	5.17
企业技术改造经费支出（亿元）	22.63	21.81
企业技术获取和技术改造经费支出（亿元）	23.04	28.21
企业技术获取和技术改造经费支出占营业收入比重（%）	0.20	0.24
企业科学研究经费支出占企业R&D经费支出比重（%）	4.05	6.62
研究机构来源于企业的R&D经费支出（亿元）	0.10	—
高校来源于企业的R&D经费支出（亿元）	0.62	0.73
研究机构和高校R&D经费支出中企业资金占比重（%）	4.68	—
企业平均吸纳技术成交额（万元）	552.54	752.81
企业R&D人员全时当量（人年）	4698	4752

新疆创新能力监测指标（5）

指标名称	2019	2020
企业R&D研究人员全时当量（人年）	1919	3409
企业R&D研究人员占全社会R&D研究人员比重（%）	21.30	36.10
万名企业就业人员中R&D人员数（人年）	66.46	65.82
有R&D活动的企业数（个）	153	185
有R&D活动的企业占工业企业比重（%）	4.81	5.09
有研究机构的企业数（个）	83	79
有研究机构的企业占工业企业比重（%）	2.61	2.17
企业专利申请数（件）	3632	4427
企业发明专利申请数（件）	1234	1671
企业发明专利拥有量（件）	3351	4580
万名企业就业人员发明专利拥有量（件）	47.40	63.43
发明专利申请数（件）	3544	3776
实用新型专利申请数（件）	9936	13968
外观设计专利申请数（件）	1291	1099
研究机构专利申请数（件）	546	—
研究机构发明专利申请数（件）	265	—
高校专利申请数（件）	1630	1822
高校发明专利申请数（件）	513	721
万人发明专利申请数（件）	1.38	1.46
亿元R&D经费支出发明专利申请数（件）	55.29	61.33
发明专利授权数（件）	856	859
实用新型专利授权数（件）	6792	10805
外观设计专利授权数（件）	1004	1099
万人发明专利授权数（件）	0.33	0.33
亿元R&D经费支出发明专利授权数（件）	13.35	13.95
发明专利拥有量（件）	5379	5684
实用新型专利拥有量（件）	23360	29938
外观设计专利拥有量（件）	4734	5320
研究机构发明专利拥有量（件）	984	—
高校发明专利拥有量（件）	1035	1104

新疆创新能力监测指标（6）

指标名称	2019	2020
万人发明专利拥有量（件）	2.10	2.19
国内科技论文数（篇）	6880	7092
万人国内科技论文数（篇）	2.69	2.74
SCI 收录科技论文数（篇）	2227	2560
EI 收录科技论文数（篇）	997	1370
CPCI-S 收录科技论文数（篇）	155	80
万人国际科技论文数（篇）	1.32	1.55
技术市场成交合同数（项）	687	189
技术市场输出技术成交额（亿元）	7.82	15.11
万人输出技术成交额（万元）	30.56	58.34
国外技术引进合同数（项）	39	49
国外技术引进合同成交额（亿美元）	0.58	0.20
万人国外技术引进合同成交额（万美元）	2.28	0.76
国外技术引进合同成交额中技术经费（亿美元）	0.19	0.08
国外技术引进合同成交额中技术经费占比重（%）	32.04	43.34
百万人技术国际收入（万美元）	1449.25	483.13
高技术产业有效发明专利数（件）	122	319
万名高技术产业就业人员有效发明专利数（件）	92.52	202.48
高技术产业营业收入（亿元）	109.09	174.10
高技术产业营业收入占工业营业收入比重（%）	0.95	1.49
高技术产业新产品销售收入（亿元）	15.58	9.75
高技术产业新产品销售收入占营业收入比重（%）	14.29	5.60
万元地区生产总值高技术产业营业收入（万元）	0.01	0.01
新产品销售收入（亿元）	557.14	633.09
新产品销售收入占营业收入比重（%）	4.83	5.42
商品出口额（亿美元）	171.68	123.40
商品出口额与地区生产总值比值（万美元/亿元）	126.26	89.42
高技术产品出口额（亿美元）	5.07	5.63
高技术产品出口额占商品出口额比重（%）	2.96	4.56

新疆创新能力监测指标（7）

指标名称	2019	2020
第三产业增加值（亿元）	7030.90	7032.80
第三产业增加值占地区生产总值比重（%）	51.71	50.96
高新技术企业数（个）	644	768
高新技术企业年末从业人员数（万人）	15.95	18.97
高新技术企业营业收入（亿元）	2403.16	3208.11
高新技术企业技术收入（亿元）	396.53	458.26
高新技术企业技术收入占营业收入比重（%）	16.50	14.28
高新技术企业净利润（亿元）	132.06	125.66
高新技术企业利润率（%）	5.50	3.92
高新技术企业出口总额（亿元）	89.69	64.17
劳动生产率（万元/人）	8.88	9.01
固定资本形成总额（亿元）	12877.84	13113.25
资本生产率（万元/万元）	0.16	0.16
综合能耗产出率（元/千克标准煤）	6.71	6.76
空气达到二级以上天数（天）	291	287
空气达到二级以上天数占比重（%）	79.62	78.36
废水中化学需氧量排放量（万吨）	16.54	69.34
废水中化学需氧量排放降低率（%）	10.78	-319.29
二氧化硫排放量（万吨）	23.86	14.48
二氧化硫排放降低率（%）	11.82	39.30
万元地区生产总值用水量（立方米）	432.22	413.41
万元地区生产总值用水量降低率（%）	3.92	4.35
废水中氨氮排放量（万吨）	1.88	2.58
废水中氨氮排放降低率（%）	14.97	-37.03
固体废物产生量（万吨）	12176	9354
固体废物综合利用量（万吨）	6465	4053
固体废物综合治理率（%）	76.00	66.43
生活垃圾无害化处理率（%）	96.26	99.07
污水处理率（%）	97.81	98.11
建成区绿化覆盖率（%）	39.90	40.86

五、区域创新能力监测指标解释和数据来源

● 大专以上学历人数

是指取得大学专科以上毕业证书的人数，包括专科、本科、硕士、博士学历的人数。数据来源于《中国统计年鉴》。

● 万人大专以上学历人数

创新人才要素与国民的受教育水平有密切联系，万人大专以上学历人数是反映创新人才要素水平的重要指标。大专以上学历人数来源于政府统计部门的人口调查。数据来源于《中国统计年鉴》。

● 高等学校数

指由国家部委、省级人民政府（含新疆生产建设兵团）、省（区、市）教育行政部门主管或联合主管的实行普通高等教育的学校，包括本科高等学校、高等职业学校、高等专科学校。数据来源于《中国教育统计年鉴》。

● 高校在校学生数

是指高等学校学年初开学以后，具有学籍的全部在校学习的学生总数。高等学校包括大学、专业学院和职业大学等。高等学校在校生在校期间已经具备从事研发活动和研发辅助活动的能力、条件和机会，因而属于重要的创新活动人力资源。数据来源于《中国统计年鉴》。

● 十万人高校在校学生数

是高等学校在校学生数与人口数（以十万为单位）的比值，是反映科技人力资源培养的重要指标。数据来源于《中国统计年鉴》。

● 高校（机构）硕士毕业生数

硕士是一个介于学士及博士之间的研究生学位，拥有硕士学位者通常被认定为已具有对所研究领域基本的、独立的思考能力。硕士毕业生数是反映科技人力资源规模的重要指标。数据来源于《中国教育统计年鉴》。

● 十万人硕士毕业生数

是指高等学校（机构）硕士毕业生数与人口数（以十万为单位）的比值，是反映科技人力资源水平的重要指标。数据来源于《中国教育统计年鉴》。

高校（机构）博士毕业生数

博士是最高级别的学位。拥有博士学位或博士学位同等学历，意味着已经有能力由学习阶段进入学术研究阶段。具备产出原创成果的能力或学力是博士学位的核心内涵，也是拥有博士学位的人最本质的特征。博士毕业生数是拥有科技创新人力资源规模的重要体现。数据来源于《中国教育统计年鉴》。

十万人博士毕业生数

博士是体现一个人具备较高学术研究能力的学位，是目前最高级别的学位。拥有博士毕业生规模的大小和水平的高低是创新人才要素充裕与否的重要体现，也是反映一个国家、一个地区或一个城市是否具有较好的创新人才要素吸引力的重要指标。数据来源于《中国教育统计年鉴》。

研究机构数

指地级及以上独立核算的政府属科学研究与技术开发机构数。数据来源于《中国科技统计年鉴》。

科技企业孵化器管理机构从业人员数

是指在科技企业孵化器管理机构工作，取得工资或其他形式劳动报酬的人员数，可以体现科技企业孵化器管理机构的人力资源状况和相应的服务能力。数据来源于《中国火炬统计年鉴》。

国家级孵化器管理机构从业人员数

是指在国家级孵化器管理机构工作，取得工资或其他形式劳动报酬的人员数，可以体现国家级孵化器管理机构的人力资源状况和相应的服务能力。数据来源于《中国火炬统计年鉴》。

国家大学科技园管理机构从业人员数

是指在国家大学科技园管理机构工作，取得工资或其他形式劳动报酬的人员数，可以体现国家大学科技园管理机构的人力资源规模和服务能力。数据来源于《中国火炬统计年鉴》。

火炬计划特色产业基地企业从业人员数

是指在火炬计划特色产业基地企业工作，取得工资或其他形式劳动报酬的人员数，可以体现火炬计划特色产业基地企业的人力资源规模。数据来源于《中国火炬统计年鉴》。

国家级示范生产力促进中心人员数

是指在国家级示范生产力促进中心工作，取得工资或其他形式劳动报酬的人员数。可以体现国家级示范生产力促进中心的人力资源规模和服务能力。数据来源于《中国火炬统计年鉴》。

众创空间服务人员数

指众创空间内从事管理、运行工作的服务人员总数。数据来源于《中国火炬统计年鉴》。

● 众创空间数

指为满足大众创新创业需求，提供工作空间、网络空间、社交空间和资源共享空间，积极利用众筹、众扶、众包等新手段，以社会化、专业化、市场化、网络化为服务特色，实现低成本、便利化、全要素、开放式运营的创新创业平台数量。数据来源于《中国火炬统计年鉴》。

● 科技企业孵化器数

科技企业孵化器是培育和扶植高新技术中小企业的服务机构，对推动高新技术产业发展、完善国家和区域创新体系、繁荣经济发挥着重要的作用，具有重大的社会经济意义。科技企业孵化器数是在一定时间内拥有的科技企业孵化器的总量。数据来源于《中国火炬统计年鉴》。

● 国家级科技企业孵化器数

是指在一定时间内拥有的国家级科技企业孵化器的总量，体现了国家级科技企业孵化器的规模和服务能力。数据来源于《中国火炬统计年鉴》。

● 科技企业孵化器在孵企业数

是指已经进驻到科技企业孵化器内经营并接受该孵化器所提供的孵化服务，但是还处于初级阶段形式的企业数量。数据来源于《中国火炬统计年鉴》。

● 科技企业孵化器累计毕业企业数

是指科技企业孵化器孵化并毕业的全部企业数量。数据来源于《中国火炬统计年鉴》。

● 科技企业孵化器总收入

是指科技企业孵化器经营主要业务收入和其他业务所确认的收入总额。数据来源于《中国火炬统计年鉴》。

● 企业研究开发费用加计扣除减免税额

是指企业在报告期按有关政策和税法规定，税前加计扣除的研究开发活动费用所得税，体现了政府对企业科技活动的重视程度。数据来源于《工业企业科技活动统计资料》。

● 高新技术企业减免税额

是指高新技术企业在报告期按照国家有关政策依法享受的企业所得税减免额，是体现政府对高新技术企业科技活动重视程度的指标。高新技术企业是指在《国家重点支持的高新技术领域》内，持续进行研究开发与技术成果转化，形成企业核心自主知识产权，并以此为基础开展经营活动，在中国境内（不包括港澳台地区）注册一年以上的企业。数据来源于《工业企业科技活动统计资料》。

● 高新技术企业减免税额占全国比重

是反映政府对高新技术企业支持的相对力度的指标。数据来源于《工业企业科技活动统计资料》。

信息传输、软件和信息技术服务业固定资产投资

固定资产投资是以货币形式表现的建造和购置固定资产活动的工作量，是反映固定资产投资规模、速度、比例关系和使用方向的综合性指标。根据我国《国民经济行业分类》（GB/T 4754—2017）标准的界定，信息传输、软件和信息技术服务业包括3个部分：①电信、广播电视和卫星传输服务；②互联网和相关服务；③软件和信息技术服务业。信息传输、软件和信息技术服务业固定资产投资额是在一定时期内以货币形式表现的信息传输、软件和信息技术服务业建造和购置固定资产的工作量及与此有关的费用的总和。数据来源于《中国统计年鉴》。

信息传输、软件和信息技术服务业固定资产投资占比重

信息传输、软件和信息技术服务业作为信息产业的重要载体，是知识密集型服务业中十分重要的部分。信息传输、软件和信息技术服务业固定资产投资占全社会固定资产投资比重是反映创新能力建设的重要指标。数据来源于《中国统计年鉴》。

邮政业务总量

指以货币形式表现的邮政企业为社会提供各类邮政服务的总数量。数据来源于《中国统计年鉴》。

电信业务总量

指以货币形式表现的电信通信企业为社会提供各类电信通信服务的总数量。数据来源于《中国统计年鉴》。

邮电业务总量与地区生产总值比值

是邮电业务总量（邮政业务总量和电信业务总量之和）与地区生产总值之比。数据来源于《中国统计年鉴》。

固定电话和移动电话用户数

固定电话用户是指在电信企业营业网点办理开户登记手续并已接入固定电话网的全部电话用户。移动电话用户是指在电信运营企业营业网点办理开户登记手续，通过移动电话交换机进入移动电话网，占用移动电话号码的各类电话用户。二者均是体现社会生活信息化水平的指标。数据来源于《中国统计年鉴》。

百人固定电话和移动电话用户数

随着科技的迅速发展，移动电话已逐步成为主要的通信工具。因此，在监测中将固定电话和移动电话合二为一，用以反映社会生活信息化水平。数据来源于《中国统计年鉴》。

移动互联网用户数

移动互联网是移动和互联网融合的产物，继承了移动随时、随地、随身和互联网分享、开放、互动的优势，是整合二者优势的“升级版本”。移动互联网用户数指接入移动互联网进行信息查询和享受网上信息服务的人数。数据来源于《中国统计年鉴》。

万人移动互联网用户数

移动互联网的发展既是科技发展直接的成果和体现，又是创新活动应具备的基础条件。移动互联网用户数采用的是信息产业部统计并公布的数据，来源于《中国统计年鉴》。

有效商标注册数

是指在报告期末拥有的注册商标件数，包括在境内和境外注册的有效商标件数，一件商标在境内外同时注册时只统计一次。商标是知识产权的重要组成部分。商标总是与某一商品或服务特有的专利、非专利发明、技术标准或技术诀窍相联系，商标的拥有和使用反映了技术创新的水平和程度。数据来源于《中国科技统计年鉴》。

百万人有效商标注册数

是指有效商标注册数与人口数（以百万为单位）的比值，是反映创新环境的重要指标。数据来源于《中国科技统计年鉴》。

地区生产总值

经济社会的快速、持续、稳定发展离不开创新活动，创新活动的开展也依赖于一定的经济社会发展水平。创新资源不仅需要人力的支持，也需要财力、物力的支持。地区生产总值是指在一定时期内，一个地区所有常住单位按市场价格计算的生产活动的最终成果，体现了该地区新创造产品或服务的总价值，可以反映该地区的经济总量和经济规模。数据来源于《中国统计年鉴》。

第二产业增加值

是指采矿业（不含开采辅助活动），制造业（不含金属制品、机械和设备修理业），电力、热力、燃气及水生产和供应业，以及建筑业4个门类行业在报告期内以货币形式表现的生产活动最终成果。数据来源于《中国统计年鉴》。

第二产业增加值占地区生产总值比重

是第二产业增加值与地区生产总值之比。数据来源于《中国统计年鉴》。

工业增加值

是指采矿业（不含开采辅助活动），制造业（不含金属制品、机械和设备修理业），电力、热力、燃气及水生产和供应业3个门类行业在报告期内以货币形式表现的生产活动最终成果。数据来源于《中国统计年鉴》。

工业增加值占地区生产总值比重

是工业增加值与地区生产总值之比。数据来源于《中国统计年鉴》。

装备制造业营业收入

装备制造业是为国民经济和国防建设提供生产技术装备的制造业，是工业的核心组成部分，也是国民经济各行业发展的基础。装备制造业包括通用设备制造业，专用设备制造业，汽车制造业，铁路、船舶、航空航天和其他运输设备制造业，电气机械和器材制造业，计算机、通信和其他电子设备制造业，仪器仪表制造业，金属制品、机械和设备修理业等行业。数据来源于各地方统计年鉴，为规模以上工业企业数。

- 装备制造业营业收入占营业收入比重

是指装备制造业营业收入与工业企业营业收入之比，反映的是装备制造业占工业的份额。数据来源于各地方统计年鉴，为规模以上工业企业数。

- 人均地区生产总值

是地区生产总值和地区常住人口数之比，是衡量一个国家或地区经济发展水平最具代表性的指标。地区生产总值和常住人口数的数据均来源于《中国统计年鉴》。

- 城镇登记失业人员数

指有非农业户口，在一定的劳动年龄内（16周岁至退休年龄），有劳动能力，无业而要求就业，并在当地劳动保障部门进行失业登记的人员数量。数据来源于《中国统计年鉴》。

- 城镇登记失业率

城镇登记失业人员与城镇单位就业人员（扣除使用的农村劳动力、聘用的离退休人员、港澳台及外方人员）、城镇单位中的不在岗职工、城镇私营业主、个体户主、城镇私营企业和个体就业人员、城镇登记失业人员之和的比。数据来源于《中国统计年鉴》。

- 客运量

指在一定时期内各种运输工具实际运送的旅客数量。旅客不论行程远近或票价多少，均按一人一次客运量统计；半价票、儿童票也按一人统计。数据来源于《中国统计年鉴》。

- 旅客周转量

指在一定时期内由各种运输工具运送的旅客数量与其相应运输距离的乘积之总和。该指标可以反映运输业生产的总成果，也是编制和检查运输生产计划，计算运输效率、劳动生产率及核算运输单位成本的主要基础资料。计算旅客周转量通常按发出站与到达站之间的最短距离，也就是计费距离计算。数据来源于《中国统计年鉴》。

计算公式为：旅客周转量＝∑（旅客运输量× 运输距离）。

- 货运量

指在一定时期内各种运输工具实际运送的货物重量。货物不论运输距离长短及货物类别，均按实际重量统计。数据来源于《中国统计年鉴》。

- 货物周转量

指在一定时期内由各种运输工具运送的货物数量与其相应运输距离的乘积之总和。计算货物周转量通常按发出站与到达站之间的最短距离，也就是计费距离计算。数据来源于《中国统计年鉴》。

计算公式为：货物周转量＝∑（货物运输量× 运输距离）。

- 研究与试验发展（R&D）经费支出

指调查单位在报告年度用于内部开展R&D活动的实际支出。包括用于R&D项目（课题）活动的直接支出，间接用于R&D活动的管理费、服务费，以及与R&D有关的基本建设支出及外协加工费等。不包括生产性活动支出、归还贷款支出，以及与外单位合作或委托外单位进行R&D活动而转拨给对方的经费支出。数据来源于《中国科技统计年鉴》。

- R&D经费支出与地区生产总值之比

也称R&D经费投入强度，是衡量创新资本要素投入强度最为重要、最为综合的指标。数据来源于《中国统计年鉴》。

- R&D经费中基础研究经费支出

指为了获得关于现象和可观察事实的基本原理的新知识（揭示客观事物的本质、运动规律，获得新发展、新学说）而进行的实验性或理论性研究经费支出，它不以任何专门或特定的应用或使用为目的。数据来源于《中国科技统计年鉴》。

- R&D经费中应用研究经费支出

指为获得新知识而进行的创造性研究经费支出，主要针对某一特定的目的或目标。应用研究是为了确定基础研究成果可能的用途，或是为达到预定的目标探索应采取的新方法（原理性）或新途径。数据来源于《中国科技统计年鉴》。

- R&D经费中试验发展经费支出

指利用从基础研究、应用研究和实际经验中所获得的现有知识，为产生新的产品、材料和装置，建立新的工艺、系统和服务，以及对已产生和建立的上述各项做实质性的改进而进行的系统性工作所产生的费用。数据来源于《中国科技统计年鉴》。

- R&D经费中基础研究经费支出占比重

是衡量基础研究经费投入占R&D经费内部支出份额的指标。数据来源于《中国科技统计年鉴》。

- R&D经费中应用研究经费支出占比重

是衡量应用研究经费投入占R&D经费内部支出份额的指标。数据来源于《中国科技统计年鉴》。

- R&D经费中试验发展经费支出占比重

是衡量试验发展经费投入占R&D经费内部支出份额的指标。数据来源于《中国科技统计年鉴》。

- R&D经费中政府资金经费支出

指R&D经费内部支出中来自各级政府部门的各类资金，包括财政科学技术拨款、科学基金、教育等部门事业费及政府部门预算外资金的实际支出。数据来源于《中国科技统计年鉴》。

- R&D经费中企业资金经费支出

指R&D经费内部支出中来自本企业的自有资金和接受其他企业委托而获得的经费，以及科研院所、高等学校等事业单位从企业获得的资金的实际支出。数据来源于《中国科技统计年鉴》。

- R&D经费中政府资金经费支出占比重

是衡量R&D经费内部支出中政府投入所占份额的指标。数据来源于《中国科技统计年鉴》。

- R&D经费中企业资金经费支出占比重

是衡量R&D经费内部支出中企业投入所占份额的指标。数据来源于《中国科技统计年鉴》。

- 高校R&D经费支出

是指高等学校在报告年度用于内部开展R&D活动的实际支出。包括用于R&D项目（课题）活动的直接支出，间接用于R&D活动的管理费、服务费，以及与R&D有关的基本建设支出及外协加工费等。不包括生产性活动支出、归还贷款支出，以及与外单位合作或委托外单位进行R&D活动而转拨给对方的经费支出。数据来源于《中国科技统计年鉴》。

- 研究机构R&D经费支出

是指研究与开发机构在报告年度用于内部开展R&D活动的实际支出。数据来源于《中国科技统计年鉴》。

- 高校R&D经费支出占全社会R&D经费比重

是衡量R&D经费内部支出中高等学校R&D经费投入所占份额的重要指标。数据来源于《中国科技统计年鉴》。

- 研究机构R&D经费支出占全社会R&D经费比重

是衡量R&D经费内部支出中研究与开发机构R&D经费投入所占份额的重要指标。数据来源于《中国科技统计年鉴》。

- 高新技术企业R&D经费支出

是指高新技术企事业单位用于内部开展R&D活动的实际支出。数据来源于《中国火炬统计年鉴》。

高新技术企业R&D经费支出占全社会R&D经费比重

是衡量R&D经费内部支出中高新技术企业R&D经费投入所占份额的重要指标。数据来源于《中国火炬统计年鉴》。

财政性教育经费支出

财政性教育经费又称公共教育经费，是一个国家或一个地区教育发展的重要保证，公共教育投入规模与速度可以反映国家或地方政府对教育的重视程度。财政性教育经费包括国家财政预算内教育经费，各级政府用于教育的税、费，企业办学经费，校办产业、勤工俭学和社会服务收入用于教育的经费。数据来源于《中国统计年鉴》。

财政性教育经费支出与地区生产总值比值

是财政性教育经费支出与地区生产总值之比，可以反映教育经费投入的强度。数据来源于《中国统计年鉴》。

地方财政科技支出

指地方财政预算用于科技支出的费用。数据来源于《中国统计年鉴》。

地方财政科技支出占地方财政支出比重

地方财政科技支出指地方财政预算用于科技支出的费用。地方财政科技支出占地方财政支出比重是衡量地方政府创新资本要素投入力度的重要指标。数据来源于《中国统计年鉴》。

地方财政科技支出与地区生产总值比值

是衡量地方政府科技投入力度的重要指标。地方财政科技支出与地区生产总值的数据均来源于《中国统计年鉴》。

R&D人员全时当量

是国际上通用的用于比较科技人力投入的指标，指的是全时人员数加非全时人员按工作量折算为全时人员数的总和。例如，有2个全时人员和3个非全时人员（工作时间分别为20%、30%和70%），则全时当量为2.0+0.2+0.3+0.7=3.2人年。数据来源于《中国科技统计年鉴》。

万人R&D人员全时当量

是反映科技人力资源和研发活动人力投入强度的重要指标。数据来源于《中国科技统计年鉴》。

R&D人员中基础研究人员数

指调查单位内部R&D活动中从事基础研究的人员。包括直接参加基础研究活动的人员、管理人员和直接服务人员。为研发活动提供直接服务的人员包括直接为研发活动提供资料文献、材料供应、设备维护等服务的人员。数据来源于《中国科技统计年鉴》。

● R&D人员中应用研究人员数

指调查单位内部R&D活动中从事应用研究的人员。包括直接参加应用研究活动的人员、管理人员和直接服务人员。为研发活动提供直接服务的人员包括直接为研发活动提供资料文献、材料供应、设备维护等服务的人员。数据来源于《中国科技统计年鉴》。

● R&D人员中试验发展人员数

指调查单位内部R&D活动中从事试验发展的人员。包括直接参加试验发展活动的人员、管理人员和直接服务人员。为研发活动提供直接服务的人员包括直接为研发活动提供资料文献、材料供应、设备维护等服务的人员。数据来源于《中国科技统计年鉴》。

● R&D人员中基础研究人员占比重

是衡量基础研究人员占R&D活动人员份额的指标。数据来源于《中国科技统计年鉴》。

● R&D人员中应用研究人员占比重

是衡量应用研究人员占R&D活动人员份额的指标。数据来源于《中国科技统计年鉴》。

● R&D人员中试验发展人员占比重

是衡量试验发展人员占R&D活动人员份额的指标。数据来源于《中国科技统计年鉴》。

● R&D研究人员全时当量

R&D研究人员是指R&D人员中具备中级以上职称或博士学历（学位）的人员，是反映科技创新人力投入的重要指标。全时当量指R&D研究人员中全时人员工作量与非全时人员按实际工作时间折算的工作量之和。数据来源于《中国科技统计年鉴》。

● R&D研究人员占全社会R&D人员比重

可以反映科技活动人力投入的质量。数据来源于《中国科技统计年鉴》。

● 高校R&D人员全时当量

指高等学校科技活动人员中从事基础研究、应用研究和试验发展3类活动的人员数。包括项目（课题）组人员、企业科技行政管理人员和直接为项目（课题）活动提供服务的辅助人员。高等学校R&D人员全时当量指高等学校在报告年度实际从事R&D活动的时间占制度工作时间90%及以上的人员。数据来源于《中国科技统计年鉴》。

● 研究机构R&D人员全时当量

指研究与开发机构科技活动人员中从事基础研究、应用研究和试验发展3类活动的人员数。包括项目（课题）组人员、企业科技行政管理人员和直接为项目（课题）活动提供服务的辅助人员。研究与开发机构R&D人员全时当量指研究与开发机构在报告年度实际从事R&D活动的时间占制度工作时间90%及以上的人员。数据来源于《中国科技统计年鉴》。

● 高校R&D人员占全社会R&D人员比重

是衡量高等学校R&D活动人力投入强度的重要指标。数据来源于《中国科技统计年鉴》。

- 研究机构R&D人员占全社会R&D人员比重

是衡量研究与开发机构R&D活动人力投入强度的重要指标。数据来源于《中国科技统计年鉴》。

- 高技术产业R&D经费支出

是指高技术企业在报告年度用于内部开展R&D活动的实际支出。数据来源于《中国科技统计年鉴》。

- 高技术产业R&D经费支出占全社会R&D经费比重

是衡量高技术产业R&D活动经费投入占R&D经费支出份额的指标。数据来源于《中国科技统计年鉴》。

- 高技术产业R&D经费内部支出占营业收入比重

是衡量高技术企业创新能力和创新投入强度的重要指标之一。数据来源于《中国科技统计年鉴》。

- 高技术产业引进技术经费支出

是指高技术产业企业在报告期用于购买境外技术的费用支出，包括产品设计、工艺流程、图纸、配方、专利等技术资料的费用支出，以及购买关键设备、仪器、样机和样件等的费用支出。数据来源于《中国科技统计年鉴》。

- 高技术产业消化吸收经费支出

高技术产业引进技术的消化吸收是指对引进技术的掌握、应用、复制而开展的工作，以及在此基础上的创新。引进技术的消化吸收经费支出包括人员培训费，测绘费，参加消化吸收人员的工资、工装、工艺开发费，必备的配套设备费，翻版费等。数据来源于《中国科技统计年鉴》。

- 高技术产业购买境内技术经费支出

是指高技术产业企业在报告期用于购买境内其他单位科技成果的经费支出，包括产品设计、工艺流程、图纸、配方、专利、技术诀窍及关键设备的费用支出。数据来源于《中国科技统计年鉴》。

- 高技术产业技术改造经费支出

是指高技术产业企业在报告期进行技术改造而发生的费用支出。数据来源于《中国科技统计年鉴》。

- 高技术产业企业技术获取和技术改造经费支出占营业收入比重

高技术产业企业技术获取和技术改造经费支出是指高技术产业的引进技术经费支出、消化吸收经费支出、技术改造经费支出和购买境内技术经费支出的合计，该指标与高技术产业营业收入之比是衡量企业创新能力和创新投入强度的重要指标之一。数据来源于《中国科技统计年鉴》。

- 高技术产业新产品研发经费支出

是指属于高技术产业统计范围的企业在报告期内进行新产品研发所产生的费用。数据来源于《中国科技统计年鉴》。

- 高技术产业新产品研发经费支出占新产品销售收入比重

是衡量高技术企业创新产出的重要指标之一。数据来源于《中国科技统计年鉴》。

- 高技术产业R&D人员全时当量

是指高技术产业企业科技活动人员中从事基础研究、应用研究和试验发展3类活动的人员数。包括直接参加上述3类项目活动的人员及这3类项目的管理和服务人员总数。数据来源于《中国科技统计年鉴》。

- 高技术产业R&D人员占全社会R&D人员比重

是衡量R&D活动人力投入强度的重要指标之一。数据来源于《中国科技统计年鉴》。

- 高新技术企业R&D人员全时当量

是指高新技术企业中从事基础研究、应用研究和试验发展3类活动的人员数。包括项目（课题）组人员、企业科技行政管理人员和直接为项目（课题）活动提供服务的辅助人员。研究与开发机构R&D人员全时当量指研究与开发机构在报告年度实际从事R&D活动的时间占制度工作时间90%及以上的人员。数据来源于《中国火炬统计年鉴》。

- 高新技术企业R&D人员占全社会R&D人员比重

是衡量高新技术企业R&D活动人力投入强度的重要指标。数据来源于《中国火炬统计年鉴》。

- 科学研究和技术服务业固定资产

是指科学研究和技术服务业已经完成建造和购置过程，并已交付生产或使用单位的固定资产的价值，包括已经建成投入生产或交付使用的工程投资，达到固定资产标准的设备、工具、器具的投资及有关应摊入的费用。是表示科学研究和技术服务业固定资产投资成果的价值指标，也是反映科学研究和技术服务业建设进度、计算科学研究和技术服务业固定资产投资效果的重要指标。数据来源于《中国统计年鉴》。

- 科学研究和技术服务业固定资产占比重

固定资产投资是提高创新能力的重要手段。科学研究与技术服务业固定资产占全社会固定资产的比重是反映各级政府对科学研究与技术服务业支持力度的指标。数据来源于《中国统计年鉴》。

开展创新活动的企业数

是指规模以上工业企业中开展创新活动的企业数量。创新活动是指为实现创新而进行的科学、技术、组织、商业等各种活动的总称。具体包括开展了产品或工艺创新活动，或实现了组织或营销创新。数据来源于《全国企业创新调查年鉴》。

开展创新活动的企业占比重

是衡量规模以上工业企业中开展创新活动的企业所占份额。数据来源于《全国企业创新调查年鉴》。

实现创新的企业数

是指规模以上工业企业中在创新活动中实现了产品或工艺创新，或实现了组织或营销创新的企业数。数据来源于《全国企业创新调查年鉴》。

实现创新企业占比重

是衡量规模以上工业企业中实现创新的企业数所占的份额。数据来源于《全国企业创新调查年鉴》。

企业创新费用支出

是指规模以上工业企业创新经费支出。包括企业R&D经费内部支出、企业R&D经费外部支出、获得机器设备和软件经费支出、从外部获取相关技术经费支出等4项经费。数据来源于《全国企业创新调查年鉴》。

企业R&D经费支出

是指企业在报告年度用于内部开展R&D活动的实际支出。包括用于R&D项目（课题）活动的直接支出，间接用于R&D活动的管理费、服务费，以及与R&D有关的基本建设支出及外协加工费等。不包括生产性活动支出、归还贷款支出，以及与外单位合作或委托外单位进行R&D活动而转拨给对方的经费支出。数据来源于《中国科技统计年鉴》，为规模以上工业企业数。

企业R&D经费支出占创新费用支出比重

是指规模以上工业企业创新费用中企业R&D经费内部支出所占份额。数据来源于《全国企业创新调查年鉴》。

企业R&D经费支出占全社会R&D经费比重

是衡量企业R&D活动经费投入的重要指标，也是判断企业是否成为创新主体的重要指标。数据来源于《中国科技统计年鉴》，为规模以上工业企业数。

企业R&D经费支出占营业收入比重

是衡量企业创新经费投入强度的重要指标。发达国家经验表明，若这一比例低于2%，企业创新将难以维持，一些发达国家的高技术产业高于6%。数据来源于《中国科技统计年鉴》，为规模以上工业企业数。

企业引进技术经费支出

是指企业在报告期用于购买境外技术的费用支出，包括产品设计、工艺流程、图纸、配方、专利等技术资料的费用支出，以及购买关键设备、仪器、样机和样件等的费用支出。数据来源于《中国科技统计年鉴》，为规模以上工业企业数。

企业消化吸收经费支出

企业引进技术的消化吸收是指企业对引进技术的掌握、应用、复制而开展的工作，以及在此基础上的创新。引进技术的消化吸收经费支出包括人员培训费，测绘费，参加消化吸收人员的工资、工装、工艺开发费，必备的配套设备费，翻版费等。数据来源于《中国科技统计年鉴》，为规模以上工业企业数。

企业购买境内技术经费支出

是指企业在报告期用于购买境内其他单位科技成果的经费支出，包括产品设计、工艺流程、图纸、配方、专利、技术诀窍及关键设备的费用支出。数据来源于《中国科技统计年鉴》，为规模以上工业企业数。

企业技术改造经费支出

是指企业在报告期进行技术改造而发生的费用支出。技术改造指企业在坚持科技进步的前提下，将科技成果应用于生产的各个领域（产品、设备、工艺等），用先进技术改造落后技术，用先进工艺代替落后工艺、设备，实现以内涵为主的扩大再生产，从而提高产品质量，促进产品更新换代，节约能源，降低消耗，全面提高综合经济效益。数据来源于《中国科技统计年鉴》，为规模以上工业企业数。

企业技术获取和技术改造经费支出

是指企业引进技术经费支出、企业消化吸收经费支出、企业技术改造经费支出和企业购买境内技术经费支出的合计。数据来源于《中国科技统计年鉴》，为规模以上工业企业数。

企业技术获取和技术改造经费支出占营业收入比重

是衡量企业创新能力和创新投入水平的重要指标。数据来源于《中国科技统计年鉴》，为规模以上工业企业数。

企业科学研究经费支出占企业R&D经费支出比重

企业科学研究经费指企业R&D经费支出中用于基础研究和应用研究的经费。基础研究和应用研究是试验发展活动及其他一系列创新活动的基础，企业科学研究经费支出的规模和水平是反映企业自主创新活动质量的重要指标之一。数据来源于《中国科技统计年鉴》，为规模以上工业企业数。

- 研究机构来源于企业的R&D经费支出

是指研究与开发机构R&D经费内部支出中来自企业的资金，可以反映研究与开发机构和企业之间协同创新的规模和水平。数据来源于《中国科技统计年鉴》，为规模以上工业企业数。

- 高校来源于企业的R&D经费支出

是指高等学校R&D经费内部支出中来自企业的资金，可以反映高等学校和企业之间协同创新的规模和水平。数据来源于《中国科技统计年鉴》，为规模以上工业企业数。

- 研究机构和高校R&D经费支出中企业资金占比重

研究与开发机构和高等学校R&D经费支出中企业资金是指企业给予研究与开发机构和高等学校的研发资金总量，用于衡量企业与研究与开发机构、高等学校的合作情况。企业给予研究与开发机构和高等学校的R&D经费占研究与开发机构和高等学校研发资金的比重可以反映产学研之间协同创新的水平。数据来源于《中国科技统计年鉴》，为规模以上工业企业数。

- 企业平均吸纳技术成交额

是指按照技术流向统计的技术市场技术成交额，是衡量国内技术吸收状况的指标。企业平均吸纳技术成交额是反映企业吸纳国内技术水平的指标。数据来源于《中国科技统计年鉴》，为规模以上工业企业数。

- 企业R&D人员全时当量

是指企业科技活动人员中从事基础研究、应用研究和试验发展3类活动的人员数。包括直接参加上述3类项目活动的人员及这3类项目的管理和服务人员总数。数据来源于《中国科技统计年鉴》，为规模以上工业企业数。

- 企业R&D研究人员全时当量

是指企业R&D人员中具备中级以上职称或博士学历（学位）的人员数。数据来源于《中国科技统计年鉴》，为规模以上工业企业数。

- 企业R&D研究人员占全社会R&D研究人员比重

企业应是科技进步和创新的主体。企业R&D研究人员占全社会R&D研究人员比重是衡量R&D活动人力投入比例关系和企业科技人力投入强度的重要指标。数据来源于《中国科技统计年鉴》，为规模以上工业企业数。

- 万名企业就业人员中R&D人员数

是反映企业研发活动人力投入强度的重要指标。数据来源于《中国科技统计年鉴》，为规模以上工业企业数。

有R&D活动的企业数

企业是创新的主体，有R&D活动的企业数体现了企业群体中创新活动的规模。数据来源于《中国科技统计年鉴》，为规模以上工业企业数。

有R&D活动的企业占工业企业比重

有R&D活动的企业占工业企业比重体现了工业企业整体创新水平。数据来源于《中国科技统计年鉴》，为规模以上工业企业数。

有研究机构的企业数

企业研究机构是指在企业内设立的独立或非独立的具有自主研发能力的技术创新组织载体。企业研究机构是企业技术创新的基础平台，是全面提高自主创新能力的中坚力量。数据来源于《中国科技统计年鉴》，为规模以上工业企业数。

有研究机构的企业占工业企业比重

是反映工业企业整体创新水平的指标。数据来源于《中国科技统计年鉴》，为规模以上工业企业数。

企业专利申请数

是指企业在报告期内向国内知识产权管理部门提出专利申请并被受理的件数。数据来源于《中国科技统计年鉴》，为规模以上工业企业数。

企业发明专利申请数

发明专利是指对产品、方法或者其改进所提出的新的技术方案。企业发明专利申请数指企业在报告期内向国内知识产权管理部门提出发明专利申请并被受理的件数。数据来源于《中国科技统计年鉴》，为规模以上工业企业数。

企业发明专利拥有量

又称为企业有效发明专利数，是指报告期末企业作为专利权人拥有的、经国内知识产权管理部门授权且在有效期内的发明专利件数。数据来源于《中国科技统计年鉴》，为规模以上工业企业数。

万名企业就业人员发明专利拥有量

是发明专利拥有量和企业就业人员数之比，可以反映相对于企业就业人员规模的企业创新产出水平。数据来源于《中国科技统计年鉴》，为规模以上工业企业数。

发明专利申请数

是指报告期内向国内知识产权管理部门提出发明专利申请并被受理的件数。数据来源于《中国科技统计年鉴》。

● 实用新型专利申请数

实用新型专利是指对产品的形状、构造或者其结合所提出的适于实用的新的技术方案。实用新型专利申请数是指报告期内向国内知识产权管理部门提出实用新型专利申请并被受理的件数。数据来源于《中国科技统计年鉴》。

● 外观设计专利申请数

外观设计专利是指对产品的形状、图案或者其结合，以及色彩与形状、图案的结合所做出的富有美感并适于工业应用的新设计。外观设计专利申请数是指报告期内向国内知识产权管理部门提出外观设计专利申请并被受理的件数。数据来源于《中国科技统计年鉴》。

● 研究机构专利申请数

是指研究与开发机构在报告期内向国内知识产权管理部门提出专利申请并被受理的件数。数据来源于《中国科技统计年鉴》。

● 研究机构发明专利申请数

是指研究与开发机构在报告期内向国内知识产权管理部门提出发明专利申请并被受理的件数。数据来源于《中国科技统计年鉴》。

● 高校专利申请数

指高等学校在报告期内向国内知识产权管理部门提出专利申请并被受理的件数。数据来源于《中国科技统计年鉴》。

● 高校发明专利申请数

指高等学校在报告期内向国内知识产权管理部门提出发明专利申请并被受理的件数。数据来源于《中国科技统计年鉴》。

● 万人发明专利申请数

是反映相对于人口规模的发明专利申请一般水平的指标。数据来源于《中国科技统计年鉴》。

● 亿元R&D经费支出发明专利申请数

是反映相对于研发经费投入水平的发明专利申请规模的指标。数据来源于《中国科技统计年鉴》。

● 发明专利授权数

指报告期内由国内知识产权管理部门授予发明专利权的件数。数据来源于《中国科技统计年鉴》。

● 实用新型专利授权数

指报告期内由国内知识产权管理部门授予实用新型专利权的件数。数据来源于《中国科技统计年鉴》。

● 外观设计专利授权数

指报告期内由国内知识产权管理部门授予外观设计专利权的件数。数据来源于《中国科技统计年鉴》。

● 万人发明专利授权数

可以反映地区发明专利的产出效率。数据来源于《中国科技统计年鉴》。

● 万名企业就业人员发明专利拥有量

是发明专利拥有量和企业就业人员数之比，可以反映相对于企业就业人员规模的企业创新产出水平。数据来源于《中国科技统计年鉴》，为规模以上工业企业数。

● 亿元R&D经费支出发明专利授权数

是反映相对于研发经费投入的发明专利产出效率的指标。数据来源于《中国科技统计年鉴》。

● 发明专利拥有量

指年末拥有经国内知识产权管理部门授权且在有效期内的发明专利件数。数据来源于《中国科技统计年鉴》。

● 实用新型专利拥有量

指年末拥有经国内知识产权管理部门授权且在有效期内的实用新型专利件数。数据来源于《中国科技统计年鉴》。

● 外观设计专利拥有量

指年末拥有经国内知识产权管理部门授权且在有效期内的外观设计专利件数。数据来源于《中国科技统计年鉴》。

● 研究机构发明专利拥有量

指研究与开发机构年末拥有经国内知识产权管理部门授权且在有效期内的发明专利件数。数据来源于《中国科技统计年鉴》。

● 高校发明专利拥有量

指高等学校年末拥有经国内知识产权管理部门授权且在有效期内的发明专利件数。数据来源于《中国科技统计年鉴》。

● 万人发明专利拥有量

专利的数量是反映一个国家或一个地区创新活动质量的重要指标，发明专利的数量又是其中更为重要的指标。测度发明专利水平的指标可分为发明专利授权数和发明专利拥有量。前者反映的是一定时期（通常为一年）发明专利产生的数量；后者反映的是在某一时点上发明专利的存量。数据来源于《中国科技统计年鉴》。

- 国内科技论文数

是指在国内期刊上发表的论文数量。数据来源于《中国科技统计年鉴》。

- 万人国内科技论文数

用于衡量国内科技论文产出水平。数据来源于《中国科技统计年鉴》。

- SCI 收录科技论文数

是指美国《科学引文索引》（Science Citation Index，SCI）收录的中国科技人员发表的论文数。美国《科学引文索引》由美国科学情报研究所（现为科睿唯安）于1961年创立，报道生命科学、医学、生物、物理、化学、农业、工程技术领域内的科技文献。是目前国际上最具权威性的用于基础研究和应用研究科研成果的评价体系。数据来源于《中国科技统计年鉴》。

- EI 收录科技论文数

是指美国《工程索引》（The Engineering Index，EI）收录的中国科技人员发表的论文数。美国《工程索引》创刊于1884年，由美国工程信息公司（现为爱思唯尔）编辑出版。作为世界著名的工程技术领域的文献检索系统，其收录文献的内容包括以下工程技术领域：生物工程、土木、地质、环境、矿业、石油、冶金、机械、燃料工程、核能、汽车、宇航工程、电气、电子、控制工程、化工、食品、农业、工业管理、数学、物理、仪表等。数据来源于《中国科技统计年鉴》。

- CPCI-S 收录科技论文数

CPCI-S（Conference Proceedings Citation Index - Science）收录科技论文数是指CPCI-S 收录的中国科技人员发表的论文数。CPCI-S 是美国科学情报研究所（现为科睿唯安）出版的科学技术会议录索引。该索引收录生命科学、物理与化学科学、农业、生物和环境科学、工程技术和应用科学等学科的会议文献，包括一般性会议、座谈会、研究会、讨论会、发表会等。数据来源于《中国科技统计年鉴》。

- 万人国际科技论文数

国际科技论文数是指在国际期刊上发表的论文数量，万人国际科技论文数用于衡量国际科技论文产出水平。因国外检索机构检索的科技论文存在重复，因此，国际科技论文数引用的是《科学引文索引》（SCI）收录的中国科技人员发表的论文数。数据来源于《中国科技统计年鉴》。

- 技术市场成交合同数

是指报告期内由技术市场管理办公室认定登记的技术合同（技术开发、技术转让、技术咨询、技术服务）的成交数量。数据来源于《中国科技统计年鉴》。

- 技术市场输出技术成交额

是指报告期内由技术市场管理办公室认定登记的技术合同（技术开发、技术转让、技术咨询、技术服务）的合同标的金额的总和。数据来源于《中国科技统计年鉴》。

- 万人输出技术成交额

技术市场的发展和技术成果交易的繁荣，对技术成果迅速转化为生产力具有十分重要的作用，并反映了技术成果的市场化水平。数据来源于火炬中心《中国技术市场报告》。

- 国外技术引进合同数

是指在中华人民共和国境内的公司、企业、团体或个人（受方）为引进技术同中华人民共和国境外的公司、企业、团体或个人(供方)订立的明确相互权利义务关系的协议数。数据来源于《中国科技统计年鉴》。

- 国外技术引进合同成交额

是指中华人民共和国境内的公司、企业、团体或个人（受方）为引进国外技术开发、技术转让、技术咨询和技术服务类合同的成交额。数据来源于《中国科技统计年鉴》。

- 万人国外技术引进合同成交额

是衡量国外技术引进水平的指标。数据来源于《中国科技统计年鉴》。

- 国外技术引进合同成交额中技术经费

是指我国境内的自然人、法人或者其他组织从国外引进技术与技术出口国的当事人订立的合同中的技术经费金额。数据来源于《中国科技统计年鉴》。

- 国外技术引进合同成交额中技术经费占比重

是指我国境内的自然人、法人或者其他组织从国外引进技术时与技术出口国的当事人订立的合同中的技术经费金额占合同总金额的比重。数据来源于《中国科技统计年鉴》。

- 百万人技术国际收入

技术国际收入指通过向他国转让专利、非专利发明、商标等知识产权，提供R&D服务和其他技术服务而获得的收入。百万人技术国际收入是衡量一个国家或地区创新国际竞争力的指标之一。数据来源于国家外汇管理局《技术收支统计资料》。

- 高技术产业有效发明专利数

有效发明专利数又称为发明专利拥有量。高技术产业有效发明专利数是指报告期末高技术企业作为专利权人拥有的、经国内知识产权管理部门授权且在有效期内的发明专利数。数据来源于《中国科技统计年鉴》。

- 万名高技术产业就业人员有效发明专利数

是高技术产业有效发明专利数和高技术产业就业人员数（以万为单位）之比，可以反映相对于企业就业人员规模的企业创新产出水平。

● 高技术产业营业收入

高技术产业是国家统计局国统字〔2013〕55号文件中制定的《高技术产业统计分类目录》所包含的行业，分为高技术制造业和高技术服务业两类，如不做特殊说明，仅指高技术制造业（下同）。高技术产业包括医药制造业、航空航天器制造业、电子及通信设备制造业、电子计算机及办公设备制造业、医疗设备和仪器仪表制造业。高技术产业营业收入是指属于高技术产业统计范围的企业经常性的、主要的业务所产生的基本收入。

● 高技术产业营业收入占工业营业收入比重

是反映产业结构优化程度的指标之一。工业营业收入是指企业确认的销售商品、提供劳务等营业的收入。

● 高技术产业新产品销售收入

新产品是指采用新技术原理、新设计构思研制生产的全新产品，或在结构、材质、工艺等某一方面比原有产品有明显改进，从而显著提高了产品性能或扩大了使用功能的产品。高技术产业新产品销售收入是指属于高技术产业统计范围的企业报告期销售新产品实现的销售收入。数据来源于《中国科技统计年鉴》。

● 高技术产业新产品销售收入占营业收入比重

是衡量高技术企业创新产出的重要指标之一。

● 万元地区生产总值高技术产业营业收入

创新活动必然导致产业结构的优化。万元生产总值高技术产业营业收入是反映产业结构优化程度的指标之一。

● 新产品销售收入

是反映工业企业新产品销售规模的指标。数据来源于《中国科技统计年鉴》，为规模以上工业企业数。

● 新产品销售收入占营业收入比重

新产品销售收入是按国家统计局规模以上工业企业科技活动统计指标中新产品的定义统计的销售收入，与营业收入比较可以反映中国工业企业采用新技术原理、新设计构思研制、生产的全新产品，或在结构、材质、工艺等某一方面比原有产品有明显改进，从而显著提高了产品性能或扩大了使用功能的产品对营业收入的影响。数据来源于《中国科技统计年鉴》，为规模以上工业企业数。

● 商品出口额

是指实际输出中国国境的货物总金额，是反映对外贸易总规模和商品出口竞争力的指标。中国规定出口货物按离岸价格统计，进口货物按到岸价格统计。数据来源于《中国统计年鉴》。

● 商品出口额与地区生产总值比值

反映了产品出口对经济产出的贡献，也是反映相对于经济规模的产品出口竞争力的指标。数据来源于《中国统计年鉴》。

● 高技术产品出口额

高技术产品是指纳入海关总署《高技术产品目录》中的产品。高技术产品包括全新型产品、首次生产的换代型产品、首次生产的改进型产品等，具有技术含量高、经济效益好和市场前景广阔的特点。高技术产品出口额是指实际输出中国国境的高技术产品总金额。数据来源于《中国科技统计年鉴》。

● 高技术产品出口额占商品出口额比重

高技术产品出口额是根据海关总署《高技术产品目录》从商品出口额中分离出的数据，按原产地进行统计。高技术产品出口额占商品出口额比重可以反映一个国家或一个地区高技术产品的国际竞争力。数据来源于《中国科技统计年鉴》。

● 第三产业增加值

是三次产业中除第一、第二产业以外其他行业的增加值，主要包括流通行业、为生产和生活服务的行业、为提高科学文化水平和居民素质服务的行业等。第三产业的发展水平是衡量产业经济发展程度的重要标志。数据来源于《中国统计年鉴》。

● 第三产业增加值占地区生产总值比重

随着生产力水平的提高，第一产业占国民经济的比重会逐步下降，第二产业和第三三产业占国民经济的比重会逐步提升。第三产业增加值占地区生产总值（GDP）比重是反映社会生产力水平和产业结构优化程度的重要指标。数据来源于《中国统计年鉴》。

● 高新技术企业数

指在国家重点支持的高新技术领域内，持续进行研究开发与技术成果转化，形成企业核心自主知识产权，并以此为基础开展经营活动，在中国境内（不包括港澳台地区）注册一年以上的居民企业数。数据来源于《中国火炬统计年鉴》。

● 高新技术企业年末从业人员数

指在报告期末，在企业中从事劳动并取得劳动报酬或经营收入的全部劳动力。数据来源于《中国火炬统计年鉴》。

● 高新技术企业营业收入

指企业经营主要业务和其他业务所确认的收入总额。营业收入合计包括主营业务收入和其他业务收入。数据来源于《中国火炬统计年鉴》。

高新技术企业技术收入

指企业全年用于技术转让、技术承包、技术咨询与服务、技术入股、中试产品收入及接受外单位委托的科研收入等。数据来源于《中国火炬统计年鉴》。

高新技术企业技术收入占营业收入比重

是指高新技术企业营业收入中技术收入所占份额。数据来源于《中国火炬统计年鉴》。

高新技术企业净利润

是指高新技术企业在利润总额中按规定缴纳了所得税后的利润留成，一般也称为税后利润或净利润。净利润取决于两个因素：一是利润总额；二是所得税费用。是衡量一个企业经营效益的主要指标。数据来源于《中国火炬统计年鉴》。

高新技术企业利润率

是指高新技术企业净利润与营业收入的比率，是反映高新技术企业经济效益的重要指标。数据来源于《中国火炬统计年鉴》。

高新技术企业出口总额

是指实际输出中国国境的高新技术企业产品出口的总金额。数据来源于《中国火炬统计年鉴》。

劳动生产率

区别于劳动和资本对经济社会发展的作用，创新的作用体现为对集约型经济发展方式的促进。而集约型经济增长方式具体体现为人、财、物的节约和使用效率的提高。劳动生产率反映的是劳动效率的提高，为生产总值与就业人员之比。数据来源于《中国统计年鉴》。

固定资本形成总额

是指常住单位在一定时期内获得的固定资产减处置（销售或转出）的固定资产的价值总额。固定资产是通过生产活动生产出来的，且其使用年限在一年以上、单位价值在规定标准以上的资产，不包括自然资产。可分为有形固定资本形成总额和无形固定资本形成总额。有形固定资本形成总额包括一定时期内完成的建筑工程、安装工程和设备工器具购置（减处置）价值，以及土地改良，新增役、种、奶、毛、娱乐用牲畜和新增经济林木价值。无形固定资本形成总额包括矿藏的勘探、计算机软件等获得减处置。数据来源于《中国统计年鉴》。

资本生产率

资本生产率反映的是资本投入与经济产出之间的关系，即地区生产总值与地区资本投入之比。反映地区资本投入的指标为固定资本形成存量净额，由各地区基年（1952年）

的固定资本形成存量净额、每年的固定资本形成和折旧额，经价格调整，用永续盘存法求得。数据来源于《中国统计年鉴》。

综合能耗产出率

中国是一个能源相对短缺的国家，因此，提高能源使用效率具有十分重要的意义。综合能耗产出率是地区生产总值与地区综合能源消费量之比，反映单位能源消费的产出效率。数据来源于《中国能源统计年鉴》。

空气达到二级以上天数

按照国家统一规定，空气达到二级以上标准是指空气污染指数≤100，如果空气污染指数≤50，说明空气质量为优。空气污染指数＞50且≤100时，说明空气质量为良好。空气污染指数是根据环境空气质量标准和各项污染物对人体健康和生态环境的影响来确定污染指数的分级及相应的污染物浓度值。目前计入空气污染指数的项目暂定为二氧化硫、氮氧化物和总悬浮颗粒物。空气达到二级以上天数是反映空气质量的重要指标。本报告中使用的是按地区下辖的各地级市的常住人口加权计算的空气达到二级以上天数。数据来源于《中国统计年鉴》。

空气达到二级以上天数占比重

是反映城市空气质量的重要指标。数据来源于《中国统计年鉴》。

废水中化学需氧量排放量

是指在一定的条件下，采用一定的强氧化剂处理废水时，所消耗的氧化剂的量。它是表示水中还原性物质的量的一个指标。水中的还原性物质有各种有机物、亚硝酸盐、硫化物、亚铁盐等，但主要的是有机物。废水中化学需氧量排放量越大，说明水体受有机物的污染越严重。在河流污染和工业废水性质的研究及废水处理厂的运行管理中，它是一个重要且能较快测定的有机物污染参数。数据来源于《中国统计年鉴》。

废水中化学需氧量排放降低率

废水中化学需氧量排放降低率＝（上期废水中化学需氧量排放量－本期废水中化学需氧量排放量）／上期废水中化学需氧量排放量。废水中化学需氧量排放降低率反映了本期与上期相比废水中化学需氧量排放量的降低程度，是反映水源质量及污水减排水平的重要指标。数据来源于《中国统计年鉴》。

二氧化硫排放量

二氧化硫（化学式SO_2）是最常见的硫氧化物，是大气主要污染物之一，是导致酸雨的主要因素。二氧化硫排放量是指一定时期内，某企业或地区燃料燃烧和生产过程中产生并排入大气中的二氧化硫气体总量。二氧化硫排放量是反映一个地区的生产活动对空气污染程度的重要指标。数据来源于《中国统计年鉴》。

二氧化硫排放降低率

二氧化硫排放降低率＝（上期二氧化硫排放量－本期二氧化硫排放量）/上期二氧化硫排放量。二氧化硫排放降低率是反映空气质量及污染气体减排水平的重要指标。数据来源于《中国统计年鉴》。

万元地区生产总值用水量

是指相对于经济产出消耗水的水平，反映的是一个国家或地区的用水效率、节水潜力和水资源承载能力。数据来源于《中国统计年鉴》。

万元地区生产总值用水量降低率

万元地区生产总值用水量降低率＝（上期地区生产总值用水量－本期地区生产总值用水量）/上期地区生产总值用水量。可以反映本期与上期相比万元地区生产总值用水量的降低程度，反映了水资源的利用效率。数据来源于《中国统计年鉴》。

废水中氨氮排放量

废水中氨氮排放量（t）＝氨氮浓度（mg/L）× 废水排放量（t）/1 000 000。

《地表水和污水监测技术规范》（HJ 91.1 — 2019）把氨氮列为河流、湖泊水库和集中式饮用水源地的必测项目。钢铁工业、焦化、化肥（氮肥）、合成氨工业、纺织染整业、食品加工、屠宰及肉类加工、饮料制造业、航天推进剂、船舶工业、管道运输业、宾馆、饭店、游乐场所及公共服务行业、生活污水等排水单位也把氨氮列为必测项目。氨氮指标的监控在环境质量和污染控制中是十分重要的。数据来源于《中国统计年鉴》。

废水中氨氮排放降低率

废水中氨氮排放降低率＝（上期氨氮排放量 － 本期氨氮排放量）/上期氨氮排放量。废水中氨氮排放降低率可以反映本期与上期相比废水中氨氮排放量降低的程度，是反映环境污染控制和治理的重要指标。数据来源于《中国统计年鉴》。

固体废物产生量

固体废物是指人类在生产、消费、生活和其他活动中产生的固态、半固态废弃物质（国外的定义则更加广泛，动物活动产生的废弃物也属于此类），通俗地说，就是“垃圾”。主要包括固体颗粒、炉渣、污泥、废弃的制品、破损器皿、残次品、动物尸体、变质食品、人畜粪便等。有些国家把废酸、废碱、废油、废有机溶剂等高浓度的液体也归为固体废弃物。固体废物产生量＝（固体废物综合利用量－综合利用往年贮存量）＋固体废物贮存量＋（固体废物处置量－处置往年贮存量）＋固体废物倾倒丢弃量。数据来源于《中国统计年鉴》。

● 固体废物综合利用量

是指报告期内企业通过回收、加工、循环、交换等方式，从固体废物中提取或者使其转化为可以利用的资源、能源和其他原材料的固体废物量（包括当年利用的往年固体废物累计贮存量），如用作农业肥料、生产建筑材料、筑路等。综合利用量由原产生固体废物的单位统计。数据来源于《中国统计年鉴》。

● 固体废物综合治理率

固体废物综合治理量是指报告期内企业将固体废物焚烧和用其他改变固体废物的物理、化学、生物特性的方法，达到减少或者消除其危险成分的活动，或者将工业固体废物最终置于符合环境保护规定要求的填埋场的活动中所消纳固体废物的量。固体废物综合治理率是指报告期内的固体废物治理量与固体废物产生量的比率：固体废物综合治理率＝固体废物治理量 / 固体废物产生量。数据来源于《中国统计年鉴》。

● 生活垃圾无害化处理率

指报告期生活垃圾无害化处理量与生活垃圾产生量的比率。在统计上，由于生活垃圾产生量不易取得，可用清运量代替。数据来源于《中国统计年鉴》。

计算公式为：生活垃圾无害化处理率＝生活垃圾无害化处理量/生活垃圾产生量×100%。

● 污水处理率

指经过处理的生活污水、工业废水量占污水排放总量的比重。数据来源于《中国城市建设年鉴》。

计算公式为：污水处理率＝污水处理量/污水排放总量×100%。

● 建成区绿化覆盖率

指在城市建成区的绿化覆盖面积占建成区面积的百分比。其中，绿化覆盖面积是指城市中乔木、灌木、草坪等所有植被的垂直投影面积。数据来源于《中国统计年鉴》。